LES

DOCTRINES ÉCONOMIQUES

DEPUIS UN SIÈCLE

PARIS. — IMPRIMERIE ÉMILE MARTINET, RUE MIGNON, 2.

LES

DOCTRINES ÉCONOMIQUES

DEPUIS UN SIÈCLE

PAR

CHARLES PÉRIN

PROFESSEUR DE DROIT PUBLIC ET D'ÉCONOMIE POLITIQUE
A L'UNIVERSITÉ CATHOLIQUE DE LOUVAIN
CORRESPONDANT DE L'INSTITUT DE FRANCE

LIBRAIRIE VICTOR LECOFFRE

PARIS	LYON
90, RUE BONAPARTE, 90	2, RUE BELLECOUR, 2

1880

AVANT-PROPOS

Le but que j'ai voulu atteindre, en exposant la suite des doctrines enseignées par les économistes depuis un siècle, est de faire mieux comprendre les théories et les pratiques contre lesquelles nous avons chaque jour à lutter.

La question sociale, telle qu'elle s'offre à nous en ce temps d'audaces, d'impatiences et de divagations révolutionnaires, ne peut s'expliquer autrement que par l'action persistante des conceptions impies qui affirment l'absolue souveraineté de l'homme sur lui-même, et qui prétendent substituer, dans l'ordre social, l'autorité de la raison à l'autorité de Dieu.

Cette prétention règne dans l'économie qu'on appelle classique aussi bien que dans l'économie socialiste. Des deux côtés, elle est également funeste. Il y faut voir la cause première de tous les désordres qui affligent le monde industriel, et particulièrement le monde ouvrier : désordres tels que l'existence de nos sociétés en est menacée.

Pour sortir de la situation précaire, et bien souvent douloureuse, où vivent les travailleurs sous notre régime d'industrialisme, il n'y a qu'un moyen : opérer la contre-révolution dans les idées dont ce régime s'inspire.

Tout le monde le sent. C'est pourquoi l'attention se porte de plus en plus vers l'économie politique, même dans les régions où l'on avait longtemps affecté un certain mépris pour cette science, récente encore et trop souvent téméraire. On voit mieux chaque jour que, s'il y a une économie politique fausse, il y a aussi une économie politique vraie : qu'il y a une économie chrétienne de la société, comme il y a une économie révolutionnaire; qu'en un temps où les hommes en sont à se rendre compte de tout, on ne peut frapper d'exclusion la recherche de l'esprit humain lorsqu'elle s'exerce sur un ordre de faits qui a sa place nécessaire dans notre existence, et où notre liberté joue un si grand rôle.

On s'est donc tourné vers les études économiques après les avoir dédaignées. Mais en accomplissant ce mouvement de retour, on s'est quelquefois laissé égarer, et l'on est tombé dans certaines méprises qui n'ont été heureusement que de courte durée.

Parce que, dans les théories des économistes, la liberté a été habituellement faussée et dénaturée, parce que son influence y a été exagérée et mal entendue, quelques-uns se sont imaginé que c'est, dans l'ordre économique, une puissance malfaisante de sa nature, avec laquelle il faut rompre, et qu'à son action désordonnée il faut substituer l'action régulatrice et restrictive des pouvoirs publics. Sous l'empire de ce préjugé, on vit se produire contre la liberté du travail une réaction, dont les suites auraient pu être aussi fâcheuses dans la politique que dans l'économie.

La réflexion a promptement dissipé les malentendus auxquels une vue superficielle des choses avait donné naissance. On a compris que briser avec le régime de la liberté du travail, ce n'était pas seulement se révolter contre des nécessités économiques qui aujourd'hui s'imposent, contre un ordre légal profondément enraciné dans les mœurs et qu'il est impossible de taxer sérieusement d'injustice et d'immoralité ; mais que c'était aussi se mettre en travers de l'impulsion imprimée à nos sociétés par les idées chrétiennes et méconnaître tout ce qui s'est fait, depuis dix siècles, sous l'empire de ces idées, pour la liberté des personnes et la liberté de la propriété.

En imprimant à la contre-révolution cette fausse direction, on risquait de compromettre l'œuvre indispensable de salut à laquelle se rallient aujourd'hui tous les catholiques dont l'illusion libérale n'offusque point l'esprit. Le péril a été aperçu, et l'idée a été renvoyée aux socialistes cathédrants d'Allemagne, de qui elle était venue.

On est à présent d'accord parmi nous pour proclamer, dans l'ordre économique comme ailleurs, le règne de la liberté chrétienne, laquelle se tient à égale distance de la licence et de l'absolutisme, du laissez-faire, laissez-passer, vanté par le libéralisme, et de la mainmise de l'État sur les forces et les propriétés individuelles, dont le socialisme, quelle qu'en soit la couleur, proclame la justice et la nécessité.

Si cet exposé des doctrines économiques répandues dans notre société depuis les jours qui précédèrent 89 peut servir à rendre plus clairs les principes sur lesquels les catholiques doivent fonder leurs œuvres sociales, s'il peut aider à fixer parmi nous les idées et l'action selon la juste mesure de la liberté chrétienne, il aura pleinement rempli l'intention de son auteur.

LES

DOCTRINES ÉCONOMIQUES

DEPUIS UN SIÈCLE

CHAPITRE PREMIER

Vue générale du sujet.

C'est toujours aux doctrines qu'il faut demander compte des souffrances et des prospérités de la société. Tout mouvement social se résume dans les doctrines. Elles donnent l'impulsion aux faits, et, à leur tour, elles la reçoivent des faits, de sorte qu'en elles se trouvent et la cause et l'indice de l'état moral d'une époque.

Parmi les sciences qui, depuis cinquante ans, ont le plus occupé et parfois le plus inquiété l'opinion publique, il faut ranger l'économie politique. C'est, de toutes les sciences qui ont pour objet l'homme et la société, celle où se révèlent avec le plus d'évidence les symptômes du mal qui travaille les esprits.

En cette science, plus qu'en aucune autre, les principes vont directement à lapratique. L'ordre matériel, en effet, se rattache par tous les côtés à l'ordre moral; il n'en est que l'image et en quelque sorte l'ombre. Chaque société a un ordre matériel, constitué sur le type de son ordre moral. Dans une société où règne le principe chrétien de la liberté de tous et de l'égalité devant la loi, l'ordre matériel, qu'on appelle de nos jours l'ordre économique, sera nécessairement tout autre que dans une société fondée sur le principe païen de l'esclavage et de l'exploitation des faibles par les puissants.

A notre époque, où la question des libertés populaires domine toutes les combinaisons et toutes les agitations de la politique, il est naturel que l'économie politique, qui recherche les conditions du bien-être du grand nombre, attire particulièrement l'attention. Nous sommes loin de croire, avec certains économistes que leurs doctrines rapprochent par moment des socialistes, que la richesse soit la source de la liberté. Cette conception matérialiste est aussi fausse en fait qu'en principe. Mais il est impossible de ne pas apercevoir le lien étroit qui rattache l'ordre du droit privé à l'ordre du droit public, la liberté du travail, avec ses conditions d'efficacité, aux libertés publiques et aux lois qui déterminent leur mode d'exercice. Évidemment, sous un régime où tous sont appelés à conquérir librement par leur travail l'aisance et la dignité, qui sont les compléments naturels et souvent même les garanties réelles de la liberté, les questions économiques doivent être une des préoccupations les plus générales et les plus sérieuses de la société.

Aujourd'hui plus que jamais il importe de se rendre un compte exact des principes sur lesquels se fondent ces théories économiques que tout le monde invoque, et qui, en passant, sous certains axiomes simples et faciles à saisir, dans le domaine du vulgaire, peuvent, si elles sont justes, aider à reconstituer nos sociétés ébranlées, et peuvent aussi, si elles sont erronées, les précipiter dans les plus redoutables épreuves.

Il serait puéril et inutile de chercher à se dissimuler le péril. Le socialisme, après s'être dérobé pendant quelque temps aux regards, sous le coup des défaites qui ont suivi ses courts succès de 1848, reparaît depuis 1870 plus formidable que jamais.

La question est présentement de savoir si le progrès de la liberté et du bien-être, auquel aspirent les classes populaires, s'accomplira, comme le veut la démocratie socialiste, par la doctrine de la souveraineté absolue de l'homme affranchi de la souveraineté de Dieu; ou bien s'il se réalisera dans l'avenir comme il s'est réalisé dans le passé, sous l'empire de la doctrine qui fait du service de Dieu la première condition de tout ordre, de toute liberté, de tout progrès.

La science de l'économie politique a pris naissance au milieu du XVIIIe siècle, au moment même où se produisait avec le plus d'éclat l'idée de l'émancipation et de la souveraineté absolue de la raison humaine. Dès l'abord elle tira de la doctrine dont elle s'inspirait les conséquences qui en découlent naturellement dans l'ordre social : elle renferma toute l'activité humaine dans les satisfactions des sens, et, partant de cette donnée capitale, elle fit reposer toutes les lois sociales sur le penchant qui porte les hommes vers les jouissances matérielles.

Que telle soit la tendance inévitable des systèmes qui prétendent exalter l'homme en l'affranchissant de toute sujétion dans l'ordre moral, le fait l'atteste. Il est d'ailleurs facile de comprendre, par la considération de la nature de l'homme et de ses rapports avec les choses placées au-dessus et au-dessous de lui, qu'il n'en peut être autrement.

L'homme aura beau faire, dans l'ordre moral il y aura toujours au-dessus de son intelligence une intelligence infinie, devant laquelle il sera contraint de confesser la faiblesse et l'incertitude de ses conceptions les plus hardies; il y aura toujours au-dessus de sa volonté une volonté souveraine, dont il sentira d'autant mieux la domination qu'il fera plus d'effort pour s'y soustraire. Impatient du frein imposé à son orgueil par cette puissance supérieure que le monde moral lui révèle de toutes parts, il cherchera un refuge dans le monde des sens; il s'abaissera pour régner. Ici, du moins, il ne rencontrera rien qui puisse lutter avec lui de grandeur ni de puissance. A la vérité, les lois de la nature lui opposent parfois des résistances invincibles; mais, alors même que sa volonté sera contrainte de céder devant l'obstacle physique, il conservera le sentiment de la supériorité de sa nature intelligente sur les forces aveugles de la matière. Et puis, combien de fois son industrie n'a-t-elle pas, avec le temps, vaincu des difficultés qui semblaient insurmontables! Ce qu'il ne peut faire aujourd'hui, il se flatte de le pouvoir faire demain. Ses rêves lui montrent l'homme des temps futurs parvenu, par les forces de son génie, à exercer sur le monde matériel, au profit de ses besoins, une domination que l'effort des siècles a rendue souveraine. La théorie du progrès indéfini et l'idée d'une félicité sans limite pour l'avenir lui font oublier sa faiblesse et sa misère dans le présent.

Ces idées sur l'indépendance absolue de l'homme et sur

le progrès indéfini de l'espèce humaine sont au fond de toutes les théories de l'économie politique faussée par le sensualisme. Aussi cette science égarée par l'orgueil rejette-t-elle avec un profond dédain la nécessité du sacrifice, du renoncement aux satisfactions des sens, dont la philosophie spiritualiste de tous les temps a fait le principe fondamental de la morale.

Et en effet, au nom de quelle autorité imposerait-on la loi du sacrifice à des êtres qui ne relèvent que d'eux-mêmes? A qui l'homme sacrifierait-il des inclinations qu'il tient de la nature, et qui trouvent leur justification dans le fait même de leur existence? Comment la nature se manifesterait-elle dans l'homme, qui est sa plus haute expression, par des contradictions douloureuses et inutiles? Il est vrai que nous sentons l'aiguillon du besoin qui est une souffrance, c'est un fait qu'il est impossible de contester, mais c'est un fait qu'on explique de manière à le concilier avec la doctrine de la jouissance : le besoin n'est qu'un avertissement de chercher la jouissance; nous pouvons abuser de la jouissance, et alors la douleur naît de la satisfaction même, pour nous apprendre qu'il faut proportionner nos jouissances à la puissance de notre organisation. D'après ce système, la douleur est une force motrice et régulatrice en même temps, dont la fonction est de déterminer et de régler l'essor des facultés de l'homme pour la poursuite de la jouissance, but dernier de toute vie humaine.

Dans ces vaines et orgueilleuses conceptions, le sacrifice n'est pour rien. On reconnaît, il est vrai, que parfois l'homme sera obligé de renoncer à des satisfactions mal entendues qui compromettraient sa félicité, mais cette retenue tout égoïste et toute sensuelle n'a rien qui ressemble à la pratique du sacrifice que tous les siècles ont glorifiée comme la source de toutes les vertus. Le développement indéfini des besoins, voilà la loi de l'humanité. De l'application de cette loi sortira, non seulement le progrès matériel, mais encore le progrès moral. Le perfectionnement moral par la diffusion du bien-être, tel est le dernier mot de toute science sociale qui prend pour dogme fondamental l'indépendance absolue de l'homme.

Cherchez au fond de la doctrine des économistes de l'école sensualiste et utilitaire, vous ne trouverez pas autre chose. Parcourez les utopies socialistes, vous verrez que, nonobstant la diversité des moyens d'exécution imaginés par leurs auteurs, elles poursuivent toutes le même but. Ici seulement l'erreur, conséquente jusqu'au bout, fait bon marché de toutes les traditions de l'humanité, tandis que le sensualisme économique s'arrête devant elles, au point de leur sacrifier même la logique de ses principes. En dégageant l'erreur des inconséquences qui la protégeaient, en l'exposant à tous les regards dans sa repoussante nudité, le socialisme a, sans le vouloir, rendu à la cause de la vérité un immense service.

Toutes les théories, toutes les écoles qui se disputent l'empire des âmes et la direction de la société peuvent, aujourd'hui comme toujours, être ramenées à deux doctrines, naturellement et radicalement ennemies : il y a d'un côté la doctrine du sacrifice, qui est la base et l'abrégé de toute la morale du christianisme, et de laquelle découlent tout ordre et toute civilisation; de l'autre, il y a la doctrine qui déifie l'homme avec toutes ses faiblesses, qui réhabilite tous ses penchants, doctrine aussi ancienne que l'humanité déchue, qui n'a cessé de troubler son repos, et dont la lutte contre la doctrine du sacrifice fait le fond de l'histoire de tous les peuples.

Quelque dure que soit pour l'homme cette loi du sacrifice, qui l'oblige à s'immoler lui-même dans ses inclinations les plus vives, il faudra toujours qu'il finisse par en subir la salutaire rigueur. La douleur est si bien la loi de notre existence présente, que, si nous refusons de l'accepter volontairement par la pratique du renoncement, elle reprend d'elle-même ses droits et s'impose à nous par suite même des efforts que nous faisons pour lui échapper.

Nous n'avons pas l'intention d'entamer ici une dissertation sur la douleur, notre but est seulement de constater un fait qui, par cela même qu'il domine toute la vie humaine, sert nécessairement de point de départ à toute étude des lois de la société. Ce fait, il n'est personne qui n'en trouve dans sa propre expérience la confirmation trop certaine; tous les sophismes du monde ne pourront jamais rien contre la réalité de la douleur écrite au fond du cœur de chacun de nous. En outre, l'histoire atteste que toutes les fois que l'humanité a tenté de secouer le joug de la souffrance, en repoussant la nécessité du sacrifice et en cherchant dans le principe opposé, dans les satisfactions des sens, l'accomplissement de sa destinée, elle a été providentiellement contrainte de se courber sous la loi qu'elle avait méconnue, et qui se révélait à elle par un redoublement inattendu de rigueur.

Jamais les hommes n'ont fait plus d'efforts pour échapper à la loi de la douleur et du sacrifice qu'au temps de la grande splendeur de l'empire romain; jamais le raffinement dans les jouissances ne fut porté plus loin : tous les arts d'une civilisation avancée, toute la puissance d'un peuple maître de l'univers, furent mis au service de la passion du bien-être, qui seule survivait, de tous les dogmes de l'idolâtrie. Jamais non plus la douleur ne fit sentir plus durement son inflexible domination que parmi ce monde perdu de délices. L'histoire de ce temps, qu'est-elle, sinon le récit des poignantes souffrances qui étaient la conséquence et le châtiment du sensualisme effréné sous l'empire duquel avait péri dans tous les cœurs le respect de la dignité humaine et des lois de la justice? N'avons-nous pas vu, il y a trente ans, l'Europe tomber subitement, par le coup de main de février, d'une prospérité matérielle qu'elle croyait inaltérable, au milieu d'une des perturbations les plus profondes et les plus prolongées qui aient ébranlé la société?

Les économistes de l'école utilitaire, en substituant à la loi du sacrifice le principe du développement indéfini des besoins, ont rompu avec les idées sur lesquelles repose toute la civilisation chrétienne, avec les idées qui ont donné à la société moderne les sentiments de justice et de charité, qui la distinguent si profondément de toutes les autres, et qui font sa plus solide grandeur.

Tout en respectant les formes extérieures de la société actuelle, les économistes utilitaires aspirent à fonder une société nouvelle. Telle est la tendance irrésistible de leurs doctrines, tendance dont assurément ils n'ont pas bien mesuré toute la portée, et par laquelle ils sont entraînés, sans en avoir conscience, dans d'étranges illusions sur l'avenir que leurs principes réservent au monde. Ils s'imaginent que la société, une fois lancée dans la carrière qu'ils lui ouvrent, s'arrêtera avant de l'avoir parcourue jusqu'au bout; ils croient que les peuples sauront apporter dans la poursuite des jouissances matérielles, vers lesquelles on dirige toute leur énergie, cette sage modération que la philosophie du bien-être a toujours prêchée à ses disciples, comme l'unique moyen de s'affermir dans la possession du bonheur. Ils oublient qu'il n'est pas donné à l'homme de se soustraire à l'inflexible logique qui gouverne toute sa vie, et que, même à ses dépens, il est contraint, lorsqu'une fois il a embrassé une doctrine, d'en tirer toutes les conséquences pratiques.

Les économistes utilitaires se font de la nature humaine une médiocre opinion. L'homme a le cœur trop grand pour ne point ambitionner en tout le bien suprême. Si vous lui montrez ce bien dans les satisfactions de la vie présente, il s'y précipitera avec une telle passion qu'il aura bientôt brisé les faibles obstacles que la doctrine de l'intérêt bien entendu tentera d'opposer à l'impétuosité de ses convoitises. C'est à la félicité infinie qu'il aspire; mais lorsqu'il s'enferme dans les jouissances de la terre, elle fuit devant lui au moment où il croit la saisir. Incapable de réaliser ses rêves insensés, comment donnera-t-il satisfaction à l'indomptable orgueil qui l'obsède? Il a vainement essayé de se créer un monde qui réponde à l'immensité de ses désirs; toutes ses forces ont été impuissantes à construire l'édifice de cette félicité sans bornes à laquelle il se flattait d'atteindre; du moins elles ne seront pas impuissantes à détruire, et là sera son triomphe. Détruire sans raison et sans terme, détruire pour détruire, tel sera la dernière passion de l'homme précipité par l'orgueil des hauteurs du monde moral, pour lequel il était fait, dans les abaissements du monde des sens, où il rencontre, au lieu de l'indépendance absolue à laquelle il aspirait, une misère que le sentiment de sa grandeur native tourne en désespoir.

Voilà l'abîme dans lequel les principes acceptés et propagés par les économistes utilitaires précipiteraient la société, si jamais on parvenait à les faire régner sur les mœurs.

Certes, de pareilles conclusions sont loin de la pensée des économistes; mais quelque droites que soient leurs intentions, il n'en reste pas moins vrai que leurs idées recèlent les germes de cette fureur de destruction qui épouvante aujourd'hui le monde. On peut bien rendre hommage à la bonne foi et au courage dont ils font preuve dans la défense de l'ordre social, mais il est impossible d'absoudre leurs doctrines. Nous nous convaincrons, en suivant la science économique à travers ses différentes phases, que, dans les écrits de plusieurs des maîtres de cette science, apparaissent, avec une évidence que le progrès logique des idées rend chaque jour plus vive, les inévitables conséquences de leurs faux principes, et que, par tous les côtés, l'économie politique qui prend pour point de départ la doctrine sensualiste aboutit au socialisme.

Toutefois il faut bien se garder de croire que tout soit erreur dans les conclusions de la science qui a pour objet la richesse; elle nous offre un ensemble de vérités de fait dont la connaissance est indispensable pour nous faire saisir, dans toutes leurs applications, les lois qui président au mouvement social.

Le perfectionnement matériel est une des fins légitimes de notre vie présente. Naturellement l'homme aspire à la possession assurée des choses qui répondent à ses besoins.

Renfermé dans ses justes limites par l'esprit de sacrifice, ce désir n'a rien d'incompatible avec le perfectionnement moral. Le progrès matériel n'est alors que la conséquence du progrès moral, dont la pratique du sacrifice est la source; il se résume dans l'amélioration du sort du grand nombre.

Mais ce n'est pas assez d'affirmer, en principe général, que l'amélioration de la condition matérielle des peuples est subordonnée à leur perfectionnement moral; le progrès dans l'ordre de la richesse est soumis à des lois particulières dérivant de la nature de l'homme et des objets sur lesquels s'exerce son activité. Rechercher ces lois par la méthode d'observation, telle est la tâche de l'économie politique; c'est par l'étude de ces lois que la véritable économie politique, l'économie spiritualiste, fait toucher au doigt les absurdités dont fourmillent les systèmes des novateurs contemporains, et qu'elle fait voir comment ces systèmes, au lieu d'aboutir à une prospérité sans terme, mènent inévitablement à la ruine universelle.

Il est donc de la plus haute importance de dégager les lois du progrès matériel, établies par les économistes, des erreurs avec lesquelles elles se trouvent confondues. Cela est important pour deux raisons : d'abord, parce que c'est à la faveur de cette confusion que les fausses idées des économistes sensualistes sur la destinée humaine trouvent facilement crédit auprès de bien des hommes, qui n'hésiteraient pas à les repousser si elles leur étaient présentées seules et pour ce qu'elles sont; ensuite parce que ce mélange du vrai et du faux, dans la science économique, ôte à cette science toute la puissance dont elle pourrait user avec succès contre les coupables utopies qui troublent notre temps.

Dans l'examen que nous allons faire des doctrines de l'économie politique, nous essayerons d'opérer la séparation entre les vérités de fait auxquelles l'observation a conduit les économistes, et les erreurs de doctrine qu'une fausse philosophie y a mêlées. Quelques-uns peut-être trouveront cet examen empreint d'une trop grande sévérité. Nous sommes persuadé qu'on ne peut pas rendre à l'économie politique de meilleur service que de la dégager des erreurs dangereuses et des théories hasardées qui l'ont égarée et faussée dès ses premiers pas. Rien n'a contribué davantage à faire naître les préjugés hostiles à l'économie politique, qui règnent encore dans beaucoup de bons esprits, que ces graves erreurs sur les principes fondamentaux de l'ordre moral; rien ne peut mieux aider à les dissiper que de montrer que ces erreurs ne sont point la science elle-même, et que, loin d'y mettre la suite, l'unité, la logique, elles y sont une source d'obscurités et de contradictions.

Un des grands torts de l'économie politique est de prétendre à un rôle trop élevé. Au lieu de se contenter de tracer à la société des règles de conduite pour l'ordre des intérêts matériels, elle a tenté de s'emparer du gouvernement des idées et des mœurs, affirmant que dans ses principes étaient renfermés tous les éléments de la science sociale. Ces prétentions exagérées, nous sommes tenté de dire insensées, sont la conséquence naturelle des idées des économistes sur la destinée de l'homme. Si cette destinée est, comme ils le prétendent, renfermée dans les satisfactions matérielles, il est évident que la science qui traite de la richesse doit contenir en soi toutes les règles fondamentales de la vie sociale.

Mais en exagérant ainsi son importance, l'économie politique s'expose à se voir contester la part légitime d'action qu'elle est appelée à exercer sur les affaires humaines; elle s'expose même à se voir disputer ses droits au titre de science. En effet, pour constituer une science, il faut un objet propre et nettement déterminé. Si l'économie politique confond l'ordre moral avec l'ordre matériel, elle cesse de remplir cette condition première de toute science; elle se perd dans des investigations qui touchent à tout et ne se fixent sur rien. Pour que l'économie politique prenne parmi les sciences une place incontestée, il faut qu'elle sache se renfermer dans son objet, et qu'elle comprenne que, si sérieuse que puisse être l'utilité des recherches auxquelles elle se livre, ces recherches ne portent cependant que sur des objets d'un ordre inférieur, et que domineront toujours, de toute la supériorité de l'esprit sur les sens, les doctrines auxquelles appartient de droit la direction morale de la société.

Ce n'est pas assez que l'économie politique ne sorte pas du domaine qui lui est assigné par la nature même de son objet; il faut encore qu'elle accepte, avec toutes ses conséquences, la supériorité des principes de l'ordre moral sur les intérêts matériels.

L'homme accomplit ses destinées dans le monde moral. L'usage des biens matériels n'est pour lui qu'un moyen de réaliser ses fins, placées par la Providence bien au-dessus des satisfactions des sens. La richesse n'est richesse que par rapport à l'homme, et l'homme porte partout avec lui les nobles liens qui le retiennent dans le monde des esprits. Il est donc évident qu'en traitant des lois de l'activité humaine appliquée à la production et à la distribution de la richesse, il est impossible de faire abstraction du but supérieur que doivent toujours se proposer les efforts de l'homme.

Quel que soit l'objet vers lequel l'homme dirige ses facultés, qu'il les emploie à réprimer ses inclinations vicieuses, à étendre ses connaissances, ou à approprier les choses à ses besoins, peu importe, ce sera toujours une force morale qui agira, et le succès sera toujours en proportion de l'énergie de cette force. C'est par le travail que l'homme crée la richesse; or, la puissance du travail, même dans l'ordre matériel, ne dépend-elle pas bien plus encore des qualités morales du travailleur que de ses qualités corporelles? L'application à l'ouvrage n'est-elle pas la conséquence de l'empire que le travailleur exerce sur lui-même? Et la science, qui multiplie si prodigieusement les fruits du travail en enseignant à l'homme à faire bon emploi de ses forces, ne procède-t-elle pas en définitive de l'énergie morale, sans laquelle nul ne pourrait se déterminer à subir les dégoûts et les fatigues au prix desquels s'accomplissent toutes les conquêtes de l'esprit?

Qu'on envisage le travail dans son principe ou dans son but, il reste toujours vrai qu'il relève des lois de l'ordre moral. D'où il suit naturellement que l'économie politique, qui expose les lois du travail, se trouve dans une étroite dépendance à l'égard des sciences qui établissent les lois de la vie morale. Non seulement l'économie politique sera tenue de reconnaître, en principe, la prééminence de la morale sur toutes les sciences sociales, mais elle sera tenue encore, en traçant les lois du progrès matériel, de prendre comme règle invariable de l'utile les préceptes essentiels de la morale. En effet, c'est par l'obéissance aux lois morales que l'homme se place, à l'égard de tout ce qui l'entoure, dans les rapports naturels dont ces lois ne sont que l'expression ; hors de ces rapports, il n'y a pour lui, dans l'ordre matériel comme dans l'ordre moral, que désordre et misère.

En vain prétendrait-on séparer dans la vie humaine ce que la volonté créatrice a étroitement uni et coordonné. Si l'homme compromet dans la poursuite des jouissances matérielles sa dignité morale, il est possible qu'il réussisse, pour un certain temps, à accomplir dans l'ordre de la richesse certains progrès, qui sembleront justifier cette préférence accordée au monde matériel sur le monde moral. Mais ce triomphe des intérêts sera court. Bientôt les préoccupations matérielles feront oublier à l'homme ces lois de justice et de modération dont dépendent l'équitable répartition de la richesse et le bon emploi des ressources, et sans lesquelles il ne saurait y avoir pour les peuples de véritable prospérité. La puissance de produire elle-même ne résistera pas toujours à la dépression intellectuelle et morale qu'amènera infailliblement le règne des intérêts ; et l'on finira par rencontrer le terme de cette accumulation de richesse nationale, qui d'abord avait pu donner le change sur les conséquences du mouvement auquel la société se laissait emporter. Plus tôt ou plus tard, par la force des choses, il arrivera que la puissance morale reprendra ses droits, et que l'homme, rappelé à lui-même par l'adversité, reconnaîtra qu'il n'est pas le maître absolu de sa destinée, qu'il ne lui est pas donné de s'arranger à son gré une existence qui réponde aux penchants déréglés de son cœur, et que, s'il tente de s'affranchir de l'ordre que Dieu a établi, il y sera ramené par les souffrances qui sont l'inévitable conséquence de toute transgression des lois de la nature.

L'erreur capitale qui consiste à faire de l'économie politique la science sociale par excellence est l'idée dominante des premiers systèmes dans lesquels se formula, au siècle passé, la théorie de la richesse sociale. Le plus souvent les économistes sensualistes ont tenté de dissimuler ces prétentions, que repousse le bon sens des peuples formés à l'école du christianisme ; mais, malgré les précautions qu'ils ont prises pour atténuer leur pensée, elle se retrouve toujours au fond de leurs systèmes. Nous la verrons sortir, par la force inévitable de la logique, des principes posés par plusieurs des maîtres de la science, et reparaître, sous la forme la moins déguisée dans les écrits qui renferment la dernière expression de l'économie politique classique. C'est une des voies par lesquelles cette science, détournée de sa méthode naturelle par le sensualisme, accomplit son évolution vers le socialisme.

Cette évolution s'accomplit d'une autre façon encore. Nous verrons, dans la théorie de la propriété, le sensualisme économique aboutir au socialisme par les conséquences qui sortent naturellement des lois de la production et de la distribution de la richesse, lorsqu'on n'en fait qu'un mécanisme mû par les appétits sensuels. Une fois le principe utilitaire accepté, ces conséquences s'imposent. C'est en vain que, pour s'y dérober, les économistes classiques font les derniers efforts. L'énergie et la ténacité qu'ils mettent à résister les honorent, mais leur impuissance rend manifeste le vice de leurs doctrines.

A côté de ce mouvement progressif vers l'erreur dans l'ordre des doctrines, nous signalerons la marche ascendante de la science dans l'ordre des faits qui tiennent immédiatement à la production et à la distribution de la richesse.

Ici, pas plus qu'ailleurs, l'esprit humain n'est arrivé du premier coup à la possession complète de la vérité scientifique. Les faits, dont l'ensemble constitue la science économique, se sont révélés à l'observation partiellement et progressivement, dans un ordre parfaitement conforme à la déduction logique des idées.

Quelle est la nature de la richesse? quelles sont les lois suivant lesquelles elle se produit? comment, une fois produite, se distribue-t-elle entre les différentes classes qui ont concouru à la créer? Telles sont les questions dont on demande la solution à la science économique.

Les premiers écrivains qui formulent cette science en corps de doctrines, dégagent la notion de la richesse des erreurs dont le système mercantile l'avait obscurcie, mais ils émettent sur la production et la distribution de la richesse des théories dont l'observation sérieuse des faits a depuis révélé le peu de fondement. Ce premier pas fait, ce sont les lois de la production qui attirent d'abord l'attention des économistes. Il semble que ces lois constituent à elles seules toute la science, qu'il suffit d'apprendre aux hommes comment ils peuvent, avec le plus d'avantage, employer leur activité à la production de la richesse, et que la distribution de la richesse produite s'opérera ensuite naturellement de la manière la plus avantageuse pour tous. Ce n'est qu'accessoirement, et en tant qu'elles intéressent la théorie des valeurs, que les lois suivant lesquelles se détermine le revenu des différentes classes productrices, entrent dans la science. Ainsi conçue, l'économie politique était incomplète; la partie la plus importante et la plus difficile de ses investigations, celle qui soulève les questions les plus graves, restait à faire. Bientôt on voit se formuler, dans l'exposé des lois que suit l'accroissement de la population par rapport au développement de la production agricole, les notions sur lesquelles repose toute la théorie de la distribution des richesses. Dès lors la science est en possession de ses éléments essentiels, il ne reste plus qu'à coordonner et à approfondir les notions conquises par l'observation. C'est à cette tâche que les interprêtes les plus distingués de l'économie classique se sont appliqués, durant le demi-siècle qui vient de s'écouler.

Pour la vérité comme pour l'erreur, la science économique a procédé suivant les lois d'une rigoureuse logique. On voit s'y développer parallèlement le vrai et le faux : le vrai dans l'ordre des faits purement économiques, le faux dans l'ordre des doctrines. Mais comme la vérité est une, et qu'il est impossible que ce qui est erreur dans un ordre se concilie avec des faits reconnus vrais dans un autre, il arrive que l'économie politique, formulée sous l'empire des doctrines utilitaires, nous offre le spectacle d'une perpétuelle contradiction, ses principes économiques donnant un continuel démenti à ses principes philosophiques. Aussi pour réfuter ces derniers, nous n'aurons qu'à faire appel aux premiers. Les économistes eux-mêmes nous fourniront tous les arguments à l'aide desquels on peut tirer la science du sensualisme où elle s'est égarée, et la ramener au principe chrétien du sacrifice et de la modération des désirs, le seul par lequel on puisse espérer d'atteindre le but que les économistes se proposent dans l'étude des lois de la richesse : l'amélioration du sort du grand nombre.

La division de ces études nous est indiquée par la marche des idées en économie politique. D'abord nous montrerons comment cette science se constitue par la conquête successive de ses vérités fondamentales; en même temps nous signalerons l'apparition, dans les théories économiques, du principe sensualiste, source de contradictions pour la science et de ruine pour la société. Ensuite nous étudierons, dans ses résultats généraux, le travail d'achèvement de la science économique, et nous montrerons comment les notions précédemment établies se précisent et se coordonnent, de manière à former, sur les causes de la prospérité matérielle des peuples, un système complet et rigoureux en tous ses détails. C'est particulièrement dans cette seconde partie de notre travail que nous verrons le principe sensualiste porter ses fruits de désordre et de misère, et précipiter des économistes éminents dans les aberrations du socialisme, contre lesquelles l'économie politique, quand elle prend pour point de départ le principe chrétien, fournit les arguments les plus décisifs.

CHAPITRE II

Les physiocrates. — Théorie matérialiste de la société. — Conception de la science économique. — Notion de la richesse. — Laissez faire, laissez passer.

C'est par les physiocrates que s'ouvre la série des écrivains qui se sont appliqués à l'étude des causes auxquelles tient la prospérité matérielle des nations.

Les doctrines de cette école, qui prit une si grande part au mouvement des esprits à la fin du XVIIIe siècle, ne se renferment pas dans les limites de la science de la richesse; on y trouve tous les éléments d'une philosophie sociale. Fidèle aux idées du temps, cette philosophie est l'expression la plus nette et la plus franche du matérialisme en matière de politique et d'économie sociale. On y voit apparaître, avec la première notion de la science économique, l'erreur capitale qui trop souvent a égaré cette science, erreur qui consiste à faire dériver toutes les lois de la vie sociale des besoins physiques de l'homme, et qui conduit à faire de la science de la richesse la science sociale universelle.

A côté de cette conception fausse de la vie sociale et de la science qui en recherche les lois, on rencontre chez les physiocrates une idée éminemment juste et féconde, l'idée de parvenir, par l'observation, à constater les lois suivant lesquelles l'activité de l'homme s'applique à la transformation des objets matériels que réclament ses besoins, et de faire de ces lois un exposé scientifique.

Le plus grand mérite des physiocrates est d'avoir compris que l'homme, pas plus dans cet ordre d'action qu'ailleurs, n'est livré aux caprices du hasard; qu'il existe, pour le développement matériel des sociétés, un certain ordre, qui a ses règles fondées sur la constitution morale et physique de l'homme et sur ses rapports avec le monde extérieur. Déterminer ces règles, tel est l'objet de la science économique, dont les physiocrates eurent les premiers l'idée, et qu'ils furent les premiers à esquisser dans ses traits généraux. Malheureusement, par suite des grossières et déplorables méprises dans lesquelles ils tombèrent au sujet de la destinée humaine, leurs travaux, au lieu de servir la société en l'éclairant sur ses intérêts, contribuèrent à la précipiter dans les erreurs dont elle ressent aujourd'hui, plus que jamais, les mortels effets.

Quesnay, le chef de l'école des physiocrates, expose sans détours la pensée fondamentale de son système social, dans son traité sur *le droit naturel*. « Le droit naturel de l'homme est le droit qu'il a aux choses propres à sa jouissance..... dans l'état de nature, les hommes ne jouissent de leur droit naturel aux choses dont ils ont besoin que par le travail..... La jouissance du droit naturel des hommes doit être fort bornée dans l'état de pure nature. Lorsqu'ils entreront en société, et qu'ils feront entre eux des conventions pour leur avantage réciproque, ils augmenteront la jouissance de leur droit naturel, et ils s'assureront même la pleine étendue de cette jouissance, si la constitution de la société est conforme à l'ordre évidemment le plus avantageux aux hommes, relativement aux lois fondamentales de leur droit naturel[1]. »

La jouissance, voilà donc le but et l'origine de la société. C'est sous l'impulsion des besoins, par le désir d'accroître la somme de ses jouissances matérielles, que l'homme se constitue en société ; ce qui fait que l'état de société est l'état naturel du genre humain, c'est qu'il lui permet d'atteindre à tout le bien-être dont il est capable, et de réaliser dans toute son étendue sa destinée, résumée tout entière en son droit naturel, le droit à la jouissance. A la vérité, Quesnay et les physiocrates parlent souvent des lois de la justice, mais ces lois, dans le sens qu'ils leur donnent, ne sont autre chose que les conditions suivant lesquelles l'homme s'assure la plus grande somme de bien-être possible. « Les lois naturelles, dit Quesnay, sont ou physiques ou morales. On entend ici par loi physique le cours réglé de tout événement physique de l'ordre naturel évidemment le plus avantageux au genre humain. On entend ici par loi morale la règle de toute action humaine de l'ordre moral conforme à l'ordre physique évidemment le plus avantageux au genre humain. Ces lois forment ensemble ce qu'on appelle la loi naturelle[2]. »

Dupont de Nemours et Mercier de Larivière ne sont pas moins clairs sur ce sujet : « Il y a, dit le premier, une société naturelle, antérieure à toute convention entre les hommes, fondée sur leur constitution, sur leurs besoins physiques, sur leur intérêt évident et commun. Dans cet

1. *Le droit naturel*, chap. I, II, et III, p. 41 à 46 de l'édit. Guillaumin. — Pour tous les écrits des physiocrates, mes citations sont tirées de cette édition.

2. *Le droit naturel*, chap. V, p. 52 et 53.

état primitif, les hommes ont des droits et des devoirs réciproques d'une justice absolue, parce qu'ils sont d'une nécessité physique, et par conséquent absolue pour leur existence..... Il y a un ordre naturel et essentiel auquel les conventions sociales sont asujetties, et cet ordre est celui qui assure aux hommes réunis en société la jouissance de tous leurs droits, par l'observance de tous leurs devoirs[1]. » Cet ordre essentiel est défini par Mercier de Larivière : « L'ordre des devoirs et des droits réciproques dont l'établissement est essentiellement nécessaire à la plus grande multiplication possible des productions, afin de procurer au genre humain la plus grande somme possible de bonheur et la plus grande multiplication possible[2]. » N'est-il pas clair, d'après cela, que les physiocrates placent le principe et la fin de la justice dans les besoins physiques, et que, par cela même, ils nient tout ordre moral? A chaque instant on rencontre dans leurs écrits les mots de *morale* et de *vertu*, mais ils en corrompent le sens, et pour eux ils ne signifient plus autre chose que les lois de la jouissance.

Dans une société qui n'a point de but supérieur aux satisfactions des sens, le principe du développement indéfini des besoins donne la dernière raison de tout le mouvement social. Multiplier les hommes en multipliant les productions, afin d'accroître le plus possible le nombre des êtres en possession des plus grandes jouissances physiques possibles, voilà le sublime effort de la Providence

1. *De l'origine et des progrès d'une science nouvelle*, § 1, p. 341 à 343.

2. *Ibid*, en note.

dans la constitution du genre humain. « L'intérêt personnel, dit Mercier de Larivière, presse vivement et perpétuellement chaque homme en particulier de perfectionner, de multiplier les choses dont il est vendeur; de grossir ainsi la masse des jouissances qu'il peut procurer aux autres hommes, afin de grossir par ce moyen la masse des jouissances que les autres hommes peuvent lui procurer en échange. *Le monde alors va de lui-même;* le désir de jouir et la liberté de jouir ne cessant de provoquer la multiplication des productions et l'accroissement de l'industrie, ils impriment à toute la société un mouvement qui devient une tendance perpétuelle vers son meilleur état possible[1]. » On voit que le système de l'excitation à la production par l'excitation des besoins, et réciproquement, est aussi ancien que l'économie politique, et qu'on ne peut pas revendiquer pour J.-B. Say, qui en a fait le point de départ de toute sa doctrine, le triste honneur de l'avoir créé.

Suivant les physiocrates, c'est du droit à la jouissance que sortent tous les droits de l'homme, ainsi que toutes les institutions destinées à en assurer le libre exercice. Du droit à la jouissance suit le droit d'acquérir et de conserver les objets qui sont pour nous des sources de jouissances. Cette connaissance intuitive, cette *sensation,* suivant l'expression de Mercier de Larivière, qu'ont les hommes de leurs premiers droits, les conduit tout naturellement à la sensation de leurs premiers devoirs envers les autres hommes. Tous les hommes ayant des droits de même espèce, celui qui tenterait de violer le droit d'autrui, serait

1. *L'ordre naturel des sociétés politiques,* chap. XVIII, p. 617.

exposé à essuyer à son tour les mêmes violences; il faut donc, si l'on veut n'être point troublé dans l'exercice du droit d'acquérir et de conserver, que l'on s'impose l'obligation de ne point troubler les autres dans la jouissance de ce droit. Ainsi le devoir, aussi bien que le droit, se fonde sur l'intérêt personnel et sur le désir dont tout homme est possédé d'accroître la somme de ses jouissances. Le principe du juste et de l'injuste étant ainsi établi, il n'y a plus qu'à en développer les conséquences, pour en faire sortir l'ordre naturel et essentiel des sociétés.

Il suit de ce qui vient d'être dit que le premier de tous les droits, c'est le droit de propriété. La liberté de l'homme a pour but unique la jouissance; or, c'est la propriété qui assure la jouissance, c'est donc dans la propriété que se résume toute l'activité humaine. La liberté de l'homme sera complète lorsqu'il pourra sans entraves parvenir à la propriété, et en retirer la plus grande somme possible de jouissances. En outre, la propriété comprenant, suivant les physiocrates, les facultés personnelles aussi bien que les choses acquises par le travail, le principe de la liberté d'industrie se trouve renfermé dans celui de la liberté de propriété. « La liberté sociale, dit Mercier de Larivière, se trouve naturellement renfermée dans le droit de propriété. *La propriété n'est autre chose que le droit de jouir*. Or, il est évidemment impossible de concevoir le droit de jouir séparément de la liberté de jouir : impossible aussi que cette liberté puisse exister sans ce droit, car elle n'aurait plus d'objet, attendu qu'on n'a besoin d'elle que relativement au droit qu'on veut exercer..... Propriété, sûreté, liberté : voilà donc l'ordre social dans tout son entier; c'est de là, c'est du droit de propriété maintenu dans toute son étendue naturelle et primitive, que vont résulter nécessairement toutes les institutions qui constituent la forme essentielle de la société[1]. »

La première de ces institutions sans lesquelles nulle société ne pourrait exister, c'est la législation positive; elle ne sera qu'une déclaration des devoirs et des droits naturels, qui sont tous enfermés dans la propriété.

Les lois qui régissent la vie sociale devront avoir pour but d'assurer la liberté des diverses conventions que les hommes peuvent faire entre eux au sujet de la propriété. En effet, toute la vie n'ayant d'autre but que la jouissance, et toute jouissance se résumant dans la propriété, il n'y a de rapports entre les hommes que ceux qui naissent de la propriété, et que l'on comprend sous le nom de commerce. Les lois ne doivent tendre qu'à assurer l'exécution des conventions par lesquelles les hommes disposent de leur propriété. Leur but unique est de faire en sorte que les hommes soient libres de ne prendre que leur intérêt personnel pour guide, dans tout ce qui n'excède pas la mesure naturelle de la liberté dont ils jouissent en vertu de leurs droits de propriété. C'est ainsi que, du principe de la jouissance, se tire la maxime célèbre : *Laissez faire, laissez passer*.

Suivant cette conception de la société, tout se meut par l'impulsion de l'intérêt personnel, tout doit se faire par la seule préoccupation du tien et du mien, par le seul droit et la seule puissance de la liberté individuelle, sous la loi d'une étroite et impitoyable justice. Dans ce système, au-

1. *L'ordre naturel*, chap. XVIII, p. 615.

cune part n'est faite à la charité. On reconnaît ici le caractère propre de la révolution, qui est essentiellement utilitaire et individualiste.

Toute la hiérarchie des pouvoirs politiques, qui ont pour mission d'assurer la paisible jouissance et la libre disposition de la propriété, sortira, aussi bien que la loi, du principe de la jouissance. Non seulement les relations de la politique et des affaires, mais les affections mêmes et les relations de famille, ont, suivant les physiocrates, pour raison dernière l'intérêt personnel.

Saisi d'admiration à la vue des merveilles de cette société où tout se meut par la puissance et sous la règle des intérêts et des appétits sensuels, Dupont de Nemours exalte « la doctrine qui, d'après la nature de l'homme, expose les lois nécessaires d'un gouvernement fait pour l'homme, et propre à l'homme de tous les climats et de tous les pays ; d'un gouvernement qui subsiste à la Chine depuis quatre mille ans sous le tropique du Cancer, et que le génie d'une grande impératrice va, pour le bonheur de ses sujets, établir au milieu des glaces du Nord[1]. »

Certes, les physiocrates ne sont pas difficiles dans le choix de leurs modèles, et l'on conçoit que, lorsqu'on réserve ses plus vives admirations pour la Chine, on fasse bon marché du spiritualisme chrétien et de la prééminence morale que les peuples modernes lui doivent.

Pour qui ne voit dans la société que des relations nées du besoin, et sans autre but que la jouissance, la science de la richesse sera la science sociale par excellence, la

1. *De l'origine et des progrès d'une science nouvelle*, § 21, p. 364 édit. Guillaumin.

science de la vie humaine. C'est ainsi que l'entendent les physiocrates.

Nous avons vu comment Quesnay prend pour point de départ de toute l'organisation sociale le droit de l'homme à la jouissance, et comment il en fait dériver tout le droit naturel. Dans *Le droit naturel* il indique un ordre social physique; dans *Le tableau économique* il expose la marche de cet ordre social physique; enfin, dans *Les maximes générales du gouvernement économique d'un royaume agricole*, il établit les lois naturelles et immuables de l'ordre le plus avantageux aux hommes réunis en société. Or, en tout cela, il n'est jamais question que de la production et de la répartition de la richesse. Tous ces divers écrits, où se trouve résumée la pensée du chef de l'école, ne sont que des traités d'économie politique remplis des théories des physiocrates sur le produit net, sur la prééminence de l'agriculture, sur la liberté des échanges et sur l'assiette de l'impôt.

Le passage suivant, où Dupont de Nemours résume les principes de la science sociale, ne peut, à cet égard, laisser aucun doute : « Tout homme reçoit de la nature le droit de vivre, indispensablement lié au devoir de travailler; les hommes ne peuvent vivre que par le fruit de leurs travaux. Le succès de leurs travaux dépend de leur union. Ils ne sauraient réussir à vivre, et surtout à vivre heureux, que par leurs succès mutuels; l'intérêt de chacun est le même que l'intérêt de tous. C'est ce qui constitue l'enchaînement de tous les intérêts humains. L'intérêt du cultivateur est sans contredit le succès de son travail, dont dépend sa subsistance; et cependant il ne saurait obtenir ce succès qu'il ne serve en même temps l'intérêt du propriétaire, dont la part grossit en raison de ce succès..... La classe stérile ne peut vivre que sur les dépenses de la classe productive et de la classe propriétaire; plus donc ces deux classes auront de quoi dépenser, plus la classe stérile aura de quoi vivre. Ainsi l'intérêt de la classe stérile est le même que celui des deux autres..... Le point fixe d'unité d'intérêt entre les hommes, ou l'intérêt général et commun des trois classes qui composent la société, et celui de chacun de leurs membres, est dans l'intérêt du cultivateur et dans ses succès. C'est là cette grande unité d'intérêt qui associe tous les hommes entre eux par les rapports indispensables des droits et des devoirs, comme la génération et la faiblesse les unissent par les liens de la fraternité et des secours mutuels. La connaissance de cette grande vérité, et de toute la série de ses principes et de ses conséquences, est *la science de la vie humaine*, qui donne une vraie base à la morale en offrant un point de réunion à des intérêts contradictoires en apparence[1]. »

La conciliation des intérêts, par la connaissance des lois dont l'observation assure le perfectionnement matériel de tous et de chacun, tel est le résumé et l'essence de la science sociale, suivant les physiocrates. Nous verrons plus tard que ce principe est resté le dernier mot de la philosophie des économistes sensualistes, et nous le retrouverons, sous le nom d'*harmonie des intérêts*, dans un écrit dont l'auteur, avec des intentions beaucoup meilleures que ses doctrines, demande aux théories du XVIIIe siècle le re-

1. *Abrégé des principes de l'économie politique*, p 382 et 383.

mède aux maux dans lesquels elles ont plongé notre siècle, qui s'obstine à en faire sa règle de vie sociale[1].

Le progrès de l'humanité étant ainsi conçu, on n'a que faire, pour établir le règne de l'ordre social physique, des principes de cette importune morale à laquelle le genre humain sacrifiait ses penchants les plus légitimes, avant que les physiocrates eussent dissipé les erreurs qui le privaient des bienfaits de l'ordre naturel. Toutefois la morale est chose si respectée parmi les hommes, sa nécessité est marquée en traits si profonds dans nos âmes, son autorité naturelle est telle, que les grands réformateurs qui révélaient au monde les lois de la vie humaine méconnues jusqu'à eux ne crurent pas pouvoir se dispenser de lui donner place dans leurs théories. Seulement, au lieu d'en faire la règle suprême dans laquelle les intérêts trouvent une limite infranchissable, ils la mirent à la suite des intérêts, de façon que le juste ne fut pour eux qu'une forme de l'utile.

La conséquence nécessaire de cette doctrine, c'est que la connaissance des intérêts suffit pour tracer aux hommes leurs devoirs, et qu'elle suffit aussi pour les déterminer à les remplir, puisque en violant son devoir, on méconnaît son intérêt. Le monde alors va de lui-même vers son meilleur état possible. Les physiocrates n'en veulent pas douter. Pourtant il arrive que le désir du bonheur emporte l'homme au delà de son intérêt; aussi, suivant Dupont de Nemours, « il faut distinguer entre l'intérêt et le désir. Celui-ci peut être dépravé par l'ignorance, qui fait prédominer l'instinct de la brute sur l'intelligence de l'homme. »

1. Frédéric Bastiat, *Les harmonies économiques*.

Pour rendre les hommes meilleurs, ce n'est donc pas la volonté qu'il faut réformer, c'est l'intelligence qu'il faut éclairer; quand l'esprit aura saisi ce que réclame l'intérêt, la volonté l'accomplira d'elle-même. « Ne soyez pas en peine, dit Mercier de Larivière, de notre morale, ni de nos mœurs, il est socialement impossible qu'elles ne soient pas conformes à leurs principes ; il est socialement impossible que des hommes qui vivent sous des lois si simples, qui, parvenus à la connaissance du juste absolu, se sont soumis à un ordre dont la justice par essence est la base, et dont les avantages sans bornes leur sont évidents, ne soient pas, humainement parlant, les hommes les plus vertueux. Pour que de tels hommes puissent se corrompre, il faut qu'ils commencent par tomber dans une ignorance qu'on ne peut supposer, parce qu'il est contre nature de passer de l'évidence publique à l'erreur; parce que chacun est attaché par son intérêt personnel à la conservation de cette évidence; parce qu'enfin, il est facile, et même conforme à l'ordre, de perpétuer cette même évidence par l'instruction, en prenant les mesures nécessaires pour que tous les membres du corps social puissent y participer[1]. » Voilà, formulé dans toute sa netteté, le niais et détestable système de l'instruction séparée de la morale, système légué à notre époque par le matérialisme du XVIIIe siècle, et que prétend imposer à nos catholiques populations *la ligue de l'enseignement*, dont M. de Moussac, dans un livre récent, a si bien décrit les origines, l'organisation et l'action.

Tels sont les principes fondamentaux de l'école des physiocrates. On trouve dans les écrits de cette école la re-

1. *L'ordre naturel*, chap. XVIII, p 633.

présentation fidèle de l'état des esprits au moment où ils captivaient l'attention publique. En les lisant, on est d'abord frappé du singulier mélange d'idées abaissées et de sentiments généreux qu'on y rencontre à chaque pas, et qui est un des caractères du XVIIIe siècle. Il y aurait injustice à ne pas le reconnaître, les physiocrates étaient animés d'un sincère amour de l'humanité; c'était de bonne foi qu'ils se trompaient et que, par leurs doctrines, ils préparaient à la société un avenir devant lequel ils auraient reculé d'épouvante, s'il leur avait été donné de l'entrevoir. Il est d'ailleurs un mérite qu'on ne peut contester aux écrivains qui les premiers reçurent la qualification d'*économistes* : ils ont introduit dans la science de la société des vérités de fait méconnues avant eux, et qui ont servi de base à l'édifice économique tel que nous le voyons aujourd'hui.

Outre la conception de la science économique dans ses procédés généraux et dans ses grandes divisions, qui sont la production et la distribution de la richesse, les physiocrates nous ont donné la première notion juste de la richesse. La richesse n'est plus pour eux ce qu'elle était pour l'école mercantile; elle ne consiste pas seulement dans l'or et l'argent qui servent à opérer l'échange des produits; la richesse comprend tous les objets matériels applicables aux besoins de l'homme. A la vérité, ils se trompent quand ils énumèrent les sources de la richesse, et quand ils en excluent le travail du manufacturier et du commerçant; mais il n'en est pas moins certain que la première question sur laquelle portent les investigations de l'économiste : Quelle est la nature de la richesse? que cette question a été par eux dégagée des ombres qui l'obscurcissaient. La définition de la richesse que nous donnent les physiocrates ouvre la série des recherches, par lesquelles la science économique conquiert une à une ses vérités fondamentales.

De même que les physiocrates se trompent dans la théorie de la production, en considérant le travail agricole comme seul productif, et en renfermant tout le bénéfice de la société dans le produit net agricole, de même aussi ils s'égarent dans la théorie de la distribution de la richesse, lorsqu'ils avancent que tout le produit net du travail social, concentré dans les mains des propriétaires fonciers sous forme de rente, est réparti par eux sous forme de salaires entre toutes les classes manufacturières et commerçantes, qui ne produisent par leur travail que l'équivalent de leurs consommations. Ils se trompent encore dans la théorie de l'impôt, en soutenant que l'impôt ne peut être prélevé que sur les propriétaires fonciers, dans les mains de qui se concentre le produit net agricole, c'est-à-dire tout le revenu net de la société.

De toutes les erreurs dans lesquelles les économistes sont tombés, la plus grave a été de confondre dans une même réprobation la réglementation, les privilèges et le monopole des corporations, avec la pratique toujours légitime, nécessaire et salutaire de l'association dans la vie ouvrière.

Sous l'empire de la fausse philosophie dont les physiocrates avaient adopté et propagé les théories, la révolution dépassa de beaucoup, sur la question des corporations, les limites d'une simple réforme économique. Ce fut une œuvre de perturbation sociale qu'elle accomplit. La réforme économique eût consisté à proclamer et à garantir cette liberté du travail, que l'état nouveau des procédés industriels et l'extension des échanges rendaient inévitable, et qui s'est établie, par la force des choses, même dans les pays qui ont pris à tâche de respecter les vieilles traditions, et qui se sont gardé de porter sur les corporations une main téméraire. La révolution, par les économistes qui la préparèrent et par les législateurs qui l'organisèrent, fit bien autre chose et alla bien plus loin : elle s'en prit à l'association elle-même.

Turgot fait dire au roi, dans l'édit de 1776, « que la source du mal est dans la faculté même accordée aux artisans d'un même métier de s'assembler et de se réunir en un corps. » En 1791, l'Assemblée constituante achève l'œuvre du ministre économiste, et elle nous donne par l'organe de Chapelié, son rapporteur, le dernier mot du XVIIIe siècle et de la révolution sur l'association : « Il n'y a, dit Chapelié, que l'intérêt particulier de chaque individu et l'intérêt général. Il n'est permis à personne d'inspirer aux citoyens un intérêt intermédiaire, de les séparer de la chose publique, par un esprit de corporation. » Ce n'est donc pas la réglementation, ce n'est pas le privilège, ce n'est pas le monopole de la corporation que l'on supprime, c'est la corporation elle-même, c'est-à-dire l'association pratiquée par les hommes d'un même métier en vue de la commune protection et de la mutuelle assistance. De toutes les erreurs répandues par la révolution, nulle n'a eu, pour le repos et la prospérité de la société, de plus funestes conséquences.

Par l'ensemble de leurs doctrines, les physiocrates ont imprimé à la science de la richesse une direction fausse. Par la théorie absolue du laissez faire, laissez passer, ils l'ont engagée dans un libéralisme dont les conséquences ont été aussi fâcheuses pour les intérêts matériels que pour les intérêts moraux de la société. Par leurs principes sur la destinée humaine, ils ont jeté dans l'économie politique les germes du socialisme.

Il n'est pas difficile de saisir le lien qui rattache aux principes posés par les physiocrates les systèmes qui se produisent depuis cinquante ans, avec un caractère si menaçant. La société n'est-elle pas, pour les physiocrates comme pour les socialistes, fondée sur l'unique base des intérêts matériels? Des deux côtés, n'est-ce pas sous l'impulsion des besoins physiques que s'accomplit tout le progrès de l'humanité, le progrès moral aussi bien que le progrès matériel? Et serait-il difficile, en tirant des prémisses posées par les physiocrates tout ce qu'elles renferment, d'en faire sortir les théories socialistes sur la propriété? Admettez, avec Quesnay et Mercier de Larivière, que la propriété se fonde sur le droit à la jouissance, et vous serez fatalement conduit à répartir les biens suivant les besoins.

La propriété, disent les physiocrates, c'est le droit de jouir; on ne peut concevoir séparément le droit de jouir de la liberté de jouir. Mais tous ayant le droit de jouir, tous ne doivent-ils pas avoir la liberté de jouir? Pourquoi accorder cette liberté aux uns et la refuser aux autres? Or, c'est par la propriété que la liberté de jouir est assurée; ne faut-il pas dès lors que tous aient une égale part à la propriété, afin que tous puissent accomplir leur destinée? Il y a plus, si la destinée de l'homme est dans la jouissance, il faudra lui fournir les moyens de l'accomplir suivant l'énergie de ses facultés. Le droit à la jouissance étant un droit absolu, ne souffre d'autre inégalité que celle des besoins; des besoins plus grands indiquent une nature plus puissante, appelée à de plus grandes destinées, c'est-à-dire à des jouissances plus étendues; il faudra donc, pour que tous soient également libres d'atteindre la fin que leur assigne l'ordre naturel, que les biens soient répartis à chacun en proportion de ses besoins; hors de là, il n'y a ni justice ni liberté. Les physiocrates ont beau appuyer le droit de propriété privée sur la nécessité de cultiver la terre pour en tirer les fruits, et sur l'impossibilité de trouver les avances nécessaires à la culture si l'on abolit la propriété; ils restent toujours en face d'un droit absolu dans le chef de chaque homme, le droit à la jouissance, auquel il faut à tout prix donner satisfaction. Si l'ordre social, que les physiocrates appellent l'ordre naturel, ne se prête pas à cette réalisation du droit absolu de chacun, il faut cesser d'y voir l'ordre vrai, et se hâter de chercher cet ordre vrai dans une organisation nouvelle. C'est ce que font les socialistes, plus conséquents dans leur folie que les physiocrates dans leur pompeuse sagesse.

Nous verrons toutes les théories fondées sur le principe du développement indéfini des besoins aboutir à des inconséquences pareilles, parce qu'il n'est pas donné aux hommes de disposer l'ordre social au gré de leurs cupidités et de leurs caprices, et que cet ordre, bien loin d'être fondé sur l'extension indéfinie des jouissances, repose tout entier sur la loi chrétienne du sacrifice.

CHAPITRE III

Adam Smith. — Théorie de la production.

Les écrits économiques d'Adam Smith ne nous offriront point de ces théories audacieusement novatrices, qui ne vont à rien moins qu'à détourner la civilisation de son cours séculaire, pour la précipiter dans les routes qui conduisent aux abîmes. Smith n'a pas, comme les physiocrates, la prétention de révéler à la société son ordre naturel, ni de formuler la science de la vie humaine; il ne prend pas comme eux pour point de départ les principes les plus crus de la philosophie matérialiste; par ses tendances il appartient à l'école spiritualiste, ce qui ne l'empêche pas de ressentir l'influence des idées dominantes de son temps.

Smith doit beaucoup aux économistes français. Lui-même le reconnaissait, puisqu'il voulait, si Quesnay eût vécu jusqu'à la publication des *Recherches sur la richesse des nations*, dédier son livre au chef de l'école physiocratique. Smith a pourtant sa méthode à lui; il ne suit pas absolument la voie des physiocrates. Ceux-ci, fidèles à l'esprit du XVIIIe siècle, recherchent avant tout les lois d'un certain ordre naturel, qu'ils font un peu à leur gré, bien qu'ils le prétendent fondé sur les faits. Smith procède sérieusement par la méthode d'observation. Néanmoins il invoque aussi les lois d'un ordre naturel, et il en tire des conclusions de laissez-faire et laissez-passer, moins absolues sans doute que celles des physiocrates, mais dont le caractère est au fond le même.

Smith ne pousse pas jusqu'au bout l'application des principes d'individualisme et de liberté, comme l'ont fait, à l'imitation des physiocrates, les économistes radicaux; il reconnaît, par exemple, à propos de l'émission des valeurs fiduciaires, que l'intérêt public réclame, en ce cas et en d'autres semblables, une intervention protectrice et tutélaire du gouvernement, et commande des restrictions à la liberté naturelle des individus[1]. En matière de douanes, bien qu'il ait formulé la théorie du libre-échange, Smith admet des tempéraments qui le séparent des purs théoriciens de l'école radicale[2]. Néanmoins son point de départ est la conception d'un ordre de liberté naturelle dans lequel tout se meut sous la loi de l'intérêt, et c'est en cela que ses théories procèdent des conceptions utilitaires des physiocrates.

Pour justifier le régime de la liberté du travail, Adam Smith dit : « En écartant tous les systèmes de préférences ou d'entraves relativement à l'emploi des forces productives, le système simple et facile de la liberté naturelle se présente de lui-même, et se trouve tout établi. Tout homme, tant qu'il n'enfreint pas la loi de la justice, demeure en pleine liberté de suivre la route que lui montre son intérêt..... ; dans le système de la liberté naturelle, le souverain n'a que trois devoirs à remplir : trois devoirs à

1. *Richesse des nations*, livre II, chap. II, tome I, p. 399 ; édit. Guillaumin.

2. *Ibid.*, livre IV, chap. II, tome II, p. 56 à 63.

la vérité d'une haute importance, mais clairs, simples, et à la portée d'une intelligence ordinaire. Le premier, c'est de défendre la société de tout acte de violence ou d'invasion de la part des autres sociétés indépendantes. Le second, c'est le devoir de protéger, autant qu'il est possible, chaque membre de la société contre l'injustice ou l'oppression de tout autre membre, ou bien le devoir d'établir une administration exacte de la justice. Et le troisième, c'est le devoir d'ériger et d'entretenir certains ouvrages publics, et certaines institutions que l'intérêt privé d'un particulier, ou de quelques particuliers, ne pourrait jamais les porter à ériger ou à entretenir[1]. » Ce n'est point la liberté absolue du radicalisme, mais ce n'est pas non plus le principe vrai et pratique de la limitation légitime de la liberté par une réglementation que peuvent rendre nécessaire les intérêts supérieurs de la morale publique ou de la protection des faibles. Le principe d'Adam Smith est tel, que le radicalisme y trouvera, en taxant le maître d'inconséquence, de quoi justifier toutes ses extravagances.

Au XVIIIe siècle, le sensualisme, avec l'esprit utilitaire qui en est la conséquence, régnait partout. A leur insu, les hommes les plus distingués par l'esprit et le caractère sacrifiaient à ses étroites conceptions. La *théorie des sentiments moraux* de Smith est une sorte de compromis entre le sensualisme et le spiritualisme ; elle fait sortir l'idée du bien et du mal de la sympathie ou de l'antipathie qu'éveille en nous la vue des actes de nos semblables. Or, la sympathie étant un phénomène sensible, les notions morales, au lieu de dériver *à priori* de prin-

1. *Richesse des nations*, livre IV, chap. IX, tome II, p. 338.

cipes absolus, comme dans la philosophie spiritualiste, seront le produit de la sensibilité, et surgiront en nous par cette sorte d'instinct qui nous fait aimer le bien et détester le mal. Cette manière d'expliquer l'origine des notions morales accuse un défaut de conception métaphysique, qui ne pouvait manquer de se faire sentir dans tous les travaux du célèbre philosophe écossais. Aussi, c'est par ce côté que pèchent ses *Recherches sur la nature et les causes de la richesse des nations.*

La faute capitale du grand économiste est de n'avoir pas aperçu les liens étroits et indissolubles qui rattachent le progrès matériel des peuples à leur progrès moral. Comme la plupart des écrivains du XVIIIe siècle, il sépare l'utile du bien, et prétend édifier la science de la richesse indépendamment de la morale. Mais en séparant, dans la théorie, des choses si intimement unies dans la pratique, il se place, dès l'abord, hors des conditions de la vie réelle, et force lui est de se renfermer dans le champ des abstractions, en exposant les principes d'une science qui, de sa nature, est tout expérimentale.

Smith, au lieu de prendre la richesse pour ce qu'elle est en réalité, comme moyen d'améliorer la condition des hommes et de les aider à accomplir leur fin dans l'ordre moral, ce qui conduit nécessairement à ne considérer le progrès matériel que dans ses rapports avec l'aisance du grand nombre, Smith part de la notion abstraite de la richesse nationale, et s'occupe uniquement de déterminer les lois suivant lesquelles s'accroît la richesse collective des peuples. Je n'hésite pas à affirmer que cette conception abstraite de la richesse est la source de toutes les erreurs par lesquelles Smith a égaré la science, et qu'elle lui a fait perdre le fruit des découvertes auxquelles l'avait conduit la puissance d'observation et d'analyse qu'il possédait à un si haut degré.

Venu après les physiocrates, qui avaient conçu l'idée de la science économique et avaient précisé la nature de la richesse, Smith, en créant la véritable théorie de la production, fit faire à la science le plus grand progrès qu'elle ait accompli par le travail d'un seul homme. Il restitua aux travaux des classes manufacturières et commerçantes, que les physiocrates appelaient stériles, leur véritable rôle dans la création de la richesse. Il établit que ce n'est pas à la terre seule qu'appartient la puissance de produire, et que l'agent principal de la production, c'est le travail; il fit voir comment le travail s'applique aux matières premières fournies par la terre, et comment il se sert des forces de la nature et les dirige de manière à leur faire produire des résultats utiles. Il analysa les causes de la puissance productive du travail et indiqua, avec une sagacité merveilleuse, le principe et les effets de la division du travail, qui avaient été à peine signalés avant lui. Turgot les avait bien aperçus, mais il n'avait fait qu'y toucher indirectement au début de ses *Réflexions*. De ce fait, auquel il faut toujours remonter, aussi bien dans la théorie des échanges et de la distribution de la richesse que dans la théorie de la production, Adam Smith fit avec raison le point de départ de ses recherches sur la richesse des nations. Ensuite, il montra comment le capital concourt à la production, en fournissant aux travailleurs des matières premières et des subsistances, et comment il se forme par l'épargne. La théorie des valeurs fut aussi établie par Smith sur ses véritables bases; il distingua la valeur en usage de la valeur en échange, et montra comment celle-ci est réglée dans toutes ses fluctuations par la loi d'offre et de demande ; il rechercha de quels éléments le prix des choses se compose, et fit voir comment les variations survenues dans la valeur en échange de ces éléments influent sur le prix des produits. En exposant le mécanisme des échanges, il détermina la nature de la monnaie et le rôle qu'elle joue dans les transactions économiques ; et il jeta les bases de la théorie du crédit ; il démontra, avec une irrésistible puissance de logique, l'absurdité de la balance du commerce, en même temps qu'il établit le principe du libre-échange, confirmant sur ce point les théories de l'école des physiocrates ; enfin il réfuta les erreurs de cette école sur l'impôt et posa les principes de son équitable répartition.

C'était beaucoup que de donner sur ces questions, compliquées de tant d'éléments divers et obscurcies par tant de préjugés, des solutions nettes, fondées sur une rigoureuse observation des faits ; toutefois ce n'était encore que la moitié de la tâche à remplir pour élever l'édifice complet de la science économique. Smith avait déployé une véritable puissance d'esprit en établissant les lois de la production et les lois de l'échange, mais il n'avait pas aperçu les difficultés les plus graves de l'ordre économique, celles qui tiennent à la distribution de la richesse. Son livre n'était, à vrai dire, que la théorie de la production ; la théorie de la distribution restait à faire.

Smith fut conduit tout naturellement à cette vue incomplète et erronée de la science économique par la notion abstraite qu'il s'était formée de la richesse nationale. Pour juger de l'état de prospérité d'un peuple, il ne se demandait pas si le plus grand nombre des individus qui le composent jouissent d'une condition aisée; il ne considérait que la proportion entre la somme des richesses créées et la masse de la population : « Selon que le produit du travail se trouvera être dans une proportion plus ou moins grande avec le nombre des consommateurs, *la nation* sera plus ou moins bien pourvue de toutes les choses nécessaires ou commodes dont elle éprouvera le besoin [1]. » Smith ne supposait pas que, chez un peuple où les richesses abondent, il peut arriver, comme l'Angleterre ne l'a que trop prouvé depuis, qu'un grand nombre d'hommes manquent du nécessaire. Dans sa pensée, il suffit d'accroître la somme des produits du travail national, pour que la distribution s'en opère d'elle-même de la façon la plus avantageuse pour tout le monde. Développer la puissance productive d'un peuple, voilà tout ce qu'il y a à faire pour assurer sa prospérité. Aussi, bien qu'il s'occupe de l'ordre suivant lequel les produits du travail se distribuent naturellement entre les diverses classes de personnes dont se compose la société, il n'aborde aucune des questions épineuses que soulève, en si grand nombre, la condition des classes ouvrières. Pour Smith, l'ouvrier n'est qu'une machine à produire, qu'il importe de faire fonctionner de manière qu'elle fournisse, avec la moindre dépense possible, le plus grand produit possible.

On a peine à croire, lorsqu'on ne cherche dans l'économie politique que les moyens d'améliorer le sort du grand nombre, qu'une pareille conclusion se rencontre dans les écrits d'un publiciste aussi sérieux, d'un observateur aussi perspicace que Smith. Mais, si l'on se reporte au point

1. Tome I, p. 2; édit. Guillaumin.

de vue abstrait où Smith s'est placé, cette aberration s'explique. Quand on n'a en vue qu'une chose : la richesse nationale, tous les intérêts particuliers s'effacent devant cet intérêt capital qui les absorbe tous; il n'est plus question alors d'améliorer la condition des individus, il n'y a plus qu'un problème d'arithmétique à résoudre : accroître les gains nationaux, et pour cela augmenter le produit en même temps qu'on diminue les dépenses de la production. Une fois la question ainsi posée, l'esprit, absorbé dans les abstractions qu'il s'est forgées, oublie la réalité et s'égare à la poursuite d'une ombre.

Ces préoccupations expliquent l'indifférence apparente de Smith à l'égard des travailleurs, indifférence qui n'était certainement point dans son cœur, mais qui se trouve malheureusement partout dans ses théories. Nulle part il ne prend, comme objet principal de ses recherches, le moyen d'accroître les ressources de la classe ouvrière. Quand il étudie les lois suivant lesquelles les salaires haussent ou baissent, il ne se propose d'autre but que de parvenir à déterminer quelle influence ces fluctuations exercent sur le prix des marchandises. C'est en envisageant la question par ce côté étroit que Smith pose comme règle, que le salaire normal est celui qui suffit pour maintenir la race des travailleurs : « Il faut de toute nécessité qu'un homme vive de son travail, et que son salaire suffise au moins à sa subsistance; il faut même quelque chose de plus, dans la plupart des circonstances, autrement il serait impossible au travailleur d'élever une famille, et alors la race de ces ouvriers ne pourrait pas durer au delà de la première génération[1].

1. Tome I, p. 88.

Lorsque Smith signale les effets des fluctuations des salaires sur la population, ce n'est point en vue d'en tirer des conséquences par rapport à la situation des travailleurs; les souffrances que ces fluctuations peuvent leur faire endurer n'entrent point dans ses calculs; une seule chose absorbe son attention, l'action de la loi d'offre et de demande par laquelle les salaires sont perpétuellement ramenés vers leur taux nécessaire, et les conséquences, quant aux prix des marchandises, de ce mouvement continuel d'oscillation autour d'un centre fixe. Lorsqu'il parle du dommage que cause à un pays la dissipation des capitaux, il ne lui vient pas à la pensée que cette destruction de richesse est surtout à déplorer parce qu'elle restreint la demande du travail en réduisant le capital qui fournit les subsistances aux travailleurs, et qu'elle tend ainsi à faire baisser les salaires; il ne voit, dans la prodigalité qui consomme improductivement le capital, que la diminution de la richesse nationale; le reste lui importe peu.

Smith est si loin de considérer l'amélioration du sort des classes ouvrières comme le but suprême de la science économique, qu'il se croit presque obligé de démontrer que le bien-être des classes laborieuses n'est pas un mal : « Cette amélioration survenue dans la condition des dernières classes du peuple doit-elle être regardée comme un avantage ou comme un inconvénient pour la société? Au premier coup d'œil, la réponse paraît extrêmement simple. Les domestiques, les ouvriers et artisans de toute sorte composent la plus grande partie de toute société politique. Or, peut-on jamais regarder comme un désavantage pour *le tout* ce qui améliore le sort de la plus grande partie? Assurément, on ne doit pas regarder comme heureuse et prospère une société dont les membres les plus nombreux sont réduits à la pauvreté et à la misère. La seule équité exige d'ailleurs que ceux qui nourrissent, habillent et logent tout le corps de la nation, aient, dans le produit de leur propre travail, une part suffisante pour être eux-mêmes passablement nourris, vêtus et logés[1]. » On le voit, c'est *du tout*, c'est-à-dire d'un être abstrait, qu'il s'agit ; ce qui permet de considérer comme avantageuse la prospérité des dernières classes du peuple, c'est qu'elle n'est pas un mal pour *le tout*. Du reste, dans la pensée de Smith, la prospérité *du tout* entraînait nécessairement celle des diverses classes qui le composent, et c'est de cette fausse idée que vient son apparente insouciance à l'endroit des classes ouvrières. Au fond, comme l'attestent les derniers mots du passage que nous venons de citer, Smith n'était pas insensible aux misères des travailleurs, mais les vices de sa méthode l'empêchaient de discerner les moyens par lesquels on peut les prévenir et les guérir.

Si Adam Smith, au lieu de se renfermer dans des théories abstraites sur la production des richesses et sur la valeur, avait donné à l'économie politique le caractère expérimental qu'elle réclame par la nature même de son objet ; s'il avait reconnu que la richesse est chose purement relative, qu'elle n'existe que par rapport aux besoins de l'homme, et que c'est faire violence à la nature même des choses que d'étudier les lois de son développement sans prendre pour fin dernière l'amélioration du sort des individus, il aurait été forcément conduit à reconnaître la nécessité d'introduire dans la science les considérations morales, qu'il en

1. Tome I, p. 103.

a, au contraire, systématiquement exclues. Cette nécessité lui aurait été révélée par ce fait d'une expérience journalière, qu'il est impossible de provoquer aucune amélioration durable dans la condition matérielle des individus, sans commencer par réformer leurs mœurs. Il n'aurait pas tardé à apercevoir que ce qui est vrai des individus l'est aussi des nations, et que la puissance du travail, aussi bien que la bonne répartition des richesses chez un peuple, sont entièrement subordonnées à sa condition morale.

L'erreur de méthode dans laquelle Smith est tombé a exercé sur les développements ultérieurs de la science la plus fâcheuse influence. Comme en économie politique tout va à l'application, les successeurs de Smith eurent bientôt conclu des abstractions à la réalité. En considérant la richesse isolément, Smith avait fait de l'intérêt personnel la règle suprême de la science économique; ses successeurs en firent la règle générale de conduite des hommes, et ils s'efforcèrent d'établir que, sous l'impulsion de l'intérêt personnel, la société ne peut manquer d'accomplir toute sa destinée, en créant la plus grande somme possible de richesses et en les répartissant de la manière la plus avantageuse pour tous. On vit donc insensiblement l'économie politique remonter vers son point de départ, et finir par reproduire la pensée des physiocrates, qui renfermaient tout le mouvement social dans les intérêts matériels.

Jamais pourtant Smith n'eut la pensée de faire de l'économie politique la science sociale par excellence. La division même de son cours de philosophie, dont les *Recherches sur la richesse des nations* formaient la quatrième partie, et dans lequel il traitait séparément de la théologie naturelle, de la morale, de la justice et des mœurs politiques fondées sur l'utilité, proteste contre cette pensée. Par la distinction qu'il établit entre le travail productif d'utilité matérielle, c'est-à-dire de richesse, et le travail improductif de cette sorte d'utilité et dont les résultats se fixent non dans les choses mais dans les personnes, Smith prouve également qu'il ne voulut jamais étendre la science économique au delà de ses limites naturelles, et que sa pensée fut toujours, au contraire, de circonscrire cette science dans les bornes qui lui sont assignées par son objet même : la richesse.

La distinction établie par Smith entre le travail productif et le travail improductif a été considérée par beaucoup d'économistes comme une erreur capitale. A notre sens, c'est au contraire un des points par lesquels Smith est resté fort supérieur à ses continuateurs. Avec la pénétration dont il était doué, il comprit que, faire entrer dans l'économie politique, comme objet principal de ses recherches, les travaux dont les résultats s'attachent aux personnes aussi bien que ceux dont les résultats s'attachent aux choses, c'est confondre l'ordre moral et l'ordre matériel, jeter la science économique hors de ses voies naturelles, et lui donner une extension qu'elle ne comporte pas.

Sans doute l'économie politique ne peut pas, en traitant de la richesse, négliger les travaux qui s'attachent aux personnes, et parmi lesquels se rangent tous ceux qui ont pour but le perfectionnement moral et intellectuel. Nous avons déjà vu que cette science ne peut pas se constituer indépendamment de la morale, dont il faut qu'elle reconnaisse la suprématie naturelle; mais nous avons vu aussi qu'elle ne s'occupe des principes de l'ordre moral qu'en tant qu'ils influent sur le progrès matériel, et qu'elle ne pourrait, sans perdre son caractère propre, embrasser l'activité humaine dans toutes ses manifestations, confondant les personnes avec les choses.

Sans doute le travail que la société accomplit dans l'ordre moral concourt à la production des richesses, en développant les forces par lesquelles nous luttons contre les résistances de la nature, mais les résultats de ce travail ne sont point des richesses, au sens propre du mot. Seulement, comme ces résultats aident à produire la richesse, l'économiste s'en occupera à ce point de vue en établissant la théorie de la production ; mais il se gardera de les prendre comme objet principal de ses investigations, et d'appliquer aux procédés du travail dans l'ordre moral les lois qui régissent la production industrielle, ce qui ne pourrait se faire sans abaisser l'ordre moral au niveau de l'ordre matériel. Il sera également nécessaire, lorsqu'on établira les lois de la distribution des richesses, de tenir compte des travaux de l'ordre moral, pour montrer comment ceux qui s'y livrent trouvent dans les richesses produites par la société les ressources matérielles dont ils ne peuvent pas plus se passer que les travailleurs industriels ; mais ici encore il faudra éviter avec soin de confondre les travaux de l'ordre moral avec ceux de l'ordre matériel, et de les présenter comme régis indistinctement par les lois de la valeur. L'économiste montrera comment, et suivant quelle mesure, les travaux de l'ordre moral sont soumis, pour leur rétribution, à la loi d'offre et de demande, aussi bien que les travaux qui produisent la richesse ; mais il n'étendra pas plus loin la ressemblance. Il se gardera avec soin d'établir aucune assimilation entre des actes qui procèdent à la vérité d'une source commune, la personnalité humaine, mais qui diffèrent si profondément par leur objet.

Si l'on perdait de vue l'immense distance qui sépare les choses de l'ordre moral de celles de l'ordre matériel, et si l'on plaçait parmi les richesses les conquêtes de l'homme dans le monde moral et intellectuel, on serait fatalement conduit, par la force des conséquences, à faire de la science de la richesse la science de la vie humaine. Nous verrons, dans le cours de nos recherches, comment la théorie de J.-B. Say sur les produits immatériels, considérée par un grand nombre d'économistes comme un progrès notable sur les idées de Smith, au lieu d'élever l'économie politique en y faisant pénétrer les notions morales, n'a fait qu'abaisser la science sociale en la confondant avec la science des intérêts matériels. Il nous sera facile de suivre, chez les économistes qui ont développé les principes de Say, la filiation des idées par lesquelles la science économique se trouve ramenée aux erreurs dont les physiocrates l'avaient embarrassée dès sa naissance.

La distinction de Smith entre les travaux qui ajoutent directement à la richesse d'un pays et ceux qui n'ont pas directement cet effet était évidemment conforme à ce qu'enseigne le bon sens. Malheureusement Smith se servit des expressions *travail productif* et *travail improductif*, sans les expliquer suffisamment, et de façon à laisser croire qu'il n'appréciait pas à leur juste valeur les services rendus à la société par les hommes qui se vouent aux occupations de l'ordre moral. En cette question encore, le mal vient de ce que Smith a banni de la science économique toutes les notions morales. S'il avait rattaché, comme l'exige la nature des choses, le progrès matériel au progrès moral, il aurait été naturellement conduit à montrer, même au point de vue de la richesse, l'importance sociale des travaux de l'ordre moral. Il se serait par là dérobé au reproche d'avoir flétri par la qualification d'*improductifs* les travaux les plus nobles, et il aurait épargné à la science des erreurs qui ont singulièrement gêné sa marche et retardé sa constitution définitive, en laissant dans le vague l'objet même sur lequel portent ses investigations.

Nonobstant ces inexactitudes et ces lacunes, Smith, qui s'était imposé pour règle de procéder toujours par l'observation des faits, avait donné à l'économie politique sa véritable méthode, et de cette méthode était sortie la théorie de la production en tout ce qu'elle a de fondamental et d'essentiel. Restaient à établir les principes de la distribution des richesses.

En traitant des lois de l'échange, Smith s'appliqua à déterminer les éléments qui entrent dans le prix des produits; il fut ainsi conduit à étudier les causes qui concourent à fixer le taux des salaires, des profits et de la rente. Mais dans ces recherches, qui n'étaient, ainsi que nous l'avons dit, qu'un accessoire de la théorie des valeurs, il resta loin de la puissance d'observation et d'analyse qu'il avait déployée en fixant la théorie de la production. Les faits capitaux sur lesquels repose la théorie de la distribution des richesses lui échappèrent.

Sur la question des salaires, la plus importante de cette partie de la science, il ne saisit qu'un des éléments qui conduisent à la solution, et posa comme seule loi régulatrice du taux des salaires le rapport entre le nombre des ouvriers qui offrent du travail et le montant du capital qui en fait la demande. Ce système, qui renfermait le germe d'une dangereuse hostilité entre les maîtres et les ouvriers, parce qu'il semblait mettre leurs intérêts en état de contradiction permanente et nécessaire, omettait l'élément principal de la question : la puissance productive du travail. C'est du produit annuel que se tire le revenu des différentes classes; la somme de tous les revenus perçus dans une nation est égale à la somme des produits créés par le travail national. Tout produit se réduit en définitive en rente payée au propriétaire de la terre dont les forces naturelles ont aidé à la production; en intérêt payé au capitaliste qui a fourni au travail les avances dont il a besoin; enfin, en salaires payés aux travailleurs de l'ordre agricole, industriel ou commercial, qui ont dirigé dans son ensemble, ou exécuté dans ses détails, l'opération productive. Il est évident que, si le travail devient moins productif, la somme du produit national à partager entre les possesseurs des différentes sources de revenus se trouvera réduite, et que cette réduction aura pour effet nécessaire une diminution dans le revenu d'une ou de plusieurs des classes productrices.

Smith expliquait bien dans son système comment les salaires baissent lorsque les profits des capitalistes haussent, mais il ne pouvait pas donner de solution satisfaisante sur le fait de la diminution simultanée des salaires et des profits. Pour résoudre ce problème il fallait, avant tout, déterminer les causes qui limitent la puissance productive du travail, et faire voir que le nombre des producteurs peut s'accroître sans que la puissance du travail national, et par conséquent le produit national, s'accroisse dans la même proportion, de sorte que la somme à partager étant moindre, relativement au nombre des copartageants, deux des classes productrices peuvent éprouver simultanément une réduction dans la part du revenu attribuée à chacun de leurs membres, sans que l'une gagne ce qui est perdu par l'autre.

Ce n'est donc que par la connaissance des faits qui ralentissent le développement de la puissance productive du travail national, que l'on parvient à déterminer les causes générales auxquelles tient l'insuffisance du revenu des classes ouvrières. C'est par l'étude de ces faits que l'économiste se fixera sur la question capitale de la science : l'amélioration du sort du grand nombre. Il ne parviendra à résoudre cette question qu'après s'être rendu compte des lois qui président au développement de la production agricole, dans leurs rapports avec les lois qui règlent l'accroissement de la population. Malthus et Ricardo, en portant particulièrement leurs recherches sur cet ordre de faits, achèveront de rassembler les matériaux de la science économique, et poseront les fondements de la théorie de la distribution des richesses que Smith n'avait qu'entrevue.

CHAPITRE IV

Malthus et Ricardo. — Théorie de la distribution des richesses.

Malthus comprenait la richesse tout autrement que Smith. Au lieu d'en faire, comme lui, une abstraction, il l'envisageait dans sa réalité, et il n'y voyait qu'un moyen d'améliorer le sort des individus. A propos de certaines mesures qui auraient eu pour effet de réduire les salaires en diminuant la consommation de l'ouvrier, ce qui aurait mis l'Angleterre à même de vendre au rabais sur tous les marchés de l'Europe, il s'exprime ainsi : « Il est impossible d'imaginer rien de plus odieux que de condamner sciemment les ouvriers de son pays aux haillons et aux misérables chaumières de l'Irlande, pour le plaisir de vendre un peu plus de beaux draps et de toiles de coton. La puissance et la richesse d'une nation n'ont de valeur qu'en tant qu'elles contribuent au bonheur des individus qui la composent[1]. »

De cette conception de la richesse sortit l'idée première de l'*Essai* de Malthus. C'est en portant son attention sur la situation du grand nombre qu'il fut conduit à étudier les rapports de la population avec les subsistances, et à

1. *Essai sur le principe de population*, livre IV, chap. XI, p. 547; édit. Guillaumin.

constater des faits qui avaient échappé à son célèbre devancier.

Malthus crut apercevoir, dans tous les êtres vivants, une tendance constante à accroître leur espèce plus que ne le comporte la quantité de nourriture qui est à leur portée. La nature a répandu d'une main libérale les germes de la vie dans les deux règnes, mais le défaut de place et d'aliments pose une borne au développement des espèces, et l'homme n'est pas exempt de cette loi. Malthus considérait comme un fait incontestablement établi que, lorsque la population n'est arrêtée par aucun obstacle, elle va en doublant tous les vingt-cinq ans, et croît, de période en période, selon une progression géométrique. D'un autre côté, il affirmait que les moyens de subsistance, dans les circonstances les plus favorables, ne peuvent jamais augmenter plus rapidement que selon une progression arithmétique. Le rapprochement de ces deux progressions, pour des périodes de vingt-cinq ans, conduit à ce résultat, que, la race humaine croissant comme 1, 2, 4, 8, 16, 32, 64, 128, 256, tandis que les subsistances croissent comme 1, 2, 3, 4, 5, 6, 7, 8, 9, au bout de deux siècles, la population serait aux moyens de subsistance comme 256 est à 9.

Si l'on accepte comme exacte cette théorie, qui, en réalité, ne l'est pas du tout, on est forcément conduit à cette conséquence : qu'il y a nécessité d'opposer à l'expansion de la population des obstacles dont l'action constante la renferme dans les limites étroites que la nature des choses lui assigne. Parmi les obstacles à la population qui agissent constamment, avec plus ou moins de force, dans toutes les sociétés humaines, il n'y en a qu'un seul qui ne soit pas un mal physique et que la morale ne désavoue pas, c'est celui que Malthus appelle la contrainte morale et qui consiste dans l'abstinence du mariage jointe à la chasteté; tous les autres sont des misères morales ou physiques dont il faut s'efforcer de préserver les hommes.

De ces faits, Malthus concluait qu'il faut déterminer les hommes à observer la contrainte morale, pour leur épargner les maux qu'engendre un développement excessif de la population.

Pour pratiquer la contrainte morale, l'homme est obligé de réprimer les penchants les plus impétueux de son cœur. Au nom de quel principe le déterminera-t-on à se faire cette violence, à accomplir ce sacrifice? Le lui demandera-t-on véritablement comme un sacrifice, ou bien le lui conseillera-t-on au nom de l'interêt bien entendu et par des motifs purement égoïstes? Les doctrines de Malthus devaient lui faire préférer ce dernier moyen.

Malthus appartient à l'école qu'on a appelée utilitaire. L'utile est pour lui la dernière raison de la différence entre le bien et le mal, entre le vice et la vertu; suivant lui, c'est de la considération de l'utile et de l'amour de soi que procède tout ce qui fait la dignité et le bonheur de l'homme. Voici comment Malthus caractérise les mobiles qui dirigent toute la vie humaine : « Le plus irrésistible et le plus universel de nos besoins est celui d'être nourris et d'avoir des vêtements, un domicile, en général tout ce qui peut nous préserver des souffrances que causent le faim et le froid. On convient généralement que le désir de nous procurer ces moyens d'existence est la principale cause qui met en jeu l'activité humaine, cette activité à laquelle il faut rapporter les progrès et les avantages sans nombre de la civilisation. La recherche de ces biens, la faculté de les atteindre et de pourvoir ainsi à nos premiers besoins, forment la principale partie du bonheur de la moitié du genre humain, avant et après la civilisation; et quant à l'autre moitié, ce sont tout au moins des conditions nécessaires pour qu'elle puisse jouir des plaisirs moins grossiers auxquels elle aspire. Il n'est personne qui ne sente combien le désir de satisfaire de tels besoins a d'avantages lorsqu'il est bien dirigé. Mais dans le cas contraire, on sait assez qu'il devient une source de maux, et la société s'est vue contrainte de punir elle-même, directement et avec sévérité, ceux qui, pour contenter ce désir pressant, emploient des moyens illégitimes. Toutefois, dans l'un et l'autre cas, le désir est en lui-même également naturel, également vertueux. L'action d'un homme pressé par la faim qui satisfait son appétit en mangeant un pain qu'il a dérobé sur la montre d'un boulanger, et celle d'un homme qui mange le pain qui lui appartient, ne diffèrent l'une de l'autre que par les conséquences qu'elles entraînent. Ces conséquences sont telles que, si l'on n'empêchait pas les hommes d'apaiser leur faim avec le pain d'autrui, le nombre des pains diminuerait partout. Ce que l'épreuve faite à cet égard a pu de bonne heure enseigner aux hommes est le fondement des lois de la propriété, de la distinction entre le vice et la vertu, dans la manière de contenter des désirs qui à d'autres égards ne diffèrent point. C'est *au principe de l'amour de soi*, si étroit en apparence, que sont dus tous les efforts par lesquels chacun cherche à améliorer son sort, tous les nobles travaux de l'esprit humain, tout ce qui distingue la civilisation de l'état sauvage[1]. »

1. *Essai*, livre IV, chap. I, p. 469; chap. XIV, p. 578.

Il est clair que c'est dans l'amour de soi, dans le désir du bien-être, que Malthus ira chercher les motifs qui doivent déterminer un certain nombre d'hommes à pratiquer la contrainte morale. Il y a pour lui deux maux à balancer : le mal produit par l'excès de population, et le sacrifice que sont obligés de s'imposer ceux qui renoncent aux douceurs d'une union légitime. Il préfère la contrainte morale, parce qu'entre deux maux le principe de l'utilité enseigne qu'il faut choisir le moindre : « Dans l'état actuel des choses, nous avons à diriger une force immense, capable de peupler en peu d'années une région déserte, mais susceptible en même temps d'être contenue, par la force supérieure de la vertu, dans des limites aussi étroites que nous le voudrons, au prix d'un mal léger en comparaison des avantages qui doivent résulter de cette sage économie. Si la contrainte morale est le seul moyen d'éviter les maux qu'entraîne l'excès de population, nous ne serons pas moins tenus à la pratique de cette vertu que nous ne le sommes à celle de toutes les autres dont l'utilité générale nous prescrit l'observation[1]. »

Malthus ne se dissimule pas que l'on peut objecter à son système qu'en poussant à la pratique de la contrainte morale, on court risque d'augmenter le dérèglement des mœurs ; mais il en prend assez facilement son parti, toujours par cette considération qu'il faut préférer le moindre des maux : « Je serais, dit-il, inconsolable de dire quoi que ce soit qui pût, directement ou indirectement, être interprété dans un sens défavorable à la vertu. Mais je ne pense pas que les fautes dont il s'agit doivent, dans les

1. *Essai.*, livre IV, chap. I, p. 473 et 474.

questions morales, être envisagées seules, ni même qu'elles soient les plus graves que l'on puisse concevoir. Elles ne manquent jamais, il est vrai, ou du moins elles manquent rarement d'entraîner après elles des malheurs, et, par cette raison, elles doivent être fortement réprimées; mais il y a d'autres vices dont les effets sont encore plus pernicieux, et il y a des situations dont on doit être plus alarmé. L'extrême pauvreté expose à plus de tentations encore[1]. »

Ce n'est pas assez de démontrer l'utilité sociale de la contrainte morale, il faut encore amener les individus à s'y soumettre, en leur faisant comprendre qu'elle est conforme à leur intérêt bien entendu. C'est ici que se rencontre pour les malthusiens la grande difficulté et l'inévitable contradiction. Comment faire raisonnablement appel à l'empire de l'homme sur ses passions, quand on les a toutes légitimées et développées, par la doctrine qui fait de la jouissance le but suprême de la vie et le mobile dernier de toutes nos actions? Malthus trouve le motif qui doit porter les individus à pratiquer la contrainte morale dans la *prudence prévoyante des difficultés qu'entraîne la charge d'une famille*, et il voudrait que, dans les écoles paroissiales, on exposât aux jeunes gens l'état des classes inférieures du peuple relativement au principe de population, et l'influence qu'elles ont, à cet égard, sur leur propre bonheur. C'est toujours cette même confiance, un peu niaise, dans la puissance de l'intérêt bien entendu et bien éclairé, que nous avons déjà signalée chez les physiocrates, et que l'on retrouve encore aujourd'hui chez un grand nombre d'économistes. Malthus croit d'ailleurs que

1. *Essai*, liv. IV. chap. IV, p. 489.

cette prudence prévoyante serait le fruit de l'aisance et de l'habitude du bien-être. Voici ses paroles; j'expose, je ne discute pas : « C'est un luxe modéré répandu dans toutes les classes du peuple, et non un luxe excessif chez un petit nombre de personnes, qui est utile soit au bonheur, soit à la richesse..... si l'on accorde qu'en toute société qui n'est pas à l'état de colonie nouvelle, il faut absolument que quelque obstacle puissant à la population soit mis en action; si, d'un autre côté, l'on s'est convaincu, par l'observation, que le goût de l'aisance et des commodités de la vie détourne bien des gens du mariage par la certitude d'être privés de ces biens qu'ils estiment, on doit convenir qu'il n'y a point d'obstacle au mariage moins préjudiciable au bonheur et à la vertu que ce goût, lorsqu'il est fort généralement répandu[1]. »

Il n'y a dans tout cela rien que de parfaitement logique. Puisque Malthus voit dans l'amour bien entendu des jouissances matérielles le principe qui gouverne toute la vie de l'homme, il faut de toute nécessité que de ce principe sorte un système complet qui pourvoie à toutes les difficultés de la vie sociale. Parmi les plus graves se rencontre la surabondance de population, avec les caractères que Malthus lui assigne. Si le principe adopté par Malthus est vrai, il faut que, par son action sur les volontés, il puisse épargner aux sociétés les souffrances qui suivent un accroissement trop rapide dans le nombre des hommes. Nous venons de voir comment Malthus tire du penchant des hommes pour les jouissances matérielles la force qui contiendra l'essor de la population. Suivant ce système, « cet avan-

1. *Essai*, liv. IV, ch. XIII, p. 569.

tage immense aurait lieu sans diminuer la somme des plaisirs que peuvent nous procurer des passions bien dirigées, lesquelles, sous cette forme, ont été considérées avec raison comme le principal élément du bonheur[1]. »

Il y a, au fond de toute doctrine utilitaire, une certaine dureté égoïste qui finit toujours par percer, même chez les hommes que leur caractère porte naturellement à compatir aux souffrances d'autrui. C'est ainsi que se rencontrent parfois dans les écrits de Malthus des propositions qui révoltent l'humanité. On ne peut retenir un mouvement d'indignation à la lecture du passage suivant, où l'auteur prétend justifier la suppression des hospices d'enfants trouvés, et où apparaissent, dans toute leur évidence, les déplorables conséquences du principe d'utilité appliqué à des faits qui ne relèvent que des principes les plus sacrés du devoir envers Dieu et envers les hommes, et des plus nobles impulsions de la charité : « Par rapport à la société, un enfant peut être aisément remplacé. S'il a une grande valeur, c'est parce qu'il est l'objet de l'une des passions les plus délicieuses dont le cœur humain soit susceptible, passion bien connue sous le nom de tendresse paternelle et maternelle. Si ceux qui doivent la ressentir méconnaissent la valeur du don qu'ils tiennent de la nature, la société ne doit point être appelée à prendre leur place. Son office en cette occasion est de punir le crime des parents qui, foulant aux pieds leurs plus saints devoirs, abandonnent des enfants confiés à leur garde, ou qui, avec dessein et préméditation, leur font éprouver un traitement cruel[2]. »

1. *Essai*, liv. IV, chap. II, p. 483.
2. *Ibid.*, liv. IV, chap. VIII, p. 517.

De pareils écarts méritent à coup sûr le blâme sévère que l'opinion a infligé à Malthus. Toutefois, en quelques points, on n'a pas été juste envers lui. C'est à tort qu'on lui reproche, à propos de la contrainte morale, certaines infamies, qu'il n'a point voulues, bien qu'elles fussent dans la logique de son système. C'est à ses continuateurs, plus logiciens et moins honnêtes que lui, qu'il faut les imputer. C'est à tort aussi qu'on lui attribue, d'une manière absolue, à l'égard de la charité privée, un mauvais vouloir qui n'a jamais été dans sa pensée; bien loin de la proscrire en général, il la présente comme un devoir. *En aucun cas*, dit-il, *nous ne devons perdre l'occasion de faire du bien.* Ce que Malthus proscrit, d'accord avec la pratique chrétiennne de la charité, c'est l'aumône aveugle, répandue sans discernement et la plupart du temps sans fruit, telle qu'était, au moment où Malthus écrivait, la charité légale en Angleterre. C'est avec raison qu'il avance que l'aumône ainsi faite perpétue la misère au lieu de l'atténuer. Mais il tombe dans la plus grave erreur lorsque, tout en admettant et en recommandant la charité privée, il lui pose comme règle le principe de la charité restrictive, lequel est, en définitive, la négation indirecte de la charité.

Les intentions bienfaisantes de Malthus sont ici en contradiction avec la logique de son système. Malheureusement, c'est la logique qui l'emporte. Ce n'est pas sans hésitation que Malthus lui donne gain de cause. En plus d'un endroit, au moment où il énonce les règles de la charité restrictive, il hésite et recule, dominé par ce sentiment de la charité chrétienne auquel l'utilitaire le plus déterminé ne peut se soustraire entièrement, lorsqu'il a vécu sous l'influence, même affaiblie, du christianisme. « En ces sortes de matières, dit-il, les principes généraux ne doivent pas être poussés au delà des justes bornes, quoiqu'il soit toujours nécessaire de ne point les perdre de vue. Il peut y avoir bien des cas dans lesquels le bien attaché au soulagement d'un individu l'emporte sur le mal qui peut en résulter par une conséquence éloignée..... L'assistance décidément vicieuse est celle qui se répand d'une manière systématique, qui offre des secours certains et déterminés, tels que le pauvre, quelle que soit sa conduite, puisse y compter avec une pleine confiance. » Mais si vous demandez à Malthus quels sont ces cas où le soulagement de la misère de l'individu doit l'emporter sur toute autre considération, il vous répondra que ce sont « les cas où celui que l'on assiste ne s'est point attiré son malheur par des habitudes de paresse et d'imprévoyance[1]. » On sait ce que signifie le mot de prévoyance dans la doctrine de Malthus sur la population. Évidemment ici c'est la doctrine utilitaire qui l'emporte, et la logique reprend ses droits avec le système de la charité restrictive.

Ce que l'on peut en toute justice reprocher à Malthus, et ce qui doit être signalé avec une énergique réprobation, c'est le principe d'égoïsme qui forme le fond de toute sa doctrine. La morale utilitaire de Malthus, en renfermant tous les hommes dans les soins de leur bien-être personnel, tarit la charité à ses sources mêmes; de plus, elle étouffe dans les âmes toutes les nobles affections qui font la grandeur des sociétés et le charme des relations humaines. Cette doctrine est si opposée à la nature de

1. *Essai*, liv. IV, chap. XIII, p. 564.

l'homme, que Malthus lui-même ne croyait pas qu'elle pût jamais prévaloir dans les mœurs. C'était sous l'empire de cette idée qu'il se représentait la société comme fatalement poussée vers les maux qu'engendre l'excès de population, et livrée à de perpétuelles et cruelles oscillations entre un bien-être passager et la détresse qui devait être la suite naturelle de l'essor imprimé à la population par l'effet même de ce bien-être.

L'*Essai sur le principe de population*, dans lequel il y a tant à reprendre, aussi bien au point de vue des théories économiques qu'au point de vue de la morale, a néanmoins fait faire à l'économie politique un grand pas, en attirant l'attention des économistes sur les lois du développement de la population dans leurs rapports avec les progrès de l'industrie agricole. Le mérite de ce livre est plutôt d'avoir posé la question que de l'avoir résolue.

Les deux progressions, dont le rapprochement épouvantait Malthus, n'ont rien qui soit fondé en réalité. Le vrai, c'est que la puissance de propager en raison géométrique n'appartient pas seulement à l'homme, mais qu'elle appartient aussi aux espèces animales et aux espèces végétales, et que pour aucune espèce cette puissance ne s'exerce dans toute son étendue. Elle est arrêtée, pour les êtres privés de raison, par des obstacles de l'ordre physique, par le défaut d'aliments, par le défaut de place, en un mot par les obstacles que Malthus appelle répressifs. L'homme, doué d'intelligence et de liberté, peut échapper à l'action de ces obstacles et s'épargner les maux qu'ils traînent à leur suite, d'un côté, en développant la puissance de son travail par la production des denrées alimentaires, et en cherchant sur le globe de nouvelles contrées à exploiter;

d'un autre côté, en opposant à ses inclinations naturelles la pleine puissance de sa volonté. Directement ou indirectement l'homme dépend, pour son alimentation, des espèces du règne végétal. Si ces espèces pouvaient se multiplier indéfiniment avec une égale facilité, de manière que le produit de la culture fût toujours en proportion du travail qu'on y applique, rien n'empêcherait l'homme de se multiplier indéfiniment aussi. Mais la Providence a posé des bornes à la fécondité de la terre. L'homme, en perfectionnant les procédés de son travail, peut accroître la masse de ses subsistances, mais ces perfectionnements s'opèrent lentement, de sorte que, si l'homme donne libre cours à la puissance d'expansion de ses générations, il aura bientôt devancé, par sa multiplication, les progrès du travail pour la multiplication des substances alimentaires, et que l'équilibre entre la population et la production agricole se trouvera rompu. Alors la société souffrira par l'abaissement de la condition d'une partie de ses membres, jusqu'à ce que le travail agricole ait suffisamment accru sa puissance, et que, par là, la population ait été replacée dans ses relations normales avec les subsistances. Le point capital de la question est donc de connaître les lois qui régissent le développement de la puissance productive de l'industrie agricole, afin d'en induire des conséquences pratiques sur la direction à imprimer aux sociétés par rapport au progrès de la population. Or, quant à cette question, Malthus, dans son *Essai*, se borne à poser comme règle que les subsistances se multiplient suivant une progression arithmétique, sans donner de cette règle aucune preuve fondée sur des faits. Pour que la nécessité de modérer l'accroissement de la population devînt une vérité scientifiquement établie; il fallait à cette règle arbitraire substituer des notions certaines sur le mode d'action des causes qui retardent le progrès du travail pour la production des substances alimentaires.

L'ordre d'idées dans lequel Malthus s'était engagé en traitant de la population conduisait naturellement à la solution de ce problème; aussi lui-même ne tarda pas à l'aborder dans la théorie de la *rente*, sur laquelle il émit, en même temps que West et Ricardo, des vues qui ne sont pas sans doute le dernier ni le vrai mot de la science, mais qui aidèrent à dégager les éléments positifs et décisifs de la question. C'est dans les écrits de Ricardo que cette théorie, objet de tant de controverses entre les économistes, se trouve exposée avec le plus de force et de netteté; elle trouvera donc naturellement sa place dans l'examen que nous allons faire des principes de ce célèbre économiste sur la répartition des richesses.

Dans la pensée de Ricardo, le principal problème de l'économie politique, c'est de déterminer les lois qui règlent la distribution de la richesse. Malheureusement la nature de son esprit, porté à l'abstraction, lui fit perdre, en grande partie, le fruit de cette conception vraie de la science économique; au lieu de s'attacher à l'observation des faits qui influent sur la condition des hommes, il lui arriva souvent de s'égarer dans le champ des hypothèses, et de substituer, à la méthode essentiellement expérimentale de l'économie politique, des procédés mathématiques, qui soumettent tout à l'absolu dans un ordre de choses où le relatif tient une si grande place.

Tant qu'il ne s'agit que des lois de la valeur, cette méthode, employée en de certaines limites et avec certaines restrictions, peut avoir son avantage; aussi Ricardo a-t-il jeté sur ce sujet de vives lumières. Mais toute l'économie politique n'est pas, comme on l'a prétendu, dans la théorie de la valeur. Les valeurs n'existent que relativement à des êtres doués de moralité et de sensibilité, dont on ne peut prétendre régler les intérêts par la seule loi du chiffre. Chez Ricardo aussi bien que chez Adam Smith, il y a parti pris d'écarter de la science économique toutes les considérations de l'ordre moral. Cette conception étroite, cette séparation contre nature entre l'ordre moral et l'ordre matériel, qu'établit Ricardo, ne contribua pas moins que son amour de l'abstraction à le jeter hors de la réalité, et à convertir une science, où tout doit aboutir à l'application, en une série de formules qu'on ne saurait adapter sans danger à la pratique de la vie sociale.

Veut-on avoir un exemple des aberrations dans lesquelles cette manière de concevoir l'ordre économique a conduit Ricardo? Que l'on considère sa définition du salaire nécessaire : « Le prix naturel du travail est celui qui fournit aux ouvriers, en général, les moyens de subsister et de perpétuer leur espèce sans accroissement ni diminution [1]. » Un économiste espagnol, qui s'est fait le vulgarisateur de Ricardo, développe en ces termes cette étrange définition : « Un ouvrier, en économie politique, n'est autre chose qu'un capital fixe, accumulé par le pays qui l'a entretenu, tout le temps nécessaire pour son apprentissage et l'entier développement de ses forces. Par rapport à la production de la richesse, on doit le considérer comme une machine

1. *Principes d'économie politique,* chap. v, p. 67; édit. Guillaumin.

à la construction de laquelle on a employé un capital qui commence à être remboursé et à payer intérêt du moment qu'elle devient pour l'industrie un utile auxiliaire[1]. » Ne croirait-on pas, lorsqu'on entend définir ainsi le salaire, qu'il s'agit d'un entrepreneur de culture qui suppute la ration qu'il convient de distribuer à son bétail pour maintenir au complet ses étables?

Malgré ces graves et déplorables erreurs de méthode, il n'en reste pas moins vrai que Ricardo a rendu à la science d'importants services, et que c'est à lui que revient le mérite d'avoir le premier posé les bases de la théorie de la distribution des richesses.

En cherchant à se rendre compte des causes qui donnent naissance à la rente du propriétaire foncier, Ricardo fut frappé de ce fait, que parmi les produits agricoles qui se vendent sur le marché au même prix, il en est qui ont coûté à produire plus que d'autres. Cela provient de ce que les terres fertiles, ou placées à proximité des lieux de consommation, n'existant pas en quantité illimitée, les propriétaires de ces terres privilégiées profitent des avantages de fertilité ou de situation qu'elles leur offrent, et vendent leurs produits à un prix supérieur aux frais de production. A mesure que le progrès de la population, en augmentant la demande du blé, en fait hausser le prix, il devient possible de cultiver des terres de qualité inférieure, ou plus éloignées du marché, dont le produit n'aurait pas donné, avant la hausse des blés, un prix équivalent aux frais de production; il y a donc, dès ce moment, des terres dont les produits sont supérieurs en valeur aux

1. Florès Estrada, *Cours éclectique d'économie politique*, trad. française, Paris 1833, tome I, p. 363.

frais qu'il a fallu faire pour les mettre à la disposition du consommateur. C'est cette différence entre le prix de vente et le prix de revient des produits agricoles qui, d'après Ricardo, constitue la rente. Il se peut aussi que cette différence existe sans qu'on ait recours à la culture de terrains de qualité inférieure; il suffira, pour la faire naître, d'appliquer de nouvelles portions de capital aux terrains déjà cultivés. C'est un fait que, lorsque la culture a atteint un certain degré, l'augmentation du produit n'est pas proportionnelle aux frais plus considérables faits en vue d'accroître la puissance productive de la terre. Si l'agriculteur trouve dans le prix du blé de quoi se rembourser des frais de cette production additionnelle, cela tient, suivant Ricardo, à ce que le prix du blé a éprouvé une hausse; d'où il suit que pour la quantité de blé produite primitivement, et dont les frais de production étaient remboursés par le prix ancien, il doit y avoir actuellement une différence entre le prix de vente et le prix de revient, en d'autres termes une rente. Dans tous les cas, que l'on cultive un terrain de qualité inférieure, ou que l'on applique à un terrain déjà cultivé une nouvelle somme de travail, la rente provient toujours de la nécessité d'employer une plus grande quantité de travail pour obtenir un produit qui, par cela même, coûte plus cher. Cet emploi du travail dans des conditions moins avantageuses est déterminé par le besoin croissant de denrées alimentaires, duquel résulte une hausse dans le prix, et la possibilité de payer, à l'aide de ce prix plus élevé, un travail qui produit moins.

Telle est, réduite à sa plus simple expression, et dégagée des propositions accessoires qui ne font que l'embarrasser, sans y tenir essentiellement, la théorie de Ricardo sur la rente.

Nous n'entendons pas discuter ici cette théorie qui a soulevé, et qui soulève encore parfois, entre les économistes, les plus vives controverses. Nous ferons remarquer seulement qu'elle concorde avec les idées malthusiennes sur la difficulté croissante de vivre qu'éprouvent les sociétés avancées en civilisation, à raison de la difficulté de plus en plus grande d'obtenir par le travail les denrées alimentaires. Adam Smith, qui n'avait parlé de la rente qu'incidemment, en traitant des éléments du prix des choses, avait vu plus juste que Ricardo. Il avait très bien compris que la rente ne provient pas tant des difficultés croissantes que rencontre le travail dans la production agricole, que des progrès de ce travail, c'est-à-dire des améliorations faites au sol et des perfectionnements introduits dans les procédés de la culture; améliorations et perfectionnements qui augmentent le produit net du travail agricole, en même temps que le mouvement sans cesse ascendant de la population maintient le prix du blé à une certaine hauteur, de telle sorte que la rente puisse augmenter sans que le prix des denrées alimentaires s'élève. Toutefois, au milieu des erreurs et des exagérations par lesquelles Ricardo a obscurci la question, il y a à profiter de l'analyse plus rigoureuse qu'il a faite de certains éléments qui concourent à déterminer le taux de la rente, et qu'avant lui on n'avait pas nettement aperçus.

Ces principes sur la rente et sur les conséquences du développement de la production agricole, quant au prix des denrées alimentaires, servent de point de départ au système de Ricardo sur les salaires et les profits. Il ne place pas, comme Smith, la cause déterminante du taux des salaires seulement dans le rapport du nombre des bras au capital; il introduit dans la question l'élément qu'avait négligé Smith : la puissance productive du travail national, dont l'affaiblissement ou le progrès exerce, par le prix des objets de consommation, une influence si décisive sur la condition des travailleurs.

Aux différentes époques de la société, l'accumulation des capitaux est plus ou moins rapide, suivant que le travail est plus ou moins productif. D'après Ricardo, le travail est en général plus productif lorsqu'il y a abondance de terrains fertiles. Alors le capital national s'accroît rapidement, et les salaires ont une tendance à hausser, par suite de l'augmentation dans la demande des bras, provoquée par l'accroissement du capital. Mais lorsque, par le progrès de la population, le travail national devient moins productif, l'accumulation des capitaux se ralentit; car l'excédent des produits sur les besoins de la population, excédent qui forme le capital, est nécessairement proportionné à la facilité de la production. Alors les salaires ont une tendance à baisser, parce que l'offre des bras dépasse la demande. Les salaires baissent en outre par l'effet de la diminution survenue dans la puissance productive du travail agricole, de laquelle résulte une hausse dans le prix des choses consommées par l'ouvrier. De là Ricardo conclut que, dans les sociétés avancées, les salaires tendent inévitablement à baisser, parce que dans ces sociétés le travail agricole perd continuellement de sa puissance productive. Il est à remarquer qu'en indiquant les faits qui déterminent un accroissement du capital national, Ricardo ne tient aucun compte de la force morale qui détermine l'acte d'où procède l'accumulation du capital. C'est de la pratique du renoncement que naît l'économie, sans laquelle aucun capital ne pourrait se former. Ricardo ne voit pas autre chose dans la formation du capital que l'excédent du produit sur les besoins; mais si la pratique du renoncement ne pose pas une limite aux besoins, si, par l'action du principe sensualiste, les besoins s'augmentent indéfiniment, où se trouvera l'excédent qui forme le capital? Un autre tort de Ricardo, c'est de poser d'une manière trop absolue et purement arbitraire la loi de décroissance dans les forces productives du travail agricole, et de ne pas tenir compte des perfectionnements dans les procédés de la culture, dont l'influence tend à atténuer la rigueur de cette loi. Sans doute, ces perfectionnements étant toujours lents à effectuer, il faudra faire en sorte que la population ne les devance pas; mais, dans aucun cas, la nature des choses ne me tra aux progrès de la population une limite infranchissable, comme pourraient le faire croire les expressions de Ricardo.

De la tendance constante, et en quelque sorte fatale, qui pousse la population à s'accroître au-delà des moyens de subsistance, Ricardo conclut à la baisse constante des salaires dans les sociétés avancées. « Suivant la marche naturelle des sociétés, les salaires tendront à baisser en tant qu'ils seront réglés par l'offre et la demande; car le nombre des ouvriers continuera à s'accroître dans une progression un peu plus rapide que celle de la demande... Mais il ne faut pas oublier que le prix des salaires tient aussi à celui des denrées que l'ouvrier a besoin d'acheter. A mesure que la population augmente, ces denrées iront toujours en augmentant de prix, plus de travail devenant nécessaire pour les produire. Si les salaires payés en argent à l'ouvrier viennent à baisser, pendant que toutes les denrées à l'achat desquelles il dépensait le produit de son travail haussent de prix, il se trouvera doublement atteint et il n'aura bientôt plus de quoi subsister [1]. » Ricardo va plus loin que Malthus n'avait été dans son *Essai;* il nous fait comprendre, par une savante analyse, comment, à son point de vue, l'équilibre peut être rompu entre la population et les subsistances, et comment les causes qui diminuent la puissance du travail national, en ralentissant les progrès de l'agriculture, agissent sur la condition des travailleurs, par la réduction des salaires. Du reste, il arrive, sur la question de la population, aux mêmes conséquences pratiques que Malthus; comme lui, il pense que ce n'est qu'en inspirant à toutes les classes l'amour des jouissances matérielles, qu'il sera possible de parer aux dangers d'un accroissement trop rapide de la population. « Tous les amis de l'humanité doivent désirer que les classes laborieuses cherchent partout le bien-être, les jouissances légitimes, et soient poussées par tous les moyens légaux à les acquérir. On ne saurait opposer un meilleur frein à une population exubérante [2]. »

Dans tout ce qui précède, nous avons vu Ricardo s'attacher à la véritable notion du salaire, et le considérer comme la quantité d'objets utiles accordés à l'ouvrier en échange de son travail; pour lui les salaires élevés sont ceux qui donnent à l'ouvrier des ressources abondantes; les salaires bas, ceux qui ne lui fournissent pas de quoi pourvoir à ses

1. *Principes de l'économie politique,* chap. v, p. 73; édit. Guillaumin.

2. *Ibid.*, p. 72.

besoins. S'il s'était toujours tenu à cette idée éminemment juste et pratique, il aurait échappé aux fausses interprétations, et aurait évité de fournir des armes aux plus pernicieux systèmes de ces derniers temps sur les rapports des maîtres avec les ouvriers. Malheureusement, emporté par son amour de l'abstraction, il donna, en traitant des rapports des profits avec les salaires, une signification toute différente aux termes : *salaires élevés, salaires bas*. Dans cette nouvelle signification, au lieu d'exprimer une réalité, ces termes ne répondaient plus qu'à des rapports purement mathématiques ; le taux des salaires dépendait, non plus de la quantité de choses utiles accordées à l'ouvrier, mais de la proportion entre la part du produit attribuée au travail et la part attribuée au capital. La valeur entière d'un produit se partage en deux parts : l'une constitue les profits du capital, l'autre est consacrée au salaire des ouvriers ; il est clair que, si l'on ne considère que la proportion entre ces deux parts, les profits seront élevés ou réduits selon la hausse ou la baisse des salaires. « Si un fabricant donnait toujours ses marchandises pour la même somme d'argent, pour 1000 livres st., par exemple, ses profits dépendraient du prix du travail nécessaire pour leur fabrication ; ils seraient moindres avec des salaires de 800 livres qu'avec d'autres de 600 livres. *A mesure donc que les salaires hausseraient, les profits diminueraient* [1]. »

1. *Principes de l'économie politique*, chap. VI, p. 85.

Je crois qu'il ne sera pas inutile, pour l'intelligence de ces considérations assez abstraites, de reproduire ici ce que j'ai dit ailleurs au sujet du salaire réel et du salaire proportionnel :

« Les salaires seront d'autant plus élevés que la part proportionnelle que prend le travailleur dans la masse à partager sera plus

Cette proposition, évidemment fausse lorsqu'elle est séparée de l'hypothèse qui l'explique, a été le point de départ des déclamations insensées auxquelles se livrent, contre l'or-

forte, et que, par la puissance productive du travail, cette masse sera plus considérable.

« La première de ces conditions dépendra du rapport de la population au capital. Si la population est considérable par rapport au capital, les bras s'offriront en abondance, tandis que la demande sera restreinte et le travail sera déprécié. Pour que le travail soit à haut prix, et pour qu'une part considérable lui soit attribuée dans le résultat de la production, il faut, au contraire, que le capital soit abondant par rapport à la population. La part du travail sera d'autant plus élevée que le capital sera, relativement à la population, plus considérable. Mais, la population étant naturellement progressive, il faudra, pour que la proportion continue d'être favorable au travail, que la masse du capital s'augmente en même temps que le nombre des bras. C'est quand les capitaux s'accumuleront rapidement, de façon à devancer par leur mouvement d'extension le mouvement d'accroissement de la population, c'est dans ces conditions que le salaire proportionnel sera constamment élevé. Alors on verra, suivant la pittoresque expression de M. Cobden, deux maîtres courir après un ouvrier, tandis qu'au contraire, quand deux ouvriers courent après un maître, le travail baisse. Dans le premier cas, les maîtres, abondamment pourvus de capitaux, ont peine à trouver des ouvriers pour les mettre en valeur; dans le second cas, au contraire, les maîtres ne disposant que d'un capital peu considérable relativement au nombre d'ouvriers qui demandent à être employés, n'ont entre ceux qui s'offrent à eux que l'embarras du choix, et les ouvriers sont contraints de se contenter d'une part moins forte. C'est ce qu'on a exprimé par une formule scientifique en disant : la part proportionnelle de l'ouvrier dans le résultat de la production est en raison directe du capital qui demande le travail, et en raison inverse du travail qui s'offre au capital.

« Pour que le salaire réel soit élevé, il faut quelque chose de plus; il faut que la masse du produit à partager soit telle, que la part qui en revient à l'ouvrier en échange de son travail pendant un temps donné, pendant une année par exemple, représente une quantité de choses utiles suffisante pour assurer largement sa subsistance pendant cette année. Il faut pour cela que le travail de la société, pris

dre économique de nos sociétés, toutes les écoles socialistes. Elle donne une apparence de raison aux prétentions subversives des classes ouvrières, dont la source est précisé-

dans l'ensemble de ses applications, soit doué d'une puissance productive suffisante. En effet, par l'action des lois qui président aux échanges, tous les producteurs sont solidaires les uns des autres. Le prix des choses, c'est-à-dire leur valeur respective, est constamment ramené, par l'effet de la loi d'offre et de demande, au niveau de leurs frais de production. Si la production de certains objets de consommation est difficile, s'il faut, pour l'opérer, surmonter de sérieux obstacles, prendre beaucoup de peine, en un mot, faire de grands sacrifices, le prix de ces objets s'élèvera en proportion de ces sacrifices. Tous ceux qui les consommeront ressentiront, par cette élévation de leur prix, les conséquences de la difficulté que l'on éprouve à les produire. Qu'il faille, pour produire la quantité de blé nécessaire à la subsistance d'un homme pendant une journée, une somme de peine équivalente aux quatre cinquièmes du travail d'une journée, personne ne pourra obtenir cette quantité de blé qu'en cédant, en produits de quelque espèce qu'ils soient, les quatre cinquièmes du travail d'une journée. C'est en vain que l'ouvrier qui file le coton applique ses bras à un travail qui possède par lui-même une rare puissance; comme il faut, pour vivre, qu'il se procure des subsistances, si le travail agricole est peu fécond, il sera obligé, pour obtenir l'alimentation d'une journée, de sacrifier une quantité considérable de ce produit que son travail obtient en si grande masse en une journée. La question de savoir si la vie matérielle sera pour lui facile ou difficile dépend donc de la question de savoir jusqu'où est parvenue la puissance du travail pour la production de tous les objets qui entrent dans sa consommation.

« Parmi toutes les choses que réclament les besoins de l'homme, les denrées alimentaires tiennent, dans la vie de l'ouvrier, la plus grande place. Si, par un accroissement désordonné de la population ou par une fausse direction donnée aux forces productives, le travail agricole perdait de sa puissance, l'effet de cette décadence de l'agriculture se ferait très promptement sentir sur la condition de la classe ouvrière tout entière. Le salaire diminuerait dans la proportion même où la puissance du travail agricole se trouverait réduite. Le mal serait moindre, si la puissance du travail se trouvait diminuée pour les industries qui ne fournissent que les objets accessoires de

ment cette passion du bien-être, que Ricardo veut répandre dans les masses, afin de les décider à pratiquer les conseils de Malthus.

Au fond, Ricardo n'eut jamais la pensée de constituer en état d'hostilité nécessaire la classe des capitalistes et celle des travailleurs; au contraire, tout son système sur les causes qui déterminent le taux des salaires et des profits tend à prouver que les mêmes faits qui amènent une baisse dans les salaires amènent aussi une baisse dans les profits. Il n'y avait chez lui qu'un vice de méthode et de nomenclature; mais cette erreur est telle qu'à moins d'être

la consommation du grand nombre. Mais ses effets n'en seraient pas moins réels, et toujours ils se résumeraient en une réduction dans les salaires. » (*De la richesse dans les sociétés chrétiennes*, livre V, ch. IV).

M. Hervé Bazin, dans l'excellent *Traité élémentaire d'économie politique* qu'il a publié récemment, explique très clairement les effets du développement de la puissance du travail sur les salaires :

« Pour que le salaire s'élève, il faut que la masse des produits sociaux soit considérable. Dans ce cas, en effet, la part qui reviendra à l'ouvrier représente assez de choses nécessaires et utiles pour assurer sa subsistance. Au contraire, lorsque toutes les industries languissent et surtout lorsque l'agriculture souffre, le salaire est toujours trop bas, quel qu'en soit le taux nominal (la fixation en argent), parce qu'il ne permet pas au travailleur de se procurer par voie d'échange une quantité suffisante d'objets utiles, vu leur cherté relative.

« Exemple : le salaire d'un ouvrier anglais est, je suppose, de 3 francs. Il consacre 2 francs à son alimentation et 1 franc pour tout le reste, loyer, habillement, etc. Mais la puissance du travail agricole vient à diminuer, et la valeur des denrées alimentaires augmente. L'ouvrier gagne toujours 3 francs, mais il faudra qu'il emploie 2 fr. 50 pour sa nourriture, et il n'aura plus que 50 centimes pour le surplus. Sa situation devient misérable.

« On voit, par cet exemple, que la puissance productive du travail c'est-à-dire l'activité industrielle générale, est la première chose à considérer dans les questions qui touchent aux salaires. »

rompu à l'étude des faits économiques, il est presque impossible de saisir le point capital de sa théorie des profits. Sa pensée à cet égard, c'est qu'il peut s'opérer dans les profits et dans les salaires une baisse simultanée, provenant de l'affaiblissement de la puissance productive du travail national. Cet affaiblissement se manifeste, comme nous l'avons vu, dans la production agricole, et il amène une hausse dans le prix des denrées alimentaires. Pour que l'ouvrier puisse pourvoir à ses besoins après cette hausse, il faudra qu'il prenne dans le produit à répartir entre lui et l'entrepreneur une part plus forte ; s'il en était autrement, l'ouvrier n'ayant plus de quoi subsister, la population ouvrière diminuerait par l'effet de la misère, et l'offre du travail diminuerait aussi, tandis que, le capital se conservant intact, la demande resterait la même ; d'où suivraient nécessairement une hausse dans le taux proportionnel des salaires et une baisse correspondante dans le taux du profit. Mais, suivant Ricardo, cette hausse dans le taux proportionnel du salaire ne peut pas être assez forte pour mettre l'ouvrier à même de se procurer autant de choses utiles qu'il en consommait auparavant, de sorte qu'au lieu de hausser, le *salaire réel* baisserait en même temps que les profits. Ainsi, loin que le maître fasse un gain aux dépens de l'ouvrier, tous deux prennent leur part dans les fâcheuses conséquences des faits qui ont rompu l'équilibre entre la population et les subsistances.

Telle est, en résumé, la théorie de Ricardo sur les salaires et les profits ; nous avons dit plus haut ce qu'était sa théorie de la rente. On peut aisément saisir l'unité logique qui les domine dans la pensée de l'auteur. Ces vues offrent certainement bien des choses à contester ou à rectifier. Il n'en reste pas moins vrai qu'on y trouve établis tous les faits capitaux sur lesquels repose la théorie de la distribution de la richesse.

Au point où elle est parvenue, la science économique est en possession de notions positives sur la nature de la richesse, ainsi que sur les lois d'après lesquelles elle se produit et se distribue. Désormais la tâche de l'économiste sera d'éclairer et de préciser les faits établis pas ses devanciers, de les coordonner, et d'en former un ensemble embrassant, dans ses détails et dans son unité, tout le mouvement économique de la société.

Dans la suite de ces études, nous considérerons les progrès de ce travail d'achèvement de la science économique, en même temps que nous verrons s'accomplir, par la force invincible des principes, cette évolution vers le socialisme dont nous avons déjà marqué le point de départ en exposant la doctrine des physiocrates.

CHAPITRE V

J.-B. Say. — Formule du sensualisme économique. — Progrès dans la méthode d'exposition et dans la théorie de l'échange.

Entre tous les économistes, nul n'a exprimé avec plus de netteté que J.-B. Say les idées sensualistes qui forment le fond de la plupart des systèmes d'économie politique. Il ne se contente pas, comme beaucoup d'autres, comme Smith et Ricardo par exemple, de séparer de la morale la science de la richesse, et de poser les conditions du progrès matériel des peuples indépendamment des lois qui régissent la vie humaine ; un pareil procédé ne pouvait convenir à la rigueur logique de son esprit. Instinctivement il comprenait que la destinée de l'homme est une, et que la loi qui la régit est la même dans l'ordre moral et dans l'ordre matériel.

Pour J.-B. Say, produire et consommer c'est tout l'homme et toute la société. La civilisation d'un peuple se mesure à ses consommations, et la science sociale n'est autre chose que l'étude des lois suivant lesquelles s'accroît la puissance de produire et de consommer. D'après cette doctrine, le principe de tous les progrès est dans le développement des besoins.

Écoutez comme le maître nous vante les grandeurs et les félicités d'un état social où tout a pour fin dernière le bien-être : « L'état de société, en développant nos facultés, en multipliant les rapports de chacun de nous avec les autres hommes, a multiplié tout à la fois nos besoins et les moyens que nous avons de les satisfaire. Nous avons pu produire et consommer d'autant plus que nous étions plus civilisés; et nous nous sommes trouvés d'autant plus civilisés que nous sommes parvenus à produire et à consommer davantage. C'est le trait le plus saillant de la civilisation. Qu'avons-nous en effet par-dessus les kalmoucks, si ce n'est que nous produisons et consommons plus qu'eux?... C'est la vie sociale qui, tout à la fois, nous donne des besoins et nous procure les moyens de les satisfaire, qui multiplie nos facultés, qui fait de nous des êtres plus développés, plus complets. L'homme qui reste solitaire est plus dépourvu de ressources que la plupart des animaux. Réuni à ses semblables, il acquiert une vaste capacité pour produire et pour jouir; il devient un autre être; il change la face de l'univers... Comme nos jouissances sont proportionnées à la quantité de besoins que nous pouvons satisfaire, il s'ensuit que l'état de société, en multipliant tout à la fois nos besoins et nos ressources, augmente considérablement notre bonheur. Non seulement il augmente le bonheur qui tient à la satisfaction des besoins du corps, mais encore celui que nous recevons de la culture de l'esprit. C'est la production, c'est l'aisance qui nous procure des livres, qui nous permet les voyages, qui nous rend, comme le dit un poète :

> Contemporains de tous les âges
> Et citoyens de tous les lieux.

« Les plaisirs mêmes de l'âme dépendent, jusqu'à un certain point, de l'abondance de ces biens que l'on a cru flétrir en leur donnant l'épithète de *matériels ;* comme si l'on pouvait élever sa famille, exercer la bienfaisance, servir son pays d'une manière désintéressée, offrir enfin le spectacle des plus belles qualités de l'âme, sans cette portion d'aisance, fruit de la production des richesses, et qui ne se rencontre un peu généralement que dans l'état de société, et même dans une société assez avancée[1]. »

Voilà certes une profession de foi assez claire. Pour J.-B. Say, le perfectionnement intellectuel et le perfectionnement moral ne sont que les conséquences du progrès matériel ; plus un peuple est riche, plus il a de lumière et de vertus, et il n'est vertueux et éclairé que parce qu'il est riche.

Comme les physiocrates, ses maîtres en fait de doctrines, J.-B. Say aime à parler de morale et de vertu, mais comme eux il travestit ces noms sacrés, et, dans son langage, ils ne signifient plus que l'art de jouir avec sagesse. Il repousse de toutes ses forces la doctrine du sacrifice, source de toutes les véritables vertus, et il ne voit pas, lorsqu'il poursuit son idée fixe du perfectionnement social par le bien-être, qu'il compromet la société même en donnant carrière à tous les égarements de l'intérêt personnel.

Renfermé par la pratique du renoncement dans ses bornes légitimes, l'intérêt, qui n'est autre chose que la manifestation de la personnalité humaine, concourt utilement à tous les progrès sociaux ; délivré de tout frein par la doctrine sensualiste, il ne tardera pas, dans son

1. *Cours complet d'économie politique*, 4e partie, chap. I, p. 497 à 501, édit. Guillaumin.

expansion désordonnée, à chasser du cœur humain tout ce que le renoncement y avait mis de sentiments élevés et énergiques, et à plonger dans les impuissances et les douleurs d'une rapide décadence les sociétés, qui croyaient y trouver les principes d'une prospérité sans terme.

Cette vérité, nous ne l'avons que trop apprise à l'école des événements contemporains. J.-B. Say semble ne point la soupçonner, quand il rejette toute la morale chrétienne avec le principe sur lequel elle repose. « On ne fait pas attention, dit-il, qu'en cherchant à borner nos désirs, on rapproche involontairement l'homme de la brute. En effet, les animaux jouissent des biens que le ciel leur envoie, et, sans murmurer, se passent de ceux que le ciel leur refuse. Le Créateur a fait davantage en faveur de l'homme : il l'a rendu capable de multiplier les choses qui lui sont nécessaires ou seulement agréables ; c'est donc concourir au but de notre création que de multiplier nos productions plutôt que de borner nos désirs... Certains philosophes ascétiques ont prétendu qu'on est toujours assez riche quand on sait vivre de peu, et conséquemment ils ont mis au premier rang des vertus la modération dans les désirs. « Il s'en faut de beaucoup, disait Socrate, que le bonheur consiste, comme le vulgaire semble le croire, à multiplier indéfiniment nos besoins et les jouissances de tout genre qui peuvent les satisfaire. Le bonheur consiste à resserrer le plus qu'il est possible la sphère de nos besoins. » Les anciens n'avaient aucune idée de la nature des richesses et des moyens de les multiplier. Ils croyaient qu'elles ne s'obtenaient jamais que par la fraude ou la rapine ; n'ayant pas su réduire en préceptes l'art de les créer, le plus sublime effort de la vertu, pour eux, consistait à s'en passer; de là, la doctrine des premiers chrétiens sur les mérites de la pauvreté [1]. »

Hélas! nous savons ce que c'est qu'une société qui préfère aux leçons de la sagesse antique, et aux enseignements divins du christianisme, les tristes conceptions du sensualisme économique, et où l'amour de la pauvreté a cessé de faire contrepoids, dans le cœur du peuple, à cette passion pour les satisfactions matérielles, source de tant de tourments pour ceux qui en sont possédés, et si difficile à calmer quand une fois on l'a déchaînée.

Comme tous les sensualistes, Say s'imagine que pour régler cette passion, qui est la source empoisonnée du socialisme, il suffira de l'intérêt bien entendu. « Les philosophes ascétiques ont raison, dit-il, en ceci que nous ne devons pas désirer ce qui peut nous devenir préjudiciable, et je comprends là dedans ce qui blesse la justice et outrage la vertu. L'homme qui aspire à des jouissances qui sont au-dessus de sa portée, est assurément fort malheureux; et celui-là est sage qui sait s'en passer; mais du moment que l'on peut y atteindre par des voies légitimes, on fait preuve de sagesse comme de capacité quand on se les procure. Se passer de ce qu'on n'a pas est la vertu des moutons; mais il convient à des hommes de se procurer ce qui leur manque. Je ne prétends pas, au reste, faire l'apologie des désirs immodérés; je ne parle que des besoins que la raison avoue, et la raison n'avoue point les excès de la sensualité qui nous détruisent, ceux du luxe et de la vanité que l'on ne peut satisfaire qu'aux dépens d'autrui.

1. *Cours complet d'écon. politique.* — Considérations générales, d. 54. 4e partie, chap. I, p. 501.

Ce n'est pas là de la civilisation; c'est au contraire chez les peuples encore un peu barbares qu'on en trouve des exemples [1]. »

Ce langage n'est pas neuf: depuis Épicure, tous les docteurs du sensualisme ont ainsi parlé. Il est plus d'une manière de pratiquer la doctrine du bien-être. S'il y a le sensualisme brutal du barbare, il y a aussi le sensualisme de l'homme civilisé, tout plein de raffinements et de délicatesses; et nous ne savons que trop, par ce qui se passe sous nos yeux, que parfois le barbare est plus près qu'on ne pourrait croire de l'homme civilisé.

Avec de pareilles doctrines, il était tout naturel de considérer la science qui expose les lois de la production et de la distribution de la richesse comme la première des sciences sociales, celle dont toutes les autres tirent leurs principes fondamentaux. Dans les idées de Say, l'économie politique a pour objet de faire connaître les vrais rapports qui lient les hommes en société. C'est à tort, suivant lui, que l'on restreint l'objet de l'économie politique à la connaissance des lois qui président à la formation, à la distribution et à la consommation des richesses. Cette science tient à tout dans la société. « Depuis qu'il a été prouvé que les propriétés immatérielles, telles que les talents et les facultés personnelles acquises, forment une partie intégrante des richesses sociales, et que les services rendus dans les plus hautes fonctions ont leur analogie avec les travaux les plus humbles; depuis que les rapports de l'individu avec le corps social et du corps social avec les individus, et leurs intérêts réciproques, ont été clairement

1. *Cours d'écon. polit.*, 4e partie, chap. I, p. 502.

établis, l'économie politique, qui semblait n'avoir pour objet que les biens matériels, s'est trouvée embrasser le système social tout entier [1]. »

On voit reparaître ici une idée que l'on rencontre sous toutes les formes dans les écrits des physiocrates, qu'Adam Smith avait abandonnée en assignant pour unique objet à l'économie politique les biens matériels, et que Say est amené à reproduire comme conséquence de ses principes sur les produits immatériels.

La théorie des produits immatériels, créée par Say, fait franchir à l'économie politique ses limites naturelles, en plaçant dans la catégorie des richesses des objets qu'il est impossible d'y comprendre sans faire violence à la nature même des choses. Nous avons déjà vu comment Smith avait refusé de classer parmi les travaux productifs de richesses ceux qui ne peuvent concourir qu'indirectement à enrichir une nation, c'est-à-dire les travaux qui ont pour but le perfectionnement intellectuel ou moral de l'homme, ou des services qui, bien qu'ils tiennent plus aux besoins physiques de l'homme qu'à sa vie morale, n'aboutissent pourtant pas directement à la création de produits matériels, et dont les résultats s'attachent à la personne de celui à qui ils sont rendus et non à des choses. Nous avons dit, en exposant les idées de Smith sur ce point, de quelle manière les travaux de cette espèce doivent entrer dans la science économique. Nous avons vu que l'économiste ne doit les prendre en considération qu'en tant qu'ils contribuent à accroître la puissance productive du travail et à rendre plus équitable la distribution des produits, et en tant que ceux qui se

1. *Cours d'écon. polit.* — Considérations générales, p. 4.

livrent à ces travaux trouvent, dans le produit national, la part de richesses nécessaire à leur existence, part qui leur est attribuée sous forme de salaires et prélevée sur le revenu des producteurs de richesses proprement dites, ou sur le revenu que se crée la société au moyen des impôts.

Ce n'est pas ainsi que Say l'entend. Pour lui les produits immatériels, c'est-à-dire les résultats du travail qui ne se fixent dans aucun objet matériel, font partie intégrante des richesses sociales. Toutefois, il faut remarquer que Say se bornait à établir une analogie entre les produits immatériels et les produits matériels, sans les assimiler entièrement les uns aux autres; qu'il n'y avait chez lui qu'une tendance à les confondre dans les principes d'une même science, et non un système arrêté et complet, comme nous le trouverons plus tard dans les écrits de Dunoyer.

Pour établir l'analogie des produits immatériels avec les produits matériels, Say part du principe de l'utilité, qui se trouve également dans les deux genres de produits, oubliant qu'il y a plus d'une sorte d'utilité, et que des choses qui méritent également la dénomination d'utiles peuvent être de nature très différente. Il remarque que l'utilité, qui est la source de la valeur des choses, peut être créée et devenir le sujet d'un échange, sans avoir été incorporée à aucun objet matériel. Un fabricant de vitres met de la valeur dans du sable, un fabricant de drap en met dans de la laine, mais un médecin nous vend l'utilité de son art, sans qu'elle ait été incorporée dans aucune matière. Cette utilité est bien le fruit de ses études, de ses travaux, de ses avances; nous l'achetons en achetant son conseil, nous la consommons en exécutant ses ordonnances; et cependant cette utilité, qui a eu sa valeur, qui a été payée par les honoraires offerts au médecin, n'a jamais paru sous une forme sensible : elle a été un produit réel, mais immatériel. La même chose peut se dire des utilités créées par l'avocat, le professeur, le fonctionnaire et le prédicateur. A la vérité, Say admettait une différence entre les produits matériels et les produits immatériels : c'est que les premiers peuvent toujours durer un certain temps avant d'être consommés, tandis que les seconds se consomment au moment même où ils sont créés. Mais en cela Say se trompait, et Duhoyer a depuis très bien prouvé que les produits immatériels ne se consomment pas aussi rapidement qu'on le croirait à la première vue, qu'ils peuvent durer autant que les hommes pour qui ils ont été créés, et qu'ils peuvent même être échangés par eux contre d'autres produits. Du moment qu'on reconnaît ce fait, l'assimilation des produits immatériels aux produits matériels est complète, et si, à l'exemple de J.-B. Say, on ne voit dans ces deux catégories de produits que des utilités créées par le travail, sans tenir compte de la profonde différence que la nature même a mise entre elles, en attachant les unes à des choses et les autres à des personnes, on est invinciblement conduit à les comprendre indistinctement dans la science qui expose les lois suivant lesquelles les produits se créent et se distribuent.

Il suit de là que tous les résultats du travail de l'homme dans l'ordre moral font l'objet propre de la science économique, aussi bien que les résultats du travail dans l'ordre matériel ; que l'ordre moral est ravalé au niveau de l'ordre matériel, et que la science économique devient la science sociale universelle. Quelque étranges que puissent paraître ces conséquences, nous verrons qu'il s'est trouvé des économistes pour les formuler en système. C'est un des points par lesquels l'économie politique sensualiste aboutit au socialisme, qui lui aussi ne voit dans la société qu'un assemblage de forces combinées en vue de la production et de la consommation.

Quelque graves que soient les erreurs où est tombé J.-B. Say au sujet de la destinée humaine, il y aurait injustice à ne pas reconnaître que chez lui les intentions valaient infiniment mieux que les doctrines, et qu'il y avait dans son cœur un sincère amour de l'humanité, un désir ardent de rendre meilleure la condition du grand nombre; ses écrits, surtout dans les dernières éditions, en témoignent en plus d'un endroit. Il faut reconnaître également qu'à part les doctrines, Say a rendu à la science, dans l'ordre des faits purement économiques, des services éminents. Il ne serait pas juste de dire qu'il n'a été que le continuateur de Smith. Il a continué Smith, mais il a introduit dans l'économie politique une rigueur de méthode et une clarté d'exposition qui n'avaient pas de précédent dans les écrits de son célèbre devancier.

La division de la science en trois parties, correspondant à la production, à la distribution et à la consommation des richesses, fut, au moment où il l'introduisit, une innovation des plus heureuses. En outre, en exposant les lois de la production, il rectifia et compléta les idées de Smith, et montra, avec plus de netteté que ne l'avait fait celui-ci, comment le travail, les agents naturels et les capitaux concourent à la création du produit. La partie la plus originale de ses écrits est la théorie des débouchés. Le principe capital de cette théorie, c'est que les produits ne s'achètent qu'avec des produits. En prouvant cette vérité avec une irrésistible puissance de logique, Say mit au-dessus de toute contestation le point sur lequel repose tout le système du libre échange ; seulement il tomba, ici comme en beaucoup d'autres cas, dans les défauts que nous avons également reprochés à Smith et à Ricardo : il lui arriva de donner une portée trop absolue à ses principes, et de ne pas tenir assez compte de ce qu'il y a de relatif dans les faits auxquels ils s'appliquent.

De ce que les produits ne s'achètent qu'avec des produits, Say concluait avec raison que chaque produit trouve d'autant plus d'acheteurs que tous les autres produits se multiplient davantage. De cette vérité il inférait, en thèse générale, qu'il n'existe aucune borne assignable aux productions qui peuvent naître de l'industrie et des capitaux d'un pays ; toutefois il reconnaissait qu'en fait il y a des limites à la puissance de produire des peuples, à raison des difficultés de plus en plus grandes que rencontre le travail, difficultés d'où résulte une augmentation dans le prix de certaines choses, lesquelles, ne présentant plus qu'une utilité inférieure à leur prix, cessent de se vendre, et par conséquent d'offrir des débouchés pour de nouveaux produits. Say trouve dans les bornes mises par la nature au développement de la production agricole la cause qui élève la valeur de certains produits à un taux qui exclut la possibilité de s'en servir, et par conséquent d'en faire la demande. Il fait voir qu'il peut arriver un moment où les denrées alimentaires seraient d'un prix tel, que la subsistance d'un jour coûterait plus que les produits d'une journée de travail, en quelque genre que ce soit.

Au fond, J.-B. Say admettait les idées de Ricardo sur les lois qui régissent la production agricole, et sur l'affaiblissement graduel de la puissance du travail dans ce genre d'industrie. Les discussions qui s'élevèrent sur ce point entre les deux célèbres économistes étaient des disputes de mots plus qu'autre chose. Say avait raison lorsqu'il affirmait que c'est toujours l'état de l'offre et de la demande du blé qui en fixe le prix, et que c'est parce qu'une demande plus forte élève le prix du blé au-dessus de ses frais de production, qu'il y a une rente. Mais n'est-ce pas là ce que disait aussi Ricardo? Seulement, au lieu de se borner à des affirmations, comme faisait J.-B. Say, Ricardo expliquait comment se produit cette différence entre le prix de revient des produits agricoles et leur prix de vente.

Du reste, Say arrive aux mêmes conclusions pratiques que Ricardo ; il montre très bien comment le salaire réel de l'ouvrier peut se trouver réduit par l'affaiblissement de la puissance productive du travail agricole. S'il faut, dit-il, sacrifier deux journées de travail, ou la valeur de deux journées de travail, pour produire la nourriture d'un homme pendant un jour seulement, il sera impossible de faire vivre l'ouvrier avec des aliments produits dans de telles conditions, puisqu'ils ne soutiendraient son existence que pendant la moitié du temps qu'il serait obligé d'employer pour se les procurer.

Ces considérations conduisirent J.-B. Say à conclure, comme l'avaient fait Malthus et Ricardo, qu'il fallait de toute nécessité que la prévoyance des maux qu'entraîne une multiplication inconsidérée ralentît l'accroissement de la population, de manière à maintenir l'équilibre entre le nombre des hommes et les subsistances. Mais, pas plus que Malthus, il ne croyait à l'efficacité de ce remède, et, comme lui, il voyait la société livrée fatalement à tous les maux qui suivent la surabondance de la population. « Malgré la prévoyance attribuée à l'homme et la contrainte que la raison, les lois et les mœurs lui imposent, il est évident que la multiplication des hommes va toujours, non seulement aussi loin que leurs moyens d'exister le permettent, mais encore un peu au delà. Il est affligeant de penser, mais il est vrai de dire, que, même chez les nations les plus prospères, une partie de la population périt tous les ans de besoin[1]. »

Etrange conclusion d'une doctrine qui proclame le développement indéfini des besoins, et qui repousse dédaigneusement le christianisme parce qu'il prêche la résignation et l'amour de la pauvreté!

De quel inconcevable aveuglement faut-il être frappé pour éveiller dans tous les rangs de la société des convoitises auxquelles la force même des choses empêche de donner satisfaction, et qui ne peuvent laisser dans les âmes que le poison des espérances trompées! A quel point faut-il avoir perdu le sentiment des réalités sociales, pour tourner vers des jouissances qu'elles ne pourront jamais goûter tous les désirs de ces malheureuses populations *dont une partie périt tous les ans de besoin!* pour oublier qu'en mettant une distance infranchissable entre leurs besoins et leurs ressources, on les plonge dans les tortures d'une misère morale cent fois plus cruelle que les maux physiques auxquels elles succombent!

1. *Traité d'économie politique*, livre II, chap. XI, p. 421.

CHAPITRE VI

Sismondi. — Première déviation vers le socialisme, des systèmes économiques, qui rejettent le principe du renoncement

Les désastreux effets des doctrines de l'école de Say sur la situation des classes ouvrières ne tardèrent pas à se faire sentir. Partout où régnait l'industrialisme apparaissait à sa suite le paupérisme, c'est-à-dire la misère avec des caractères de généralité et d'intensité croissante qu'on ne lui avait pas vus jusque-là. Bientôt des protestations s'élevèrent contre les funestes théories qui menaçaient la société dans sa prospérité et dans son repos. Au nombre de celles qui firent le plus d'impression, il faut ranger les *Nouveaux principes d'économie politique* de Sismondi.

Pour combattre efficacement le sensualisme économique, source des maux qui affligeaient la société, il aurait fallu lui opposer l'esprit de sacrifice. Malheureusement Sismondi était trop imbu des préjugés du XVIIIe siècle, pour comprendre l'influence que le christianisme exerce sur la société par la pratique du renoncement. Il vit le mal là où il n'était point. Au lieu de combattre la direction vicieuse imprimée à la liberté par le sensualisme, il s'en prit à la liberté même, et la rendit responsable de tous les égarements de l'intérêt personnel, auquel le sensualisme économique livrait la société.

C'est qu'en effet il est impossible de concevoir la liberté

séparée de la force qui est destinée, suivant le plan providentiel de la société, à la régler et à la renfermer dans les limites de la justice et de l'intérêt général. Si le principe du renoncement s'efface des consciences, l'ordre cessera de régner parmi les hommes, qui n'obéiront plus qu'aux caprices de leur intérêt propre, et qui chercheront la satisfaction de cet intérêt sans s'inquiéter des conséquences sociales de leurs actes. La liberté ne sera plus alors que la licence. Pour la faire rentrer dans l'ordre, il faudra que le pouvoir ramène par la force à un centre commun les volontés égarées par les penchants égoïstes des individus, et cette force de compression exercée par le pouvoir devra être d'autant plus énergique, elle devra pénétrer d'autant plus avant dans tous les détails de la vie sociale, que l'expansion des intérêts égoïstes aura été plus désordonnée. Il n'y a qu'un moyen d'échapper à cette dangereuse nécessité de l'immixtion du pouvoir dans des relations qu'il est plus avantageux de laisser à la liberté, c'est de ramener la liberté à son cours régulier, en tempérant les aspirations de l'intérêt personnel par la pratique du sacrifice. C'est l'oubli de cette vérité fondamentale qui a conduit Sismondi à des théories économiques dont l'application, poussée à ses dernières conséquences, aurait fait reculer la société jusqu'aux temps où le travailleur ne disposait pas de lui-même, et où il était la propriété du maître qui l'employait.

Sismondi pensait que si les choses étaient abandonnées à leur libre cours, il arriverait bientôt un moment où la production, surexcitée par l'amour du gain, dépasserait les besoins des consommateurs, de façon qu'il y aurait, dans toutes les industries à la fois, un trop plein de produits.

dont on ne saurait que faire, ce qui amènerait inévitablement une suspension du travail pendant tout le temps nécessaire pour écouler les produits surabondants. Conséquent dans son erreur, Sismondi considérait comme nuisible à la société tout ce qui augmente la puissance productive du travail; l'introduction de machines nouvelles dans la fabrication lui semblait un mal, parce qu'il ne voyait que les souffrances passagères que la découverte d'un nouveau procédé industriel peut causer aux travailleurs engagés dans les fabrications anciennes, et qu'il ne tenait aucun compte des avantages qu'offre aux ouvriers le bas prix des objets de consommation résultant de la puissance plus grande donnée au travail par les machines.

Sismondi ne pouvait comprendre que ce n'étaient pas les machines qu'il fallait accuser de la détresse des classes ouvrières, mais les principes sous l'empire desquels la société se jette, avec une sorte de frénésie, dans les entreprises industrielles les plus hasardées. Ce n'est pas parce que les produits de toutes les industries surabondent à la fois et dépassent les besoins de la consommation, que la demande de travail se ralentit, et que l'ouvrier voit son salaire baisser au-dessous du nécessaire. Say a parfaitement démontré, dans sa théorie des débouchés, que la supposition d'un engorgement universel des produits est chimérique et implique contradiction. La vérité sur les embarras industriels que signalait Sismondi, c'est que la passion des richesses, éveillée dans les âmes par les doctrines sensualistes, pousse aveuglément beaucoup d'hommes dans les entreprises de la grande industrie, par l'appât de gros bénéfices qui, le plus souvent, échappent à leur avidité. De cette façon, il arrive que l'industrie manufacturière se développe au delà de ce que comportent les débouchés. De là ces engorgements dans les produits de la grande industrie, de là ces suspensions de travail, fatales, non seulement aux ouvriers qu'elles privent de leurs moyens d'existence, mais encore aux maîtres dont elles réduisent les bénéfices et dont souvent elles causent la ruine.

Loin de reconnaître que cet état de choses est aussi désastreux pour les maîtres que pour les ouvriers, Sismondi semble croire que tout ce que perdent ceux-ci est gagné par les premiers, et que la classe des ouvriers n'existe dans la société moderne que pour l'avantage des entrepreneurs. « Ce n'est point, dit-il, une conséquence de la nature de l'homme ou de celle du travail, que la coopération de deux classes de citoyens opposées d'intérêt, pour accomplir toute espèce d'ouvrage. Je veux dire la classe des propriétaires du travail accumulé qui se reposent, et la classe des hommes qui n'ont que leur force vitale, et qui offrent de travailler. Leur séparation, leur opposition d'intérêt, est la conséquence de l'organisation artificielle que nous avons donnée à la société humaine. Tout ce qui est notre ouvrage est soumis à notre censure, et l'autorité du législateur s'étend essentiellement sur les abus qui sont le résultat de ses lois...... Le gouvernement a été institué pour protéger, avec les forces de tous, chacun contre les injures de tout autre. Il oppose l'intérêt public à tous les intérêts privés...»

Ne croirait-on pas entendre certaines théories sur les devoirs du souverain dans l'ordre des intérêts matériels, qui se donnent présentement pour des découvertes de l'économie chrétienne, et dont le premier et véritable auteur est un publiciste bien connu pour son esprit voltairien et son hostilité envers l'Église catholique? C'est précisément l'éloignement pour la vérité sociale chrétienne, et l'ignorance de cette vérité, qui ont conduit Sismondi aux systèmes dans lesquels on voudrait nous faire voir la perfection d'une organisation chrétienne du travail. Il en est de même de ce qui suit : « La justice, en même temps qu'elle est le plus grand bien de tous, est opposée à l'intérêt privé de chacun; car cet intérêt enseignerait toujours à usurper le bien de son voisin. L'économie politique, expression des lumières sociales, apprend à distinguer l'intérêt de tous, savoir qu'aucun ne soit excédé de travail, qu'aucun ne soit dépourvu de récompense, d'avec l'intérêt de chacun d'attirer à lui toutes les récompenses du travail, en en faisant le plus possible, dût-il le faire au plus bas prix possible. Ainsi la tâche du gouvernement, comme protecteur de la population, est de mettre partout des bornes au sacrifice que chacun pourrait être réduit à faire de lui-même [1]. »

C'est pour mettre un terme à l'abaissement des salaires, résultant de la concurrence que les ouvriers se font entre eux, et à la prétendue exploitation des ouvriers par les maîtres, que Sismondi imagine un nouveau système de relations entre les travailleurs et les entrepreneurs, fondé sur le droit de l'ouvrier à la garantie de celui qui l'emploie.

Quand on pose en fait, comme Sismondi, que, dans l'organisation présente de l'industrie, la classe des ouvriers n'existe que pour les entrepreneurs, il est tout naturel d'imposer à ceux-ci la charge de pourvoir aux besoins de l'ouvrier lorsque son salaire ne lui suffit pas. Il n'y a d'ailleurs aucune raison pour ne point appliquer à l'agricul-

1. *Nouveaux principes d'économie politique*, 2e édition, 1827; livre VII, chap. VIII et IX, tome II, p. 336 à 347.

ture, aussi bien qu'aux manufactures, ce système de garantie.

D'après ce système, l'entretien des journaliers pauvres de l'agriculture serait exclusivement à la charge des gros fermiers qui les emploient ; ils seraient tenus de fournir tout ce dont les pauvres ruraux ont besoin, mais ils seraient complètement exemptés de contribuer en rien au maintien des pauvres que les arts industriels rejettent sur la société. Pour l'industrie manufacturière, Sismondi voudrait que les métiers fussent rétablis en corporations dans un but de charité seulement, et que leurs chefs fussent soumis à l'obligation de fournir des secours à tous les pauvres de leurs métiers. Il croit que, par ce moyen, on mettrait aussitôt un terme aux souffrances auxquelles se trouve exposée la classe ouvrière, tout comme à cet excédent de production qui fait aujourd'hui la ruine du commerce, et à cet excédent de population qui réduit au désespoir les classes pauvres. « Aujourd'hui le manufacturier croit gagner, soit qu'il vende plus cher au consommateur, soit qu'il paye moins de salaire à l'ouvrier ; il apprendrait alors qu'il ne peut gagner que sur la vente, et que tout ce qu'il retranche à l'ouvrier ce ne sera plus la société, mais lui-même, qui devra le lui rendre comme secours... Cette charge qui retomberait sur lui seul serait de la plus stricte justice ; car il fait aujourd'hui un profit sur la vie des hommes, et tous les dommages qui en résultent, il les repousse à la charge de la société. Si les salaires qu'il paye sont suffisants, s'ils pourvoient non seulement à l'âge viril de ses ouvriers, mais à leur enfance, à leur vieillesse, à leurs maladies ; si les opérations qu'il leur commande ne sont pas malsaines ; si les machines qu'il invente ne font, comme il l'assure, que donner occasion à la mise en œuvre d'un plus grand travail, la responsabilité qu'on en rejette sur lui ne sera point une charge; il n'aura aucun lieu de s'en plaindre. Si elle est onéreuse, son industrie est donc une industrie perdante ; il vaut mieux qu'il y renonce que d'en faire supporter la perte à la société [1]. »

Voilà bien le langage et les conclusions du socialisme; voilà bien aussi les impossibilités et les injustices auxquelles il aboutit toujours. Sismondi ne voit pas que son système de la garantie du maître à l'égard de l'ouvrier offre, dans ses conséquences, la contradiction la plus frappante avec ce respect pour l'indépendance du travailleur qu'il a toujours si hautement professé; que ce système, loin d'assurer à l'ouvrier une condition meilleure, le ramènerait inévitablement à l'état d'esclavage, d'où le christianisme ne l'a tiré qu'après des siècles d'efforts incessants, pour faire triompher dans la société le principe de la charité par le sacrifice, principe qui pouvait seul engendrer la liberté.

Imposez à l'entrepreneur l'obligation de pourvoir à l'entretien de l'ouvrier, et vous serez nécessairement conduit à lui donner le droit de disposer de ses facultés productives, comme le maître dispose du travail de son esclave. Autrement, l'ouvrier assuré de sa subsistance ne travaillera pas, ou travaillera mal; et, comme l'entrepreneur ne peut, après tout, trouver la subsistance de ses ouvriers que dans leur travail, il faudra bien, pour le mettre à même de remplir ses obligations à leur égard, l'armer du droit d'exiger par la force le travail qu'ils ne seraient

1. *Nouveaux principes d'écon. polit.*, livre VII, ch. IX, p. 362.

pas disposés à accomplir de leur plein gré. Si l'entrepreneur n'exerce pas ce droit par lui-même, il faudra que le pouvoir l'exerce à sa place; il n'y aura de changé que le nom du maître et l'asservissement restera le même.

Sismondi aurait reculé devant cette conséquence, s'il l'avait aperçue. Il déclare à la fin de son livre que, sauf le principe de l'association des maîtres avec les ouvriers, ses doctrines n'ont rien de commun avec celles d'Owen et de Fourier. Il sent d'ailleurs que son système est en contradiction avec les faits, et qu'il ne supporterait pas l'épreuve de la pratique. « Je l'avoue, dit-il en terminant, après avoir indiqué où est à mes yeux le principe, où est la justice, je ne me sens point la force de tracer les moyens d'exécution[1]. »

1. *Nouveaux principes d'écon. polit.*, liv. VII, ch. IX, p. 364.

CHAPITRE VII

Senior et Rossi. — Fausse conception d'une science pure de l'économie politique. — Progrès notable dans l'exposé des principes généraux de la science économique.

C'est l'impossibilité de parvenir, en repoussant le principe du renoncement, à aucune solution pratique du problème de la misère, qui porte les économistes à se renfermer dans les abstractions, à ôter à leur science son caractère essentiellement expérimental, et à faire ce que l'on a appelé de *l'économie politique pure.*

Senior, que l'Angleterre met au premier rang de ses économistes, est un des écrivains qui ont exposé avec le plus de netteté cette conception abstraite de l'économie politique. Il pense que « l'économie politique repose beaucoup plus sur le raisonnement que sur l'observation des faits[1], » que pour se renfermer strictement dans son objet, qui est la richesse, il faut qu'elle reste dans les règles abstraites, et qu'elle ne pourrait, sans empiéter sur le domaine de la politique, prendre en considération les faits qui, dans l'application, peuvent modifier les règles générales posées par la théorie. « Les principes de l'économie politique consistent, dit-il, en un petit nombre de propo-

1. *Outline of political economy*, extrait de l'*Encyclopædia metropolitana*, v° *Political economy*, p. 130.

sitions générales résultant de l'observation ou imprimées dans la conscience, propositions tellement évidentes qu'il est à peine nécessaire de les prouver, même de les énoncer formellement, et que presque tous les hommes, aussitôt qu'ils les entendent, les reconnaissent pour des vérités qui leur sont familières, ou au moins pour des vérités comprises dans leurs connaissances antérieures. Les conséquences que l'économie politique tire de ces propositions sont presque aussi générales et, si l'argumentation a été juste, presque aussi certaines que ces propositions mêmes. Les vérités économiques qui ont trait à la nature et à la production de la richesse sont universelles; celles qui ont trait à la distribution de la richesse peuvent être modifiées par les institutions particulières des divers pays, telles que l'esclavage, les monopoles légaux, les lois sur les pauvres; mais cela n'empêche pas que l'on prenne l'état naturel des choses comme règle générale; les anomalies produites par les causes perturbatrices locales pourront ensuite être prises en considération. Mais, quelque certaines et quelque générales que soient les conclusions de l'économiste, elles ne l'autorisent pas à émettre un seul mot de conseil. Ce privilège appartient à l'écrivain ou à l'homme d'État, qui a étudié toutes les causes qui peuvent hâter ou retarder la prospérité des peuples auxquels il s'adresse, et non au théoricien, qui n'a porté ses recherches que sur une de ces causes, bien qu'elle compte parmi les plus importantes[1]. »

Évidemment Senior oublie de quelle nature est l'objet de la science dont il expose les principes. Il oublie que la

1. *Outline of polit. economy*, p. 129.

richesse ne peut jamais être considérée abstractivement et par principes absolus, parce qu'elle est de sa nature chose essentiellement relative, qu'elle n'existe que pour l'homme, et que la théorie de la production et de la distribution de la richesse la plus irréprochable au point de vue rationnel n'aurait aucune valeur réelle, si elle ne formulait que des règles qu'on ne pourrait appliquer sans compromettre le sort des hommes, pour lesquels la richesse est faite.

Il est vrai que l'économie politique s'appuie sur les principes immuables de l'ordre moral, et sur les faits constants de la nature de l'homme, considéré en lui-même et dans ses rapports avec le monde extérieur; mais il est vrai aussi que, l'objet de ses investigations étant pour une grande part dans le domaine de la liberté et des faits contingents, il faut, pour rester vraie, qu'elle arrête son attention sur les éventualités qui peuvent naître de l'application des principes généraux aux faits. Si elle se renfermait dans les principes absolus, chaque fois que l'on essayerait d'appliquer les règles de la science aux faits en vue desquels elles ont été établies, on aboutirait à des mécomptes d'autant plus graves que, dans l'ordre économique, les erreurs se traduisent toujours en souffrances pour les masses.

Cette manière d'envisager la science de la richesse a rencontré, même chez les économistes anglais, une vive opposition. Mac-Culloch, dans la préface de ses *Principes d'économie politique*, fait très bien voir l'erreur où tombe Senior lorsqu'il avance que les faits sur lesquels repose l'économie politique peuvent être établis en quelques mots, et que toute la difficulté consiste à en tirer des conséquences justes. La grande difficulté de l'économie politique n'est pas là. Déterminer les principes secondaires qui modifient les principes généraux, et qui se mêlent dans tous les cas au développement des faits économiques, marquer leur part d'influence dans le mouvement économique, voilà la difficulté capitale que rencontre à chaque instant l'économiste. « Les aliments, dit Mac-Culloch, sont indispensables à notre existence; on peut poser comme principe général que, par suite de cette nécessité d'une part, et de l'autre par la difficulté de se procurer des aliments, tout homme est exposé à mourir de faim. Mais ce principe est modifié par tant d'influences contraires qu'il ne meurt pas de faim un individu sur mille. Le fait étant tel, une théorie qui négligerait toutes les influences qui neutralisent l'action du principe ne servirait pas à grand'chose. »

La méthode qui fait de l'économie politique une science d'abstraction et de principes absolus est commode pour l'économiste, en ce qu'elle lui fournit le moyen d'échapper au contrôle des faits. C'est grâce à cette séparation entre la science sociale et la vie sociale, qu'il a été possible d'écarter des théories économiques les principes de l'ordre moral, dont on aurait été inévitablement conduit à tenir compte par la méthode expérimentale. C'est ainsi que Senior, en posant comme le premier des axiômes de l'économie politique que *tout homme désire accroître sa richesse, en faisant aussi peu de sacrifices que possible*[1], a pu fonder la science sur l'intérêt personnel exclusivement, sans être arrêté par les impossibilités qu'il aurait

1. *Outline of polit. economy*, p. 139.

rencontrées à chaque pas, s'il avait suivi la méthode expérimentale.

Il est évident que, même dans les applications de l'activité humaine au progrès matériel, l'intérêt personnel ne peut tourner à l'avantage commun et procurer l'amélioration du sort du grand nombre, s'il n'est modéré dans son expansion par le principe du renoncement. D'ailleurs, l'attrait que l'homme éprouve pour la richesse n'est-il pas un fait moral, aussi bien que le fait de la nécessité du renoncement? Senior est donc contraint, par la force même des choses, de prendre pour point de départ de ses recherches économiques un fait moral, alors qu'il déclare que l'économie politique doit écarter de ses investigations tout ce qui tient à la morale. Mais au lieu de prendre pour point de départ les principes de la morale spiritualiste, de la morale du renoncement, du sacrifice, il fondera toute la science économique sur la morale de l'intérêt.

D'après Senior, le désir qu'éprouve l'homme d'accroître sa richesse, avec le moins de sacrifices possible, « est la pierre angulaire de la théorie des salaires et des profits, et en général de toute la théorie de l'échange; c'est pour l'économie politique ce qu'est la gravitation pour la physique; c'est le fait primitif au delà duquel le raisonnement ne peut pas pénétrer et dont la plupart des autres propositions de la science ne sont que l'explication. » Ainsi toute l'activité humaine dans l'ordre économique est fondée sur le principe du développement indéfini des besoins. Senior est on ne peut plus clair sur ce point : « Il n'est, dit-il, personne qui considère tous ses besoins comme satisfaits. Tout homme éprouve des désirs qui attendent encore leur satisfaction, et qui la trouveraient au moyen d'une plus grande somme de richesse. La nature et l'intensité des besoins diffèrent autant que le caractère des individus; certains aspirent au pouvoir, d'autres à la réputation, d'autres au loisir; il en est qui recherchent les distractions du corps ou de l'esprit; quelques-uns désirent avec ardeur de se rendre utiles au public, et il est bien peu d'hommes, peut-être n'en est-il pas du tout, qui ne trouveraient du plaisir à obliger leurs connaissances et leurs amis, s'il suffisait pour cela d'un simple souhait. L'argent semble être l'objet des désirs de tous, parce que l'argent, c'est la richesse abstraite. Celui qui le possède peut satisfaire à volonté son ambition, sa vanité, sa paresse, son désir du bien public, ou sa bienveillance pour les individus; il peut se procurer les agréments matériels de la vie, éviter les maux physiques, et goûter les jouissances de l'esprit plus coûteuses encore; à la poursuite d'une seule de ces satisfactions, on épuiserait la plus grande fortune, et, comme il n'est pas d'homme qui n'aspire à l'une ou à l'autre, comme la plupart aspirent à toutes en même temps, le désir de la richesse est véritablement insatiable, bien que l'emploi qui en est fait par les différents individus varie à l'infini[1]. »

Senior ne s'attache pas, comme J.-B. Say, à prouver la légitimité de ce principe; il se contente de le poser en fait, et de le montrer gouvernant toute l'activité humaine dans l'ordre économique, ce qui revient absolument au même. A la vérité, il a soin de dire qu'il ne faut pas croire que la richesse soit considérée par lui comme étant, ou comme devant être, le principal objet des désirs

1. *Outline*, p. 139 et 140.

de l'homme; mais, après s'être acquitté de ce devoir de bienséance envers les plus nobles affections de l'homme, il établit les principes de l'économie politique comme s'il n'y avait dans la vie d'autre but que la richesse; et s'il lui arrive de rencontrer quelqu'une de ces questions dont la solution relève de l'ordre moral, et que ne saurait éviter l'économiste le plus attentif à se renfermer strictement dans la science pure, il la résout par les principes du sensualisme le moins déguisé.

La question de la population nous offre un exemple frappant de cette application de la doctrine sensualiste à la vie sociale. Senior pose en principe qu'il faut un obstacle au développement trop rapide de la population; cet obstacle, il le trouve dans l'amour du bien-être. Suivant lui, rien ne peut prévenir la fécondite de l'humanité, si ce n'est la crainte de manquer de quelques-unes des choses qui constituent la richesse; cette crainte sera d'autant plus efficace que, par le progrès de la civilisation, les hommes seront accoutumés à une plus grande aisance. Lorsque, par le développement des sociétés, la puissance du travail national tend à décroître, il se trouve, dans le goût plus prononcé du bien-être et dans la crainte de déchoir aux yeux du public, une force suffisante pour arrêter l'essor trop rapide de la population, et le proportionner au degré de puissance où le travail national est parvenu. « L'habitude de la prudence dans le fait de contracter mariage, et l'habitude d'une consommation considérable en choses superflues, fournissent le seul préservatif contre cet état où la population est si fort pressée contre la limite des moyens de subsistance, qu'elle est continuellement exposée à subir tous les maux qu'entraîne l'action des obstacles positifs.

Comme les habitudes de prudence ne se rencontrent que dans les sociétés civilisées, et les habitudes de consommations superflues seulement dans les sociétés opulentes, il paraît également clair qu'à mesure qu'une nation avance dans les voies de la civilisation et de la richesse, l'obstacle positif doit céder devant l'obstacle préventif[1]. »

Voilà donc Senior, en dépit de son système sur l'économie politique pure, entraîné dans les questions d'application, et c'est à la pratique sociale du principe du développement indéfini des besoins qu'il en demande la solution; c'est la théorie de Malthus qu'il adopte, mais il la perfectionne et l'achève.

Évidemment, ici il y a progrès dans l'erreur. Nous devons ajouter qu'il y a aussi, dans les théories de Senior, un progrès notable dans l'ordre du vrai, et qu'il occupe une des premières places parmi les écrivains qui se sont appliqués à approfondir et à coordonner les notions fondamentales de l'économie politique.

Tout en acceptant sur la rente les idées de Ricardo, Senior écarte les hypothèses inutiles dont cet écrivain les avait embarrassées, en même temps qu'il rectifie les erreurs de langage dans lesquelles il était tombé, et sur lesquelles reposent les interminables discussions engagées entre son école et celle des économistes français. C'est ainsi que Senior fait voir que la rente provient de la fertilité de la terre qui la procure, et non pas seulement, comme le disait Ricardo, de la stérilité des dernières terres que l'on met en culture pour répondre à la demande croissante de blé. La rente est, pour Senior, la rémunération d'un service rendu, et la valeur de cette ré-

1. P. 146.

munération est fixée, comme toutes les autres, par l'utilité du service combinée avec la difficulté de l'obtenir.

Sur un autre point encore, l'un des plus importants dans la théorie de la distribution de la richesse, Senior complète et corrige les théories de Malthus et de Ricardo. Trop préoccupés des obstacles que met la nature au développement de la production agricole, ces deux économistes n'avaient pas tenu assez de compte de ce que peut l'industrie de l'homme par les perfectionnements apportés aux méthodes de culture. Senior fait voir que ces perfectionnements peuvent, non seulement contrebalancer les causes qui réduisent la puissance productive de l'industrie agricole, mais qu'ils peuvent même, dans certains cas, les surpasser en énergie, et faire produire à une même somme de travail une quantité de denrées alimentaires plus considérable. Toutefois, il ne prétend pas que dans tous les cas il soit possible d'accroître indéfiniment, en progression géométrique, la production agricole d'un pays; il se borne à indiquer les conséquences d'un meilleur emploi du travail appliqué à l'agriculture, conséquences qui avaient été trop négligées par ses devanciers, et qui doivent, dans des circonstances données, modifier singulièrement leurs assertions trop absolues sur les rapports de la population avec les subsistances.

Pour la théorie des salaires et des profits, Senior ne s'est pas montré moins supérieur. Il trouve dans l'action de la loi d'offre et de demande la cause déterminante du taux des salaires et des profits, comme il y avait trouvé l'explication des phénomènes de la rente. C'est le procédé le plus simple, celui qui répond le mieux au cours naturel des choses dans la pratique. Comme Ricardo, il établit que c'est le rapport de l'offre à la demande du travail, combiné avec la puissance productive du travail national, qui détermine le taux des salaires, c'est-à-dire la somme d'objets utiles accordés à l'ouvrier en rémunération de son travail. Comme lui encore, il fait voir que le taux des profits peut baisser, et baisse en effet, en même temps que le taux des salaires, et il explique par le rapport du capital destiné à fournir des subsistances au travailleur avec le nombre des travailleurs, et par l'élévation du prix des subsistances, cette baisse simultanée dans le revenu du capitaliste et dans celui de l'ouvrier; mais il se garde soigneusement des erreurs où est tombé Ricardo en confondant le salaire proportionnel, qui n'est qu'une pure abstraction, avec le salaire réel, le seul qui intéresse l'ouvrier.

On peut dire que c'est à Senior que revient l'honneur d'avoir le premier complété et mis en œuvre, à l'aide d'une rare puissance de logique, les matériaux de la science économique qu'avaient rassemblés ses devanciers. Toutefois, il faut reconnaître qu'à l'exemple de presque tous les économistes anglais, il a trop cédé au désir de donner à la science une précision presque mathématique; qu'à force de prétendre réduire les problèmes à leurs éléments les plus simples, il a fini par se placer dans des hypothèses trop éloignées des faits, tels qu'ils se passent sous nos yeux, à ce point qu'on a parfois de la peine à en saisir la relation avec les questions pratiques auxquelles elles s'appliquent.

Parmi les économistes qui se sont voués, en France, à la tâche que Senior a accomplie en Angleterre, il faut placer au premier rang l'illustre et infortuné ministre de

Pie IX, Pellegrino Rossi. Rossi porta dans la discussion des principes fondamentaux de l'économie politique la supériorité qu'il avait déployée dans l'étude du droit pénal et du droit public. Les questions les plus difficiles, concernant la valeur et la production de la richesse, ont été traitées par lui avec la méthode d'observation exacte et pénétrante que l'on rencontre d'ordinaire chez les économistes anglais, jointe à la précision et à la clarté de l'esprit français. Toutefois sa méthode n'est pas à l'abri de toute critique.

Un des reproches qu'on peut faire à Rossi est de s'être parfois trop attaché aux conceptions abstraites de l'école anglaise. Ainsi, par sa distinction entre l'économie politique pure et l'économie politique appliquée, il a, comme Senior, comme Ricardo dont il suit souvent les traces, détourné l'économie politique de ses voies naturelles.

On peut lui reprocher encore d'avoir établi une séparation injustifiable entre l'économie politique et la morale, et d'avoir admis que ce qui est vrai dans l'ordre de l'utile peut ne l'être pas dans l'ordre du bien. A la vérité, il déclare que toutes les fois qu'il y a opposition entre les prescriptions de la morale et les conclusions de l'économie politique, celle-ci doit céder; mais c'est trop d'admettre qu'une vérité économique puisse être en contradiction avec une vérité morale.

La destinée de l'homme est une ; dans tous les ordres, l'homme obéit à la loi morale. Ce que la morale déclare mauvais ne saurait être véritablement utile; la contradiction ne peut être qu'apparente, elle ne vient que de la fausse idée que l'on se forme de l'utile. Autrement, il faudrait dire que lorsqu'un homme se met, par des actes contraires à la morale, en contradiction avec sa nature, dont la loi morale n'est que l'expression, ces actes peuvent tourner à son avantage et peuvent lui être utiles. On ne peut admettre d'opposition entre le bien et l'utile que si l'on place, avec les sensualistes, la fin de l'homme dans le bien-être. Alors on conçoit que l'utile, c'est-à-dire ce qui procure le bien-être, puisse être condamné par la loi morale, telle que le spiritualisme l'entend; mais, dans tous les cas, l'utile ainsi compris restera conforme à la morale fondée sur le principe de la satisfaction des sens.

Jamais Rossi n'eut une telle pensée. C'est pour n'avoir pas suffisamment approfondi la notion de l'utile, et pour s'être laissé dominer par les idées des économistes, qu'il est tombé dans cette erreur. Le jurisconsulte éminent qui, dans le traité de droit pénal, avait réfuté avec tant de puissance le système utilitaire de Bentham, ne pouvait avoir la pensée de fonder l'économie sur le principe du sensualisme.

Dans le quatrième volume de ses leçons d'économie politique, publié après sa mort sur ses notes, Rossi dit : « Le bien, sans distinction, comprend à la fois le bien moral et le bien matériel, le bien au point de vue moral et au point de vue économique. L'économie politique a la mission, dans certaines limites a le droit de s'enquérir de la situation morale et politique des nations. Elle a le droit de s'en enquérir dans les limites de l'influence que cette situation morale et politique peut exercer, soit sur la production, soit sur la distribution des richesses, en d'autres termes sur le bien matériel, sur le bien-être et la prospérité. Elle aurait tort si, après avoir reconnu l'influence que la situation morale et politique d'un pays peut exercer sous le rapport économique, elle prétendait que toutes les questions morales et politiques doivent être appréciées et résolues uniquement d'après leurs effets et leurs résultats économiques. Un fait qui, sous le rapport purement économique, pourrait être indifférent, a toujours néanmoins pour résultat un mal même matériel, si ses conséquences morales sont fâcheuses[1]. » On voit que s'il y a de l'hésitation sur la méthode et sur la manière de poser la question, il n'y en a point sur le fond. L'instinct spiritualiste et chrétien de Rossi l'emporte sur les habitudes d'esprit qu'il avait contractées dans le commerce habituel avec les écrits des économistes utilitaires.

Dans les questions où l'élément moral intervient nécessairement, ce n'est pas au sensualisme mais au spiritualisme que Rossi fait appel. Ainsi, dans la question de la population, ce n'est pas, comme les économistes que nous avons étudiés jusqu'ici, dans l'amour du bien-être qu'il cherche la force à opposer au développement trop rapide de la population ; il croit la trouver dans le progrès des lumières, qui rendra les hommes plus capables de réfléchir sur les conséquences de leurs actes, et qui leur donnera plus d'empire sur leurs passions.

Mais on remarquera que Rossi n'échappe ici au reproche de sensualisme qu'en se réfugiant dans l'utopie. Croire que les lumières suffiront pour arrêter le cours des passions les plus emportées de l'homme, c'est ce qui n'est plus permis à l'aspect des désordres qui affligent nos sociétés, où les lumières sont si répandues. Il n'y a à ces difficultés capitales de l'économie politique qu'une

1. 4e leçon, p. 53 et suiv.

solution vraie, celle que fournit la pratique chrétienne du renoncement.

Au moment où il écrivait son cours d'économie politique, Rossi n'était pas encore définitivement fixé sur ces principes premiers qui dominent toutes les questions sociales. Mais il est permis de croire que, s'il n'avait pas été enlevé à la science par la mort glorieuse au-devant de laquelle il a noblement couru pour la défense de l'ordre dans sa représentation la plus haute, la plus sainte et la plus nécessaire, il aurait été conduit, sous l'empire de convinctions plus arrêtées, à modifier profondément cette partie de ses écrits.

A mesure que Rossi avançait dans la carrière, les tendances chrétiennes s'accusaient chez lui plus nettement. Dans la cinquième leçon de son quatrième volume, il s'exprime ainsi : « Le christianisme dispose au travail et à la paix ; il impose l'ordre, la décence et le respect des droits d'autrui ; il admet les jouissances honnêtes, mais proscrit les plaisirs grossiers et les dépenses folles ; il défend l'insolent orgueil dans la prospérité et exige la résignation dans le malheur ; il recommande enfin la prévoyance et la charité. Ainsi, encore une fois, si l'on voulait réduire ce grand sujet aux proportions de l'économie politique, l'Évangile remplirait toutes les conditions que peut exiger la science pour le développement de la richesse sociale [1]. »

Comme presque tous les écrivains français, Rossi adopte les idées de Say sur les produits immatériels. Il pousse même plus loin que Say l'assimilation de ces pro-

1. 4e leçon, p. 80.

duits aux richesses proprement dites. Voici la déduction très logique par laquelle Rossi tire des idées de Say les conséquences qui y sont renfermées.

Il y a production toutes les fois qu'il y a application de la force humaine, suivant une certaine forme, pour obtenir un résultat. Il y a produit toutes les fois que le résultat est de nature à satisfaire un des besoins de l'homme, par conséquent il y a valeur en usage et richesse; peu importe d'ailleurs si le résultat s'applique à des choses ou à des personnes. Say admettait que les produits immatériels se consomment à l'instant même où ils sont créés; Rossi prouve que ces produits durent aussi bien, et parfois plus longtemps, que certains produits matériels. N'est-il pas évident que le médecin qui, par ses conseils, vous sauve d'une maladie mortelle, vous met à même de vous livrer longtemps encore à des travaux de toutes sortes? Peut-on dire qu'il ne reste rien du service qu'il vous a rendu? Il vous reste tous les résultats du travail que vous accomplissez et que vous n'auriez pas accompli, si le secours du médecin ne vous avait rappelé à la santé.

Dans la théorie des produits immatériels, malgré toute la pénétration de son esprit, Rossi n'a pas su échapper à une erreur qui avait sa source dans les principes matérialistes de Say, et qu'il aurait repoussée, s'il avait prévu les conséquences qu'on en devait bientôt tirer.

Une fois qu'il est prouvé que les produits immatériels, c'est-à-dire les utilités fixées dans les personnes, peuvent durer et se consommer aussi bien que les produits matériels, il reste simplement à établir, comme le fera Dunoyer, que les premiers sont capables de se transmettre et de se vendre absolument comme les seconds. Alors l'assimilation sera complète, et les deux sortes de produits entreront, au même titre et sur le même pied, dans la théorie de la production et de la distribution de la richesse.

Cette théorie des produits immatériels laisse entrevoir les hésitations de Rossi sur les grandes questions de l'ordre moral. Il en était encore à chercher. Au moment où il donna héroïquement sa vie pour la plus juste des causes, il avait trouvé cette vérité, que trop souvent l'économie politique cherche encore, et qui seule peut vaincre le socialisme et la révolution, dont Rossi a été une des plus nobles victimes.

CHAPITRE VIII

terme. C'est ainsi que, pour Dunoyer, toutes les applications de la liberté humaine, dans quelque ordre que ce soit, sont comprises sous une même dénomination : *les arts de la société industrielle*. Déterminer les conditions les plus favorables pour que l'homme devienne de plus en plus libre dans la pratique de tous ces arts, c'est-à-dire pour qu'il y acquière une puissance de production de plus en plus grande, tel est l'objet du livre *sur la liberté du travail*.

Il est impossible d'assimiler de la sorte les occupations si diverses auxquelles l'homme peut se livrer, sans arriver bientôt à des conséquences où la bizarrerie de l'expression fait saisir, à la première vue, tout ce qu'il y a de faux dans le principe. Voyez, par exemple, le passage suivant, dans lequel Dunoyer met sur un pied d'égalité parfaite tous les arts qu'embrasse la société industrielle :

« Y a-t-il un ordre, dites-moi, entre les divers appareils qui contribuent à la vie de l'individu? A quel organe appartient la première place? Est-ce au système nerveux, à l'encéphale, aux poumons, au cœur, à l'estomac? Elle n'appartient à aucun; elle appartient à tous; aucun ne peut se passer des autres; tous travaillent à l'entretien de la vie commune. Eh bien, il en est absolument de même des divers ordres de professions qui entrent dans l'économie de la société. Les arts qui approprient les objets matériels aux besoins de l'homme, ceux qui préparent l'homme à l'exploitation du monde matériel, ceux qui cultivent sa nature physique, ceux qui donnent des soins à son imagination et à ses affections, ceux qui font l'éducation de son intelligence, ceux qui travaillent à la formation de ses habitudes, tous sont essentiels, tous sont ho-

CHAPITRE VIII

Dunoyer. — Conséquences extrêmes de la théorie des produits immatériels.

Le livre de Dunoyer *sur la liberté du travail*, où règne d'un bout à l'autre la plus étrange et la plus déplorable confusion entre l'ordre moral et l'ordre matériel, n'est que le développement des conclusions auxquelles conduit inévitablement le principe de Say sur les produits immatériels, lorsqu'on ne voit dans la vie humaine autre chose que des satisfactions et l'effort accompli en vue de les atteindre.

Comme les physiocrates, Dunoyer fait de l'économie politique la science de la vie humaine. L'homme n'accomplit aucun progrès que par la liberté. Quels que soient les objets auxquels il applique ses facultés, que ce soient des êtres de l'ordre moral ou des êtres de l'ordre physique, c'est toujours en lui une force libre qui agit en vue d'un résultat, en d'autres termes, en vue d'un produit. Si, par l'effet de préoccupations toutes matérialistes, on appelle richesse, dans le sens propre, tous les produits utiles, matériels ou immatériels, sans faire aucune distinction entre les divers genres d'utilité, il sera vrai de dire que la science de la richesse est la science même de la vie humaine, la science sociale dans toute l'étendue du

riques et pratiques, sans les talents d'application et d'exécution qui se rapportent à l'art, sans bonne morale de relation. Il n'en est point qui ne requière, indépendamment d'un certain fonds d'habileté, d'industrie et de bonnes habitudes, un autre capital en objets réels, en bâtiments, en matériaux, en ustensiles, en monnaie. La puissance et la liberté de tous tiennent également à un certain ensemble de facultés développées dans les hommes et d'utilités fixées dans les choses[1]. »

Veut-on savoir comment l'auteur de cette singulière théorie applique les règles de la production industrielle aux travaux de l'ordre moral? Le passage suivant nous offre un curieux échantillon de son procédé :

« Il faut des matières premières. — Et en effet, l'objet même de tout établissement d'industrie étant de faire subir de certaines modifications à des êtres quelconques, organiques ou inorganiques, animés ou inanimés, hommes ou choses, il est clair qu'on ne peut se passer de ces êtres qui sont la matière même du produit qu'on se propose d'effectuer. Il faut à l'hospice, des malades, à l'école des écoliers, au pénitentiaire des criminels à guérir de leur penchant au crime; comme il faut à la filature, du coton, à la forge du minerai, au haras des étalons, des juments, des fourrages, etc. Je pourrais remarquer que quelquefois l'homme industrieux va chercher la matière première, et la vend ensuite, avec la façon qu'il lui a donnée, tandis que d'autres fois la matière première vient le trouver et le paye pour recevoir de certaines façons; mais cette remarque, qui est d'ailleurs juste, ne conduirait à rien d'im-

1. *De la liberté du travail*, II, p. 103.

portant. Je me contente d'observer que la matière première, de quelque nature qu'elle soit, concourt à la production en fournissant ses propriétés à la chose qu'il s'agit de produire, et j'ajoute qu'elle remplit d'autant mieux sa fonction, qu'elle a été mieux appropriée d'avance aux façons qu'elle est destinée à recevoir[1]. »

Ces choses sont dites avec un sérieux qui prêterait à rire, s'il était possible de rire des aberrations de l'esprit humain, en un temps où l'on est à tout moment exposé à les voir se traduire en attentats contre ce qu'il y a de plus sacré parmi les hommes. Il est d'ailleurs profondément triste de voir ravaler de la sorte tout ce qui fait la grandeur de notre destinée. Rien ne résiste au contact d'une pareille doctrine; pour elle, il n'y a plus au monde que métier et marchandise; les idées, les affections, les devoirs, elle *industrialise* tout. Parle-t-elle des beaux-arts, elle tombe aussitôt dans l'exploitation des théâtres. Parle-t-elle des travaux de l'ordre intellectuel, elle met au premier rang des conditions essentielles pour y réussir le talent des affaires, c'est-à-dire le talent de juger de l'utilité d'une entreprise et de la conduire avec habileté; oubliant que presque tous les grands génies auxquels les sciences doivent leurs plus belles conquêtes ont manqué de cette habileté, et que c'est par des tentatives qu'un homme doué du talent des affaires aurait traitées de folies, qu'ils sont parvenus aux découvertes qui ont illustré leurs noms. Parle-t-elle du sacerdoce, le génie des affaires tient encore une des premières places. Une des qualités les plus nécessaires au prêtre est le talent d'ac-

1. II, p. 93.

commoder ses enseignements aux idées du temps. Les religions sont choses utiles ; elles méritent de prendre place parmi les arts de la société industrielle, et ce serait bien dommage que des prêtres, peu habiles aux affaires, les compromissent, en se mettant en tête d'aller, par exemple, heurter cette respectable *passion du bien-être*, qui de nos jours est, suivant l'auteur, un si puissant moyen de civilisation[1].

Et qu'on ne croie pas que nous exagérions à plaisir en parlant de *la passion du bien-être*, et en la présentant comme un des plus puissants mobiles de la civilisation dans la théorie sociale dont nous exposons les principes. Le passage qui suit prouve que nous n'avons fait qu'employer les expressions même de l'auteur :

« De toutes les vertus privées, celle qui est la plus nécessaire à l'homme industrieux, celle qui lui donne successivement toutes les autres, c'est *la passion du bien-être*, c'est un désir violent de se tirer de la misère et de l'abjection, c'est cette émulation et cette dignité tout à la fois qui ne lui permettent pas de se contenter d'une situation inférieure toutes les fois que, par un travail honorable, il voit la possibilité de s'élever à un état meilleur. Ce sentiment, qui semble si naturel, est malheureusement beaucoup moins commun qu'on ne pense. Il est peu de reproches que la très grande généralité des hommes méritent moins que celui que leur adressent les moralistes ascétiques, d'être trop amis de leurs aises, de se donner trop de soins pour augmenter leurs moyens de jouissance

1. Voy. III, p. 310 et suiv.

et de bonheur. On leur adresserait le reproche contraire avec infiniment plus de justice[1]. »

La civilisation par la passion du bien-être, et, comme conséquence de ce principe, la loi économique, loi suprême et universelle de la société, voilà les deux idées qui résument tout le livre de Dunoyer.

Ici le rapprochement avec les doctrines de l'école socialiste est frappant. Quelles que soient les dissidences qui séparent les chefs de cette école, ils s'accordent tous sur ces deux points fondamentaux de leur symbole : tous voient la civilisation dans l'extension du bien-être et tous mettent la science sociale dans la science de la richesse. Consultez Saint-Simon, Fourier, Proudhon, ou n'importe qui de leurs disciples, ils vous répondront tous de la même façon. Leurs livres ne sont que le développement de ces deux propositions essentielles; ils ne diffèrent que sur les moyens d'exécution. Toutefois, nous sommes bien loin, qu'on veuille le remarquer, d'établir aucune assimilation entre Dunoyer et les socialistes. Ceux-ci n'hésitèrent pas à tirer de leurs principes sensualistes les dernières et les plus effroyables conséquences; Dunoyer, tout en adoptant ces principes, n'est conséquent qu'à demi; la droiture de ses intentions ne lui permet pas de l'être davantage. Bien qu'il professe des doctrines qui conduisent inévitablement à l'esclavage de tous envers l'État, Dunoyer n'a jamais cessé d'aimer sincèrement, et même jusqu'à l'excès, la liberté. Son livre tout entier l'atteste. D'ailleurs on y rencontrepartout le respect le plus vrai pour la propriété; nous dirions aussi pour la famille, si nous pouvions ou-

1. T. II, p. 80.

blier certaine circulaire des plus malheureuses, par laquelle Dunoyer, alors préfet du département de la Somme, engageait les ouvriers à éviter, avec un soin extrême, de rendre leur mariage plus fécond que leur industrie.

Dunoyer était assurément le plus honnête homme du monde, mais un honnête homme à qui les théories utilitaires et libérales avaient fait tourner la tête, et qui débitait, avec une parfaite bonne foi et du plus grand sérieux, les extravagances qu'on vient de lire. Il faut ajouter, pour tout dire, que plus d'un, parmi les adeptes de l'école économique, l'ont lu et goûté avec la même bonne foi et le même sérieux. Nous en rencontrerons, un peu plus loin, un exemple notable. Combien, parmi les mieux intentionnés, n'ont point aperçu l'abîme où conduit fatalement la doctrine sensualiste et libérale, ou ne l'ont aperçu qu'au moment où la société courait risque d'y être engloutie! Et qui ne voit qu'il y a, aujourd'hui encore, parmi les hommes les plus honnêtes, et même les plus intelligents, de pareilles illusions?

CHAPITRE IX

Bastiat.— Impuissance du sensualisme économique contre le socialisme. Les contradictions de l'économie utilitaire.

L'économie politique utilitaire, libérale et conservatrice nous donne, dans les écrits de Dunoyer, son dernier mot. Déjà, au moment où paraissait le livre *De la liberté du travail*, elle était aux prises avec le socialisme. On sait quelles proportions cette lutte atteignit après 1848. Ce sera toujours pour les économistes un titre d'honneur d'avoir combattu, avec une énergie qu'on ne saurait trop louer, les tentatives révolutionnaires dont leurs doctrines étaient la source première, mais que repoussaient la droiture de leur caractère et leur sincère amour de l'ordre. Mais à des luttes semblables les bonnes intentions et le courage même ne suffisent pas, il faut des principes.

Nul, parmi les économistes, ne fut engagé contre les socialistes plus avant que Bastiat; nul, par la dextérité de sa dialectique et la verve spirituelle de sa parole, n'était mieux fait pour les réduire à reconnaître l'empire de la justice et du bon sens; et pourtant nul n'y a plus manifestement échoué. Comment aurait-il pu avoir raison des socialistes, alors qu'ils ne faisaient que tirer logiquement les conséquences des principes utilitaires et sensualistes que lui-même professait dans ses écrits et acceptait pour point de départ de toute la controverse?

C'est avec regret que nous appliquons à Bastiat les épithètes d'utilitaire et de sensualiste. Bastiat fut toujours animé du plus sincère amour de la justice : il était dominé d'un désir de faire le bien et d'empêcher le mal, qui allait jusqu'à la passion. Sa nature généreuse était faite pour comprendre la vérité chrétienne et pour la défendre; les préjugés au milieu desquels il vivait avaient mis entre cette vérité et lui des nuages qui ne se dissipèrent qu'à la fin. Quelque temps avant sa dernière heure, à Rome, où il n'avait pu trouver la santé qu'il y était allé chercher, et où il avait trouvé la lumière qu'il n'y cherchait pas, il protestait que, si Dieu lui prêtait vie, il emploierait ses forces à développer les harmonies chrétiennes de l'économie politique[1]. Il ne lui fut point donné d'accomplir ce vœu; il ne nous reste malheureusement de lui que des écrits où les lois qui régissent la production et la distribution des richesses sont exposées avec un rare talent, mais où règnent les doctrines qui, depuis un siècle, exercent une si funeste influence sur l'économie politique.

Par sa philosophie, Bastiat appartient à l'école des physiocrates. Pour lui comme pour eux, le but suprême de l'homme, c'est la satisfaction. Le principe de toute civilisation, c'est le développement indéfini des besoins de toute

1. Proudhon confirme, en la jugeant à sa façon, cette conversion de Bastiat : « Infortuné Bastiat! il est allé mourir à Rome, entre les mains des prêtres. A son dernier moment il s'écriait comme Polyeucte : *Je vois, je sais, je crois, je suis chrétien!* Que voyait-il? Ce que voient tous les mystiques qui s'imaginent posséder l'esprit parce qu'ils ont sur les yeux le bandeau de la foi : que le paupérisme et le crime sont indestructibles, qu'ils entrent dans le plan de la Providence, etc. » *La justice dans la révolution et dans l'Église*, t. I, p. 29, 1re édit.

sorte, de ceux de l'ordre matériel aussi bien que de ceux de l'ordre immatériel. Une fois ce principe admis, les lois de l'harmonie, ou, comme disent les physiocrates, les lois de l'ordre naturel, exigent que les besoins toujours croissants de l'homme trouvent des moyens toujours croissants de satisfaction.

« La civilisation serait inexplicable, dit Bastiat, si, à côté du développement indéfini des besoins, ne venait se placer, comme possible, le développement indéfini des moyens d'y pourvoir. Qu'importerait, pour la réalisation du progrès, la nature expansible des besoins, si, à une certaine limite, nos facultés ne pouvaient plus avancer, si elles rencontraient une borne immuable?

» Ainsi, à moins que la nature, la Providence, quelle que soit la puissance qui préside à nos destinées, ne soit tombée dans la plus choquante, la plus cruelle contradiction, nos désirs étant indéfinis, la présomption est que nos moyens d'y pourvoir le sont aussi.

» Je dis indéfinis et non point infinis, car rien de ce qui tient à l'homme n'est infini. C'est précisément parce que nos désirs et nos facultés se développent dans l'infini, qu'ils n'ont pas de limites assignables, quoiqu'ils aient des limites absolues. On peut citer une multitude de points, au-dessus de l'humanité, auxquels elle ne parviendra jamais, sans qu'on puisse dire pour cela qu'il arrivera un instant où elle cessera de s'en rapprocher.

» Je ne voudrais pas dire non plus que le désir et le moyen marchent parallèlement et d'un pas égal. Le désir court, et le moyen suit en boitant.

» Cette nature prompte et aventureuse du désir, comparée à la lenteur de nos facultés, nous avertit qu'à tous les degrés de la civilisation, à tous les échelons du progrès, la souffrance, dans une certaine mesure, est, et sera toujours, le partage de l'homme. Mais elle nous enseigne aussi que cette souffrance a une mission, puisqu'il serait impossible de comprendre que le désir fût l'aiguillon de nos facultés, s'il les suivait au lieu de les précéder. Cependant n'accusons pas la nature d'avoir mis de la crûauté dans ce mécanisme, car il faut remarquer que le désir ne se transforme en véritable besoin, c'est-à-dire en désir douloureux, que lorsqu'il a été fait tel par l'habitude d'une satisfaction permanente, en d'autres termes, quand le moyen a été trouvé et mis irrévocablement à notre portée[1] ».

Comme les physiocrates, Bastiat voit dans l'intérêt personnel le grand ressort des sociétés humaines. « Est-il vrai, se demande-t-il, que les intérêts soient naturellement antagoniques, qu'une cause irrémédiable d'inégalité se développe fatalement sous l'influence de l'intérêt personnel, et que dès lors Dieu se soit manifestement trompé, quand il a ordonné que l'homme tendrait vers le bien-être[2] ? » Tout son livre sur les harmonies économiques a pour but d'établir que les intérêts sont naturellement harmoniques.

Dupont de Nemours voyait dans la science des intérêts « la science de la vie humaine, qui donne une vraie base à la morale en offrant un point de réunion à des intérêts contradictoires en apparence[3] ». Telle est aussi la pensée

1. *Les harmonies économiques*, édit. in-8° de 1850, p. 91.
2. *Ibid*, p. 57.
3 *Abrégé des principes de l'économie politique*, p. 383 de l'édit. des physiocrates de Guillaumin.

que Bastiat développe dans le passage suivant ; il n'y a de changés que les termes. C'est la pensée des physiocrates habillée à la mode du XIXe siècle.

« L'homme a d'autant plus de chance de prospérer qu'il est dans un milieu plus prospère. De toutes les harmonies qui se rencontrent sous ma plume, celle-ci est certainement la plus importante, la plus belle, la plus décisive, la plus féconde. Elle implique et résume toutes les autres... Si la prospérité de tous est la condition de la prospérité de chacun, nous pouvons nous fier non seulement à la puissance économique de l'échange libre, mais encore à sa force morale. Il suffira que les hommes comprennent leurs vrais intérêts pour que les restrictions, les jalousies industrielles, les guerres commerciales, les monopoles, tombent sous les coups de l'opinion ; pour qu'avant de solliciter telle ou telle mesure gouvernementale on se demande non pas : « quel bien m'en reviendra-t-il ? » mais « quel bien en reviendra-t-il à la communaté ? » Cette dernière question, j'accorde qu'on se la fait quelquefois en vertu du principe sympathique ; mais, que la lumière se fasse, et on se l'adressera aussi par intérêt personnel. Alors il sera vrai de dire que les deux mobiles de la nature concourent vers un même résultat : le bien général, et il sera impossible de dénier à l'intérêt personnel, non plus qu'aux transactions qui en dérivent, du moins quant à leurs effets, la puissance morale[1] ».

Dans la pensée de Bastiat, la morale, qui dérive du principe sympathique, se confond avec la science des in-

1. *Harmonies économiques*, p 145, 146

térêts[1]. Il comprend que la destinée de l'homme est une, et que, si l'intérêt personnel est sa loi naturelle, le principe sympathique ne peut rien lui commander qui ne soit d'accord avec les conseils de l'intérêt. « L'ingénieuse nature peut avoir arrangé l'ordre social de telle sorte que des actes destitués de moralité dans leur mobile (l'intérêt), aboutissent néanmoins à des résultats moraux[2]. »

Suivant cette théorie, l'intérêt personnel suffit au gouvernement de la société, et la morale devient superflue. Elle n'est, comme tout ce qui dérive du principe sympathique, qu'un ornement destiné à embellir la vie humaine, et dont la société pourrait se passer sans périr. Aussi l'économie politique, science des intérêts, est-elle, pour Bastiat comme pour Dunoyer, la science sociale universelle. La science économique embrasse toutes nos satisfactions, « lesquelles sont la résultante du mécanisme entier (c'est-à-dire de l'organisation sociale). C'est par le plus ou moins de satisfactions physiques, intellectuelles et morales, dont jouit l'humanité, que nous reconnaissons si la machine fonctionne bien ou mal... M. Dunoyer, dans son beau livre *sur la liberté du travail*, a fait entrer, et cela avec toute la rigueur scientifique, nos facultés morales parmi les éléments auxquels nous devons nos richesses; c'est une idée neuve et féconde autant que juste; elle est destinée à agrandir et à ennoblir le champ de l'économie politique[3]. »

D'après les physiocrates, sous l'empire des lois de l'ordre naturel, le monde va de lui-même; il n'y a qu'à laisser la

1. *Harmonies économiques*, p. 72.
2. *Ibid.* p. 143 et 144.
3. *Ibid.* p. 104 et 108.

liberté humaine se diriger d'après les conseils de l'intérêt personnel, pour que tous parviennent à la plus grande somme possible de jouissances. Bastiat ne fait que reproduire leur pensée, quand il dit : « Laissons les hommes travailler, échanger, apprendre, s'associer, agir et réagir les uns sur les autres, puisque aussi bien, d'après les décrets providentiels, il ne peut jaillir de leur spontanéité intelligente qu'ordre, harmonie, progrès, le bien, le mieux, le mieux encore, le mieux à l'infini [1]. »

Telle est bien la formule rigoureuse de tout libéralisme, la formule du laissez-faire et laissez-passer, la grande et pernicieuse illusion de la liberté en toutes choses, à laquelle beaucoup d'économistes donnent, dans leurs systèmes, une si grande place, et dont les économistes radicaux tirent aujourd'hui les dernières conséquences, à propos du crédit et des banques, de la liberté commerciale, du travail des femmes et des enfants, et de bien d'autres questions. C'est le principe que nous retrouverons, avec tout ce qu'une rigoureuse logique en peut faire sortir, dans les théories de Proudhon.

Comme les physiocrates, Bastiat aime à parler de la Providence, de la sagesse éternelle qui a disposé toutes les parties de la *mécanique sociale*. « L'harmonie des intérêts est religieuse, car elle nous dit que ce n'est pas seulement la mécanique céleste, mais aussi la mécanique sociale, qui révèle la sagesse de Dieu et raconte sa gloire. » Toutefois on se tromperait fort, si l'on croyait que cette religion de l'harmonie des intérêts ait rien de commun avec aucune des religions pratiquées par l'humanité. Toutes les

1. *Harmonies*, p. 12.

religions reconnaissent, avec plus ou moins de force et prêchent la nécessité du sacrifice. La doctrine de l'harmonie des intérêts la repousse; elle ne voit dans le principe du sacrifice « qu'*un appel au désespoir résigné*[1] ». Suivant cette doctrine, un seul culte est vrai et digne de la sagesse qui a ordonné le monde : le culte des intérêts. Tous les autres sont la négation des lois providentielles de l'ordre social; ils introduisent l'*antagonisme* là où la Providence a mis l'*harmonie*.

A la vérité, Bastiat parle quelquefois de l'empire de l'homme sur lui-même, de la modération dans les désirs; mais cette modération n'a rien de commun avec la loi du sacrifice, reconnue par toutes les religions et acceptée par toute philosophie vraiment spiritualiste. Il n'y a pas là autre chose que cet art de jouir dont nous avons déjà trouvé les principes dans les écrits de J.-B. Say. Le sensualisme en tire un caractère d'élégance, de bon goût et de délicatesse, que beaucoup d'économistes prennent sérieusement pour du spiritualisme, mais qui n'est au fond que la doctrine d'Épicure, renouvelée des Grecs et de bien d'autres.

Si le principe de l'intérêt personnel et du développement indéfini des satisfactions est la base de l'organisation sociale, ce sera dans ce principe qu'il faudra chercher la raison du droit de propriété. La propriété ne sera que le moyen de donner satisfaction à ce désir de jouissances qui est le grand et légitime ressort de l'activité humaine. « Pour déterminer l'homme au travail, il faut un mobile, ce mobile c'est la satisfaction qu'il en a vue, ou la propriété[2]. »

1. *Harmonies*, p. 11 et 12.
2. *Ibid.*, p. 298.

Satisfaction ou propriété, c'est donc la même chose. L'école des physiocrates ne voyait aussi dans la propriété que le droit de jouir. Mais, nous l'avons déjà dit à propos de cette école, quand on admet cette idée, il faut reconnaître que, tous ayant un droit égal à la satisfaction, tous ont un droit égal à la propriété des choses propres à la satisfaction, sous la seule condition de les acquérir par le travail.

Suivant Bastiat, besoins, efforts, satisfaction, voilà l'homme. C'est par l'effort, en d'autres termes, par le travail, que l'homme parvient à la satisfaction et accomplit sa destinée, laquelle est toute dans la jouissance. Avec un pareil système, quelle raison pourrait-on alléguer pour accorder à l'un plutôt qu'à l'autre un droit de propriété, c'est-à-dire un droit à des satisfactions, lorsque ces satisfactions n'ont pas été achetées par le travail? Tous les hommes ne sont-ils pas naturellement égaux, et la justice n'exige-t-elle pas que, tous ayant la même destinée, tous aient des moyens égaux d'accomplir cette destinée? Accorder à certains hommes, à l'exclusion des autres, la jouissance des dons gratuits de la nature, c'est violer tous les principes de la justice et placer la spoliation sous la protection des lois.

Il est vrai qu'à cela les sensualistes répondent que, sans la propriété, le travail perdrait son énergie; que le stimulant de l'intérêt personnel est nécessaire pour pousser l'homme dans la voie des améliorations matérielles, qui profitent en définitive à tout le monde; que la propriété accordée à quelques-uns tourne à l'avantage de tous, et qu'elle contribue à accroître la somme des satisfactions attribuées à chacun des membres de la société.

Telle était la pensée des physiocrates, telle est aussi la pensée de Bastiat, quand il dit que la tendance de l'esprit de propriété, c'est-à-dire du désir des satisfactions, c'est de réaliser de plus en plus la communauté, en substituant l'utilité gratuite à l'utilité onéreuse, au moyen des perfectionnements dans les procédés du travail. Mais on a beau insister sur les avantages de la propriété au point de vue de la satisfaction, il n'en reste pas moins vrai que, tant que subsiste le principe de la propriété privée, il y a des hommes qui, sans le moindre travail, voient continuellement s'accroître la somme de leurs jouissances, tandis que d'autres ont peine à trouver, dans les plus rudes labeurs, de quoi satisfaire leurs besoins de chaque jour.

Peut-on dire qu'une organisation sociale qui entraîne de pareilles conséquences soit conforme aux lois de l'ordre naturel? La nature, en créant tous les hommes égaux, en leur donnant à tous la satisfaction pour fin dernière, n'a pas pu les soumettre à des lois qui impliquent une si révoltante inégalité. C'est l'homme qui a réglé les conditions iniques de ce partage. La raison nous dit qu'il faut de toute nécessité que la nature, qui a constitué l'homme en vue de la satisfaction, lui ait en même temps donné les moyens de réaliser cette fin. Le moment est venu, dit-on, de chercher ces moyens et d'assurer le règne de la justice et de l'égalité dans les jouissances, vers lequel la marche progressive de la civilisation pousse invinciblement l'humanité.

Rien de plus logique que cette argumentation par laquelle les socialistes, en prenant pour point de départ le principe des économistes, établissent la nécessité d'une réforme radicale de l'organisation sociale. On ne peut échapper à leurs conclusions qu'en substituant au principe du développement indéfini des besoins le principe du sacrifice, ou bien en soutenant que les dons gratuits de la nature ne font jamais l'objet d'un droit de propriété.

Les économistes sensualistes sont donc dans l'alternative, ou de renoncer au principe fondamental de leurs doctrines, ou de nier un fait dont l'évidence saute aux yeux, et que reconnaissent tous les économistes. C'est ce dernier parti que prend Bastiat. Il essaye de prouver que ce n'est pas pour les dons gratuits de la nature que le propriétaire exige une rétribution de ceux à qui il cède l'usage de sa propriété, mais seulement parce qu'il leur rend un service, en leur prêtant un agent de production qu'ils ne pourraient remplacer que par une dépense de travail supérieure au prix payé pour l'usage de la propriété.

Suivant Bastiat, même dans les cas de monopole naturel, ce ne sont jamais les dons gratuits de la nature qui s'échangent, mais les services. L'homme qui a trouvé à ses pieds un diamant et qui le vend mille francs, bien qu'il n'ait eu que la peine de le ramasser, ne se fait pas payer l'utilité gratuite que la nature a mise dans ce diamant; il se fait payer le service qu'il rend à l'acquéreur du diamant, en lui évitant la peine de se livrer lui-même à une recherche qui pourrait l'occuper pendant des années.

Tous les monopoles naturels, y compris celui du propriétaire foncier, se justifient de la même façon. La nature a donné à certaines terres une fécondité telle qu'avec une quantité déterminée de travail, on obtient de ces terres un produit supérieur à celui que rendent, pour le même travail, des terres d'une fertilité moindre; la rente payée dans ce cas au propriétaire n'est que la rémunération d'un service rendu par lui. En effet, les producteurs qui ont besoin des terres ne pourraient se soustraire au payement de cette rente qu'en appliquant leur travail à des terrains de qualité inférieure, qui ne leur donneraient qu'un produit beaucoup moindre; il arriverait alors que, par la difficulté plus grande de la culture sur ces terres, ils perdraient probablement beaucoup plus que la somme payée au propriétaire pour l'usage de la terre fertile. C'est donc un véritable service que rend ici le propriétaire, et ceux qui le lui payent sous forme de rente, bien loin de perdre à cet arrangement, y trouvent au contraire un avantage incontestable.

Il suffit d'un moment d'examen pour se convaincre que toute cette théorie des services, et la justification de la propriété que l'auteur essaye d'en tirer, ne reposent que sur une subtilité.

On aura beau dire que le possesseur exclusif d'une utilité gratuite, comme le diamant ou comme la force productive de la terre, rend un service en la cédant ou en la prêtant; il n'en reste pas moins vrai que cette utilité ne lui coûte à lui aucun effort, aucun travail; or, c'est par l'effort que, dans l'ordre naturel, suivant Bastiat lui-même, l'homme doit arriver à la satisfaction. Ce n'est donc pas, diront les socialistes, par l'ordre de la nature, mais seulement par une disposition de la loi civile, que certains hommes sont détenteurs exclusifs d'utilités créées par la Providence pour l'avantage de tous. Les prétendus services qu'ils rendent, en cédant ces utilités à autrui, n'ont leur raison que dans les arrangements arbitraires de la loi humaine; ces arrangements, la loi naturelle, la loi de justice et d'égalité les proscrit. Ces services, sur lesquels on prétend fonder le droit du propriétaire, il n'y a personne qui n'aspire au droit de les rendre, car ce droit constitue un avantage exempt de tout sacrifice.

Il y a, au fond de toute cette justification de la propriété par la théorie des services, le plus étrange sophisme. Suivant cette théorie, la propriété est le moyen de réaliser la satisfaction; la satisfaction doit suivre l'effort; l'effort fait par une personne peut être appliqué à la satisfaction d'une autre personne, par le troc que ces deux personnes peuvent faire des résultats de leurs efforts respectifs; c'est ce qui constitue l'échange des services. Mais, que se passe-t-il lorsqu'un homme vend un diamant qu'il a trouvé sur son chemin, lorsqu'un propriétaire foncier perçoit une rente qui s'accroît d'année en année par le cours naturel des choses? Il n'y a, dit-on, qu'un échange de services dont la loi naturelle démontre la légitimité et la nécessité. On oublie qu'en raisonnant ainsi, on donne au mot *service* deux significations très différentes. On le prend tour à tour pour l'effort fait par la personne qui rend le service et pour l'effort épargné à la personne qui profite du service, bien que celui qui le rend ne se soit donné aucune peine. Il y a entre ces deux significations du terme *service* toute la différence qui sépare l'utilité gratuite de l'utilité onéreuse. On ne s'aperçoit pas qu'en les confondant, on essaye de justifier l'appropriation des utilités gratuites fournies par la nature, à l'aide d'arguments qui ne peuvent s'appliquer qu'aux utilités onéreuses créées par le travail.

C'est en vain qu'on prétendrait qu'il n'y a dans la rente de la terre que la rémunération du travail appliqué par le propriétaire, ou par ses auteurs, à l'amélioration de la terre. Cette assertion est contredite par un fait incontestable : c'est que, par le cours naturel des choses, le propriétaire voit son revenu s'augmenter, sans qu'il ait pris d'autre peine que celle de louer sa terre et d'en percevoir le fermage. Elle est contredite encore par ce fait, également incontestable, que deux terres, auxquelles on applique des quantités de travail égales, donnent des quantités de produit fort inégales, suivant leur fécondité naturelle. Comme le dit Bastiat lui-même, « de deux travaux appliqués au sol, l'un peut être beaucoup plus heureusement rémunéré que l'autre. » Il reste donc toujours vrai qu'une certaine part du revenu du propriétaire provient d'ordinaire d'une utilité créée par la nature, et non par le travail de l'homme.

Les conclusions que le socialisme, inspiré par le sensualisme, tire logiquement de ce fait, quant au droit de propriété privée, restent donc aussi inébranlables que les prémisses sur lesquelles elles reposent.

Pour peu qu'on voulût pousser plus loin l'argumentation, on établirait sans peine que les conséquences du principe de la satisfaction s'appliquent avec une égale force aux utilités gratuites que la nature a fixées dans les personnes, c'est-à-dire aux aptitudes particulières que possèdent certains hommes, et à l'aide desquelles ils peuvent, sans faire plus d'efforts que d'autres, produire plus qu'eux, ou produire des choses plus parfaites.

Si la propriété trouve sa raison dernière dans l'effort fait en vue de la satisfaction, quel droit peuvent avoir à une part plus grande de propriété ceux qui ne font pas plus d'efforts que les autres, alors qu'ils n'ont, par leur constitution, pas plus de droit qu'eux aux satisfactions que donne la propriété? Si la nature leur a donné une faculté de produire plus grande, ce n'est pas pour leur accorder un privilège sur les autres hommes, car elle les a créés tous égaux et elle n'admet entre eux d'autres inégalités, quant à leur fin dernière, que celles qui résultent de l'inégalité dans les efforts qu'ils font pour réaliser cette fin.

Dès lors, ce n'est plus par l'échange libre que se règle le revenu de chacun; il ne peut être déterminé que par une autorité chargée de constater l'effort accompli par chacun, et de répartir suivant cette mesure les utilités créées par le concours du travail et des forces gratuites que la nature a placées dans les choses ou dans les personnes. Une fois ce principe admis, la liberté disparaît avec la propriété, pour faire place au plus intolérable despotisme.

Ainsi, de quelque côté que l'on prenne les doctrines sociales qui s'appuient sur le sensualisme, elles aboutissent toujours à la négation de la liberté. Tandis que Bastiat conclut à la liberté illimitée, ses doctrines conduisent au despotisme illimité.

C'est en vain que Bastiat lutte contre les conséquences de ses propres principes; il a beau accumuler les subtilités, et nier les faits les mieux établis par l'économie politique, il ne peut rien changer aux lois fatales de la logique et il n'empêchera pas que tous les systèmes qui placent la fin de l'homme dans la jouissance n'aillent se perdre dans les impossibilités et les iniquités du socialisme.

On peut voir, à présent, si nous avions tort de dire, au début de ce travail, que l'économie sensualiste offre le spectacle d'une perpétuelle contradiction entre les principes philosophiques sur lesquels elle s'appuie et les vérités de fait établies par les travaux des économistes, quant aux conditions de la production et de la distribution de la richesse. Rappeler les questions que prétend résoudre le sensualisme économique, c'est dresser l'inventaire des contradictions économiques.

L'économie politique, telle que les conservateurs utilitaires l'ont faite, affirme que la société ne peut prospérer qu'avec la liberté et avec la propriété, tandis que l'application logique de ses principes sur la destinée humaine conduit à la destruction de la liberté et de la propriété.

Elle prétend constituer la société sur le principe de l'expansion harmonique de tous les intérêts et de l'association de toutes les forces, tandis que, par l'individualisme qu'engendre inévitablement le sensualisme, elle crée et entretient l'antagonisme des intérêts.

Elle démontre que le travail est l'agent principal de la production, la source la plus féconde de la prospérité des peuples, et elle ne voit pas qu'en faisant germer dans les masses la passion des satisfactions matérielles, elle leur ôte l'énergie morale d'où le travail tire sa puissance.

Elle établit que, sans le capital, il ne peut y avoir de production développée, que l'abondance du capital est une condition du bien-être des classes ouvrières auxquelles il fournit du travail, et en même temps elle repousse l'esprit de renoncement sans lequel l'économie, qui amasse les capitaux, ferait bientôt place à la prodigalité, qui les dissipe.

En exposant les lois du développement de la population, l'économie utilitaire insiste, souvent plus qu'il ne faudrait, sur la nécessité d'une force sociale capable de contenir l'humanité dans ses limites nécessaires, et, d'un autre côté, en affirmant que l'abnégation est une vertu inutile à l'homme, elle lui enlève la force morale sans laquelle il ne peut se rendre maître de ses passions.

De ses principes sur la production de la richesse il résulte, avec la dernière évidence, que la richesse ne s'accroît que lentement, de telle sorte qu'il y a toujours un grand nombre d'hommes dont les ressources égalent à peine les besoins, et, comme pour narguer, en les aggravant, les souffrances des classes sur lesquelles pèse cette dure condition, elle pousse au développement indéfini des besoins.

Et, quand toutes les convoitises éveillées par la doctrine de la satisfaction tournent en attentats contre l'ordre social, quand la liberté et la dignité humaines sont près de périr sous l'effort des passions furieuses qui réclament, les armes à la main, l'accomplissement des promesses dont le sensualisme berce les hommes depuis un siècle, au milieu des angoisses de cette lutte entre la civilisation et la barbarie, que fait le matérialisme économique? Il se perd dans des dissertations oiseuses sur des questions cent fois rebattues, s'amuse à des jeux de mots, et cherche dans des subtilités puériles le remède aux poisons mortels que lui-même a répandus dans la société!

CHAPITRE X

John Stuart Mill. — Comment, sous l'empire des théories utilitaires, l'économie politique aboutit au socialisme.

Il est des esprits trop bien doués du côté de la logique pour se résigner à des contradictions comme celles au milieu desquelles l'économie utilitaire et conservatrice cherche péniblement sa voie. S'il arrive qu'ils aient, avec cette qualité, un certain sentiment pratique de la vie sociale et des conditions de son équilibre, pour obéir à la logique sans se brouiller absolument avec le bon sens, ils rompront à demi avec les traditions de la société, et prendront une place intermédiaire entre l'école de la conservation économique et l'école socialiste.

Ainsi procède Stuart Mill, dans son grand traité d'économie politique publié à Londres il y a environ trente ans.

Cet ouvrage est comme la *Somme* de l'économie politique classique en Angleterre. Nulle part, les nombreuses et difficiles questions qu'embrasse la théorie de la production et de la distribution des richesses n'ont été exposées avec plus de pénétration pour l'analyse et de rigueur pour la déduction.

Mill évite avec soin l'erreur que nous avons signalée chez plusieurs économistes anglais, laquelle consiste à faire de l'économie politique une science d'abstractions.

Pour lui, l'économie politique est avant tout une science expérimentale, ayant toujours en vue le bonheur des hommes, pour qui la richesse est faite; mais il ne comprend pas que ce bonheur est ailleurs que dans la poursuite des satisfactions de la vie, et que l'homme n'est pas le maître de se l'assurer par les seules combinaisons de son intelligence appliquée à la recherche de l'utile.

Sans doute Mill ne propose pas comme l'idéal du progrès social l'expansion indéfinie des cupidités, qui tiennent dans la vie contemporaine une si grande place. Il ne témoigne que de l'éloignement pour la société telle que l'industrialisme la voudrait faire. Mais il ne va pas jusqu'à admettre le seul principe qui puisse poser des bornes à ces cupidités de l'industrialisme, le principe du sacrifice. Ce qu'il blâme surtout, c'est l'importance accordée à la fortune comme moyen d'ostentation et de pouvoir. Ce qu'il proscrit dans l'industrialisme, c'est cette fureur de s'enrichir, qui, ne laissant aux hommes aucune trêve, ne leur permet pas de goûter en paix ce qui fait, d'après lui, leur véritable félicité : le repos et la dignité dans la possession d'un bien-être suffisant. « Je ne suis pas enchanté, dit-il, de l'idéal de vie que nous présentent ceux qui croient que l'état normal de l'homme est de lutter sans fin pour se tirer d'affaire, que cette mêlée où l'on se foule aux pieds, où l'on se coudoie, où l'on s'écrase, où l'on se marche sur les talons, et qui est le type de la société actuelle, soit la destinée la plus désirable pour l'humanité, au lieu d'être simplement une des phases désagréables du progrès industriel. Les États du nord et du centre de l'Amérique sont un spécimen de cette période de civilisation dans les circonstances les plus favorables. La vie de tout un sexe y est employée à courir après les dollars, et la vie de l'autre à élever des chasseurs de dollars. Ce n'est point là une perfection sociale dont la réalisation puisse devenir le but des philanthropes à venir[1]. »

Mill n'est donc pas utilitaire à la façon des disciples de J.-B. Say et des économistes de l'école anglaise en général. L'utilité est pour lui quelque chose de plus élevé que ce qu'un grand nombre d'économistes appellent l'utile. Il nous la présente, dans son ouvrage *sur la liberté*, comme « la solution suprême de toute question morale » ; mais, il ajoute aussitôt : « ce doit être l'utilité dans le sens le plus étendu du mot, l'utilité fondée sur les intérêts permanents de l'homme, comme être progressif[2]. » Dans l'écrit que le célèbre économiste a publié, en 1864, sous ce titre : *Utilitarianism*, il pose en ces termes la règle de conduite de l'humanité : « Selon le principe de la recherche du plus grand bonheur, la fin dernière en vue de laquelle et pour l'amour de laquelle toutes les autres choses sont désirables (soit que nous considérions notre bien propre ou le bien des autres) est une existence aussi affranchie que possible de toute peine, et aussi bien fournie que possible de toutes les satisfactions, tant pour la qualité que pour la quantité[3] ».

C'est, moins la verve et l'esprit, et avec toute la gravité d'un Anglais économiste et philosophe, la même théorie que nous avons rencontrée dans les écrits de Bastiat. Seulement ce dernier résiste tant qu'il peut aux conséquences de sa doctrine. Ces conséquences, l'économiste anglais les accepte

1. *Principles of political economy*, 1re édit., London, 1848, tome II, p. 308.

2. *De la liberté*, trad. de M. Dupont-White, p. 19.

3. *Utilitarianism*, 2e édit., London 1864, p. 17, 62, 95.

avec autant de flegme que le français met de vivacité et de prestesse à s'y dérober.

Pour Stuart Mill, toutes les difficultés que présente l'amélioration du sort du grand nombre se résument dans la question de la population. Sur cette question, il embrasse la doctrine de Malthus, c'est à l'intérêt personnel qu'il fait appel. Il compte beaucoup sur la force de l'opinion pour généraliser l'habitude de la contrainte morale. Il croit que si les classes ouvrières comprenaient que la source de leurs maux est dans la surabondance des bras, ce serait une opinion reçue parmi ces classes que l'homme, qui a un nombre d'enfants plus considérable que ne le comporte l'état de la société, mérite le blâme de ses concitoyens, puisqu'il contribue à rendre l'existence plus dure pour les autres hommes. Il pense que la crainte de l'opinion, si puissante sur les déterminations des hommes, suffirait pour assurer la pratique de la contrainte morale, et que l'opinion trouverait un auxiliaire puissant dans la grande majorité des femmes. « Ce n'est pas, dit-il, par la volonté des femmes que les familles sont trop nombreuses. C'est sur elles que retombe ce qu'il y a de plus lourd dans les embarras domestiques qu'entraîne un trop grand nombre d'enfants ; la plus grande partie des femmes considéreraient comme un bienfait d'en être délivrées. Aujourd'hui elles ne se hasardent pas à élever des plaintes à ce sujet, mais elles en feraient bientôt entendre, si elles se sentaient appuyées par l'opinion. Parmi les barbaries auxquelles la morale et les lois accordent encore leur sanction, il n'en est pas de plus révoltante que de donner à quelqu'un un droit sur la personne d'un autre. Si les classes ouvrières étaient généralement convaincues que leur bien-être dépend de la réserve qu'elles s'imposent dans l'accroissement de leurs familles, tout ce qu'il y a parmi elles d'hommes respectables et rangés se conformeraient à cette prescription morale; elle ne serait enfreinte que par ceux qui ont l'habitude de faire peu de cas des obligations sociales; alors serait parfaitement justifiée la mesure qui convertirait en obligation légale l'obligation morale de s'abstenir de mettre au monde des enfants qui sont un fardeau pour la société; on ne ferait dans ce cas que ce que l'on fait dans bien d'autres, lorsque, suivant le progrès de l'opinion, on impose, par la sanction légale, aux minorités récalcitrantes, le respect de certaines obligations, qui ne peuvent avoir d'effet utile que si elles sont observées par la généralité, et auxquelles se soumettent volontairement, par le sentiment de leur utilité, la plus grande partie des membres de la société[1]. »

Ces énormités sont la chose du monde la plus simple, pour qui pose en principe, « que la fin dernière de toute activité humaine doit être une existence aussi affranchie que possible de toute peine, et aussi bien fournie que possible de toutes les satisfactions, et que l'utilité est la solution suprême de toute question morale. » On retrouve ici, sous les formes du langage scientifique, quelque chose de ce socialisme féminin, dont les impudentes manifestations ont plus d'une fois révolté la conscience publique. Sans doute, l'éminent économiste, dont nous analysons les doctrines, est bien loin de semblables égarements. Toutefois, on ne peut s'empêcher de regretter certaines tendances qui s'accusent dans un de ses derniers écrits : *L'assujettissement des femmes*.

1. *Principles*, t. I, p. 445.

Avec de pareilles doctrines, que devient la société domestique, telle que huit siècles de civilisation chrétienne l'ont faite? Comment la famille, où tout vit et s'inspire de l'esprit de sacrifice, pourrait-elle rester forte, digne et féconde, là où règne la doctrine de l'intérêt? Et dans la société publique, que devient la liberté individuelle, ainsi atteinte en ce qu'elle a de plus délicat et de plus nécessaire? Mais qu'importent la fécondité, la dignité, la liberté, quand on a le bien-être?

Ce n'est pas assez, pour assurer le bien-être, d'avoir dégradé et désorganisé la famille, et d'avoir en même temps sacrifié la liberté individuelle; il faudra encore ébranler la propriété. Toutes ces choses se tiennent par un lien intime, et il n'y a pas de système socialiste qui ne les attaque en même temps.

Mill reconnaît qu'il ne suffit pas, pour former l'opinion sur les inconvénients d'une famille trop nombreuse, de diriger dans ce sens l'éducation des classes ouvrières. Comme tous les économistes de l'école utilitaire, il est convaincu que le seul moyen d'arrêter le progrès désordonné de la population, c'est de donner aux classes inférieures un certain degré d'aisance. On aura beau recommander la prudence aux hommes, ils ne pourront en saisir les avantages tant qu'ils resteront plongés dans la misère. Comment faire comprendre le prix du bien-être à des gens qui n'en ont jamais goûté les douceurs? On ne peut donc rien faire de sérieux et de durable pour l'amélioration des masses, si l'on ne parvient, par quelque grande mesure politique, à accroître en peu de temps leurs ressources, de manière qu'elles ressentent vivement les heureux effets de ce changement de condition. Alors elles se trouveront en état d'apprécier le bien-être à sa juste valeur, et elles ne risqueront plus de le perdre en multipliant le nombre de leurs enfants au-delà de ce que comporte l'état de la société.

Comme on voit, la difficulté pratique est grave; on peut même dire qu'elle est insurmontable, si on ne sort pas des moyens qu'autorise l'ordre régulier des sociétés. Les deux moyens qui s'offrent les premiers à la pensée sont la colonisation et la création d'une classe de petits propriétaires par le partage des terrains communs. Quant à ce dernier expédient, son application serait nécessairement renfermée dans des limites trop étroites pour qu'on pût en espérer ces effets prompts et considérables, sans lesquels il manquerait son but. La colonisation peut sans doute être utilement mise en œuvre dans des proportions restreintes; mais les résistances de l'ordre moral et les difficultés de l'ordre matériel, qu'elle rencontre à chaque pas, ne permettent pas de la réaliser en peu de temps sur une échelle assez vaste pour qu'il en puisse résulter une transformation soudaine dans l'état des classes inférieures.

Il est impossible d'appeler tout d'un coup aux jouissances du bien-être la plus grande partie des classes souffrantes, sans porter atteinte au principe de la propriété privée. Mill ne va pas jusqu'à proposer directement d'opérer en Angleterre la dépossession des grands propriétaires au profit des travailleurs, mais il pose tous les principes qui peuvent justifier une pareille mesure.

Ce n'est pas l'abolition de la propriété privée que Mill réclame, il demande seulement que, tout en conservant le principe, on en fasse une meilleure application. « Il faut perfectionner le système de la propriété privée et faire en sorte que tous les membres de la communauté participent à ses bienfaits. Dans aucun pays, ce système n'a été jusqu'à cette heure soumis à un équitable examen... Jusqu'à présent on n'a pas encore vu les lois de la propriété d'accord avec les principes sur lesquels repose la justification de la propriété. Ces lois font entrer dans la propriété des choses qu'on n'aurait jamais dû y comprendre; elles donnent des droits absolus de propriété là où il faudrait n'accorder que des droits restreints. Le principe même de la propriété privée s'oppose à ce que tous soient placés sur un pied d'égalité parfaite; mais si tous les soins qu'on a pris pour aggraver les inégalités qui sortent naturellement de ce principe, avaient été employés à tempérer cette inégalité, par tous les moyens auxquels on peut avoir recours sans renverser le principe même; si la tendance de la législation avait été de favoriser la diffusion de la richesse, au lieu de chercher à la concentrer, d'encourager la subdivision des grandes propriétés au lieu de s'efforcer de les laisser intactes, on n'aurait jamais pensé à trouver aucun rapport entre le principe de la propriété individuelle et les calamités sociales qui poussent tant d'esprits à recourir à des moyens désespérés [1]. »

Par quelle mesure parviendra-t-on à mettre d'accord l'application du principe de la propriété avec les motifs qui justifient ce principe, et à faire participer la grande majorité des hommes aux avantages de la propriété? Mill s'arrête d'abord à un nouveau système sur la transmission des biens par succession : « Si j'avais à faire un code de lois, suivant les principes qui me paraîtraient les meilleurs en eux-mêmes, sans m'inquiéter des opinions et des affections dominantes dans la société, je poserais une limite, non pas

1. *Ibid.*, t. I, p. 253.

à la liberté de donner du testateur, mais à la faculté d'acquérir de celui qui reçoit par legs ou par droit d'hérédité. Toute personne pourrait disposer de sa fortune tout entière, mais personne ne pourrait la prodiguer pour enrichir un seul individu, au delà d'un maximum fixé à un taux qui répondrait à une existence indépendante et confortable. Les inégalités dans la propriété qui ont pour cause l'industrie, l'économie, la persévérance, les talents, et même les circonstances plus ou moins favorables, sont inséparables du principe de la propriété privée, et, puisque nous acceptons le principe, il faut bien en subir les conséquences. Mais je ne vois pas d'inconvénient à fixer une limite au delà de laquelle personne ne pourrait acquérir, par la seule bienveillance d'autrui, sans aucun exercice de ses facultés[1]. »

Mill a raison de dire qu'en formulant ce système il ne s'inquiète ni des opinions, ni des affections dominantes dans la société. Ces affections sont telles en effet qu'on ne pourrait mettre en vigueur une pareille loi sans enlever à l'activité humaine un de ses mobiles les plus puissants, et sans nuire gravement aux intérêts des classes ouvrières, en ralentissant l'accroissement des capitaux qui fournissent de l'emploi au travail. L'ingénieux économiste pense que les richesses, que la loi défendrait de léguer aux particuliers, seraient consacrées à des fondations d'utilité publique. Il ne songe pas qu'il y a un moyen plus simple d'obtenir ce résultat, en respectant la liberté des propriétaires : c'est de répandre parmi la société cet esprit de sacrifice qui a donné naissance, dans tous les pays où l'on a respecté la liberté des fondations charitables, à tant d'institutions

1. *Principles*, t. I, p. 266.

destinées au soulagement des misères des travailleurs.

En cherchant les moyens de faire prévaloir, quant à l'application du droit de propriété, les raisons mêmes qui ont fait reconnaître ce droit pour le plus grand avantage de tous, Mill est amené à traiter de la propriété foncière. Ses opinions sur ce point appellent particulièrement l'attention; elles sont la conséquence que le sensualisme tire, et est en droit de tirer logiquement, des faits économiques; elles nous révèlent, en toute son évidence, l'inévitable contradiction à laquelle vont se heurter les économistes conservateurs, quand ils prennent leur point de départ dans la doctrine utilitaire.

Il est admis par les économistes de toutes les écoles, et c'est d'ailleurs un fait constaté par l'expérience, qu'il peut y avoir, dans le revenu du propriétaire foncier, deux parts : l'une qui est le revenu du capital employé par le propriétaire à améliorer la terre; l'autre qui est la rente, dans le sens que l'école de Ricardo donne à ce mot, c'est-à-dire le prix payé au propriétaire, pour l'usage d'un agent naturel limité en quantité et en puissance, et dont la demande surpasse l'offre. Cette rente est plus ou moins élevée, suivant le degré de fertilité de la terre et les avantages de sa situation; mais, dans tous les cas, c'est un don gratuit de la nature. Le propriétaire voit ce don s'accroître, sans qu'il ait fait aucun effort pour l'obtenir, par l'effet du mouvement ascendant de la prospérité générale, et de l'expansion de la puissance du travail dans toutes ses applications. Malgré quelques contestations, nées de l'école de Carey et de Bastiat, ces faits restent acquis à la science économique.

C'est en prenant pour point de départ ces données incontestables que Mill fait le procès à la propriété foncière.

« L'objet essentiel du principe de propriété, dit-il, c'est d'assurer à tous les hommes ce qu'ils ont produit par leur travail et accumulé par leur économie. Ce principe ne peut s'appliquer à ce qui n'est pas le produit du travail, aux matières brutes de la terre. Si la terre tire sa puissance productive de la nature seulement, et en aucune façon de l'industrie, ou s'il y a moyen de discerner ce qui, dans cette puissance, dérive de la nature ou de l'industrie, non seulement il ne serait en aucune façon nécessaire, mais il serait souverainement injuste de laisser accaparer par quelques-uns les dons de la nature... On ne peut justifier la propriété foncière que pour le cas où le propriétaire a amélioré la terre. Toutes les fois que dans un pays le propriétaire cesse d'améliorer la terre, l'économie politique n'a rien à dire pour la défense du principe de la propriété territoriale telle qu'elle existe dans ce pays. Aucune théorie saine sur la propriété privée n'admet que la propriété territoriale soit pour le propriétaire une sinécure[1]. »

Après avoir posé en fait qu'en Angleterre il n'y a qu'un certain nombre de propriétaires qui améliorent leurs terres, et qu'en Irlande, les propriétaires, à peu d'exceptions près, ne font que percevoir leurs revenus, Mill ajoute :

« Quand la propriété s'est elle-même placée sur ce pied, elle ne peut plus être défendue, et le temps est venu de la soumettre à de nouveaux arrangements. Quand on parle du caractère sacré de la propriété, il faudrait ne pas oublier que ce caractère n'appartient pas à la propriété foncière au même degré qu'à la propriété mobilière. Personne, parmi les hommes, n'a créé la terre. C'est l'héritage primitif de

1. *Principles*, t. I, p. 269 à 271.

l'espèce tout entière. Il y a des raisons d'intérêt public, pour en faire l'objet d'un droit de propriété; mais si ces raisons disparaissent, ce droit n'est plus qu'une injustice. Il n'y a rien d'injuste à exclure quelqu'un de ce qui a été produit par d'autres. Ceux-ci n'étaient pas tenus de produire pour l'usage du premier, et il ne perd rien s'il ne prend point de part dans des choses qui n'existent que par le travail d'autrui. Mais il y a de l'injustice à ce que des hommes en venant au monde trouvent tous les dons de la nature accaparés, tellement qu'il n'y a plus de place pour les nouveaux venus. Pour réconcilier le peuple avec un pareil état de choses, lorsque les hommes comprennent qu'ils ont des droits en leur qualité d'hommes, il n'y aura d'autre moyen que de les convaincre que le principe de l'appropriation exclusive est avantageux pour toute l'humanité, pour eux aussi bien que pour tous leurs semblables[1]. »

Appuyé sur ces principes, l'auteur conclut que l'État a, dans certaines circonstances, le droit de faire, pour l'ensemble de la propriété territoriale, ce qu'il fait parfois pour des propriétés particulières, et qu'il peut, moyennant une indemnité en biens meubles ou en rentes annuelles, décréter la dépossession générale des propriétaires fonciers. Mill ne reconnaît donc pas à la propriété territoriale la même inviolabilité qu'à la propriété mobiliaire. D'après lui, « le droit de propriété sur la terre s'interprète strictement et, dans tous les cas de doute, la balance doit pencher contre le propriétaire. Avoir un droit exclusif sur une partie de l'héritage commun, tandis que d'autres n'y ont aucune part, c'est déjà un privilège. Quelle que soit

1. *Ibid.*, t. I, p. 227 et 273.

la quantité de biens mobiliers qu'acquière une personne par son travail, elle n'empêche point par là les autres d'en acquérir autant par le même moyen ; mais, par la nature même des choses, celui qui possède la terre en exclut toute autre personne. Le privilège ou le monopole ne peut être accepté que comme un mal nécessaire ; il devient une injustice s'il est poussé à tel point qu'il n'est plus compensé par le bien qui en résulte[1]. »

C'est pour renfermer ce mal nécessaire dans les plus étroites limites possibles que l'auteur imagine un système d'impôt, qui ferait tourner au profit de la communauté toutes les augmentations survenues dans le revenu des propriétaires fonciers, par le cours naturel du progrès de la société. Mill formule en ces termes cette idée qu'aucun socialiste ne désavouera : « Supposez qu'il y ait un genre de revenu qui tende continuellement à s'accroître, sans efforts et sans sacrifices de la part de ses propriétaires, de sorte que ces propriétaires forment, dans la communauté, une classe dont les richesses s'accroissent continuellement par le cours naturel des choses, tandis que ses membres se renferment dans un état de complète inaction. En pareil cas, on ne pourrait voir aucune violation des principes sur lesquels repose la propriété privée, dans la mesure par laquelle l'État s'approprierait tout ou partie de cet accroissement de revenu, suivant les circonstances. A proprement parler une pareille mesure n'enlèverait rien à personne, elle ne ferait qu'appliquer au bien public une augmentation de richesse due aux circonstances, au lieu de la laisser s'ajouter aux

1. *Principles*, t. I, p. 275.

revenus d'une classe qui n'y a point de droit par ses services.

« Tel est précisément le cas pour la rente. Le progrès ordinaire de la société, en augmentant la richesse générale, tend toujours à augmenter le revenu des propriétaires. Cette augmentation leur échoit sans aucune peine et sans aucune dépense de leur part; ils s'enrichissent en dormant, sans courir aucun risque, sans faire aucune économie. Quel droit ont-ils, en vertu des principes de la justice sociale, à cet accroissement de richesse? En quoi auraient-ils été lésés, si, dès le commencement, la société s'était réservé le droit d'imposer sur l'accroissement spontané de la rente une taxe aussi élevée que l'aurait réclamé l'état des finances publiques? J'admets qu'il serait injuste de venir prendre sur chaque propriété l'accroissement qui aurait pu survenir dans la rente; parce qu'il ne serait pas possible de distinguer, dans les cas particuliers, entre un accroissement dû à la situation générale de la société, et celui qui résulte de l'habileté et des sacrifices du propriétaire. On ne peut procéder que d'une seule manière, par mesure générale. La première chose à faire serait d'évaluer toute les terres du pays. La valeur actuelle de toutes les propriétés foncières serait exemptée de l'impôt; mais lorsqu'il se serait écoulé un certain temps pendant lequel la société aurait vu accroître sa population et son capital, on pourrait faire en gros l'estimation de l'augmentation spontanée survenue dans la rente depuis qu'on en a évalué le montant. Pour éviter toute erreur, on pourrait fixer la taxe générale sur les biens fonds à un taux fort inférieur à celui indiqué par l'estimation dont il vient d'être question; de cette façon on serait assuré de ne toucher à aucun accroissement de revenu provenant de l'industrie ou des capitaux appliqués à la terre par son propriétaire[1]. »

Nous ne nous arrêterons pas à faire ressortir tous les dangers et toutes les impossibilités que renferment de pareilles théories. Rappelons seulement ce que nous disions, au début de cette étude, à propos des physiocrates, ce que nous disions, il n'y a qu'un instant encore, à propos de Bastiat : qu'une fois la donnée utilitaire admise, ces conséquences, et d'autres bien plus graves encore, s'imposent inévitablement, par la puissance de la logique, à ceux mêmes dont le sens moral y répugne le plus. Rappelons aussi que, lorsque les propriétaires, mettant en pratique la doctrine utilitaire, et s'enfermant dans des jouissances égoïstes, cessent de remplir, envers la société, les devoirs d'ordre supérieur que leur situation leur impose, il est difficile que leur droit ne soit pas mis en question. On ne peut en même temps professer la doctrine qui fait de la jouissance la fin dernière de la vie de l'homme sur la terre, et maintenir les institutions sur lesquelles repose l'ordre de nos sociétés chrétiennes.

Mill, qui s'était acquis en Angleterre, par son *Traité de logique déductive et inductive*, un renom de logicien égal à son renom d'économiste, voulut rester conséquent avec lui-même. Nous avons vu ce qu'il fait de la liberté individuelle, de la propriété et de la famille. Ce n'est encore qu'un essai de socialisme, mitigé, circonspect, inquiet et embarrassé de lui-même, mais c'est néanmoins le socialisme en ce qu'il a de caractéristique. Les théories de

1. *Principles*, t. II, p. 360 et 361.

Proudhon vont nous montrer, avec ses dernières et rigoureuses applications, la doctrine qui prétend remplacer le principe chrétien du sacrifice, par le principe de l'autonomie de l'homme et du droit qu'il tient de la nature à la plus grande somme possible de satisfactions.

CHAPITRE XI

Proudhon. — Dernières conséquences de la doctrine rationaliste et utilitaire en économie politique.

La doctrine de l'autonomie de la raison a pour corollaire obligé une morale utilitaire. Si l'homme existe par soi-même et pour soi-même, au nom de qui et pourquoi lui imposerait-on la loi du sacrifice? Toujours et partout, dans cette hypothèse, il a droit à toutes les satisfactions que comporte sa nature, et ce serait folie à lui que d'y renoncer. Ce serait plus qu'une folie, ce serait une faute, car, en développant ses satisfactions, il développe toutes les puissances de son être, et il manquerait à son devoir si, en se refusant quelque satisfaction, il se refusait aux progrès auxquels il est appelé.

Les formes qu'affecte la doctrine utilitaire peuvent varier, mais le fond reste toujours le même. Qu'elle soit, dans ses applications, brutale ou raffinée; qu'elle proclame avec les Saint-Simoniens la réhabilitation de la chair; qu'elle pose en principe, avec les Fouriéristes, que les destinées sont proportionnelles aux attractions; ou bien qu'elle mette, avec Proudhon, la félicité de la vie humaine dans l'austère jouissance d'une dignité qui s'affirme par la possession des choses extérieures; en réalité, c'est toujours l'homme qui, du droit de sa souveraineté, repousse toute loi d'abnégation, et prétend vivre sous la seule loi de son bon plaisir.

Nul n'a professé plus nettement que Proudhon la doctrine de « l'immanence ou de l'innéité » de la justice, dans la conscience de l'homme. « La justice dit-il, est humaine, tout humaine. C'est lui faire tort que de la rapporter de près ou de loin, directement ou indirectement, à un principe supérieur ou antérieur à l'humanité. La notion de Dieu n'a rien à faire dans nos constitutions juridiques, pas plus que dans nos traités d'économie politique ou d'algèbre... La religion n'est autre chose qu'une forme de la conscience. La religion, en un mot, est le respect de l'humanité, idéalisée et adorée par elle-même sous le nom de Dieu : là est tout le mystère. La loi et le législateur sont un... Les modes du sujet individuel ou collectif dépendant à la fois de sa constitution intime et du milieu où il est appelé à vivre, il en résulte que, chez des sujets de même espèce, les mœurs peuvent être en quelque chose différentes. Mais, quelle que soit la variété des mœurs, il y a toujours un fond commun qu'elle ne saurait atteindre, fond qui constitue l'essence de l'être, sur lequel viennent se mouler les modifications qu'il reçoit du dehors, et dont l'intégrité fait sa gloire : nous l'appellerons *dignité*. La dignité a pour maxime ou règle de conduite la félicité physique et animique. Dans l'ordre des mœurs, l'idée du bien et du mal est synonyme de celle de bonheur et de peine. La dignité du sujet constitue pour lui une loi positive, ayant pour sanction le bonheur, s'il y obéit; la souffrance, s'il la viole... La justice est le respect, spontanément éprouvé et réciproquement garanti, de la dignité humaine. Le droit est pour chacun la faculté d'exiger des autres le respect de la dignité humaine dans sa personne; le devoir, l'obligation pour chacun, de respecter cette dignité en autrui. De l'identité de la raison chez tous les hommes, et du sentiment de respect qui les porte à maintenir à tout prix leur dignité mutuelle, résulte l'égalité devant la justice[1]. »

Ce serait m'écarter de mon sujet que d'insister sur les conséquences de cette doctrine par rapport à la société politique et à la société domestique. Je n'y toucherai qu'autant qu'il est nécessaire pour l'intelligence du système économique de l'auteur. Je ferai seulement remarquer que, pour la société politique, la doctrine de l'immanence de la justice conduit irrésistiblement à la négation radicale de toute autorité et de tout pouvoir.

« La justice étant le produit de la conscience, chacun se trouve juge, en dernier ressort, du bien et du mal, et constitué en autorité vis-à-vis de lui-même et des autres. Tel est LE DROIT HUMAIN, ayant pour maxime *la liberté*. De là tout un système de coordination, de garantie réciproque, de service mutuel, qui est l'inverse du système d'autorité. » Suivant sa méthode habituelle, qui est la méthode des contradictions, Proudhon commence par affirmer l'existence du pouvoir, mais c'est pour en nier aussitôt la réalité. Comme la justice est immanente à l'individu, le pouvoir est immanent à la société. « Cette immanence du pouvoir dans la société résulte de la notion même de la société, puisqu'il est impossible que des unités, atomes, monades, molécules, ou personnes, étant agglomérées, ne

1. *La Justice dans la Révolution et dans l'Église*, t. I, p. 58, 59, 84, 85, 182, 183; t. III, p. 433, 4[illegible]

soutiennent pas entre elles des rapports, ne forment pas une collectivité de laquelle jaillit une force. » Cette force, c'est le pouvoir. Elle se manifeste par une impulsion d'ensemble, résultant du mouvement spontané de toutes les forces particulières qui composent la société, et exprimant leurs rapports. Cette force, que Proudhon appelle le pouvoir, est essentiellement commutative, « car les groupes actifs qui composent la cité diffèrent entre eux d'organisation comme d'idée et d'objet; le rapport qui les unit n'est pas tant un rapport de coopération qu'un rapport de commutation. » Et comme cette commutation s'opère sous l'empire de la justice immanente à chaque homme, et à la réunion de tous les hommes qui forment la société, il s'en suit « que l'ordre dans l'être collectif, comme la santé, la volonté, etc., dans l'animal, n'est le fruit d'aucune initiative particulière, et qu'il résulte de l'organisation. » Après ces prémisses, on comprendra qu'il y a dans la définition suivante, que le célèbre sophiste nous donne du pouvoir, plus de logique encore que d'extravagance : « Le pouvoir social est impersonnel, invisible, anonyme, résultant de l'action commutative des forces économiques et des groupes industriels, c'est-à-dire de la liberté même[1]. »

Un pareil pouvoir ne gênera personne. Dans la société où il régnera, l'obéissance sera superflue. Comment, en effet, pourrait-il être question d'obéissance, là où l'on rejette, avec toute idée de Dieu et de religion, tout principe de renoncement et d'abnégation de la volonté propre.

Par cette même raison de l'impossibilité d'imposer à

1. *Ibid.*, t. I, p. 88, 482 à 486, 520.

l'homme une règle qui l'oblige à se renoncer, Proudhon veut que la loi accorde au vice une sanction qui aurait pour conséquence la ruine de la société domestique. Après avoir tonné contre le mariage chrétien, qui n'est pas, à son gré, suffisamment austère, Proudhon pose en principe que, suivant la doctrine de l'immanence de la justice dans l'humanité, « l'union conjugale est le sacrement de la justice, le mystère vivant de l'harmonie universelle, la forme donnée par la nature même à la religion du genre humain; que la justice est là tout entière organisée et armée. » D'où cette conclusion : « que le mariage doit être indissoluble parce que la conscience est immuable, et que le divorce doit être absolument repoussé. » Mais, à peine Proudhon a-t-il énoncé cette doctrine sévère, qu'il propose au législateur de reconnaître le concubinat. « L'antiquité tout entière, dit-il, admit ce principe; l'empereur Auguste créa au concubinat un état légal. » Pour justifier cette étrange concession, le rigide réformateur donne la raison que voici : « En cas de séparation, l'époux digne n'a besoin que de guérir les plaies faites à sa conscience et à son cœur, mais l'autre, n'ayant plus le droit d'aspirer au mariage, ce qu'il lui faut, c'est le concubinat. D'ailleurs, ajoute-t-il, la vertu est d'une pratique difficile, et il se rencontre des personnes à qui le mariage est inaccessible[1]. » Voilà où aboutit la doctrine qui fait du mariage une religion et du couple conjugal l'organisme de la justice.

Dans la vie de l'humanité autonome et divinisée, tout doit être harmonique. Nulle part ne peut être la peine,

1. *La Justice dans la Révolution et dans l'Eglise*, t. III, 474 à 476.

nulle part le sacrifice. Suivant cette conception, le travail pénible est une anomalie, qui doit être à tout prix écartée, fallût-il pour cela rompre avec le sens commun, lequel n'est, après tout, qu'un préjugé des vieux âges. « Quant à la peine, dit Proudhon, rien ne prouve que, par la manière de travailler, l'éducation du travailleur, l'organisation de l'atelier, elle ne puisse diminuer d'intensité dans une proportion parallèle au développement de l'industrie, et par conséquent inassignable. La répugnance et la peine, qui, dans l'état actuel de l'industrie humaine, accompagnent à si haute dose le travail, sont l'effet de l'organisation servile qui lui a été donnée, mais elles peuvent et doivent se réduire indéfiniment par une organisation libérale [1]. »

Les économistes, même les plus déterminés en faveur de l'autonomie de l'homme et de la morale utilitaire, n'ont jamais rien dit de semblable. Le bon sens les a arrêtés dans cette voie de la logique à outrance. Les plus hardis se sont contentés d'élever le travail producteur des richesses, au niveau des plus nobles applications des facultés humaines dans l'ordre moral, et de confondre, dans une même catégorie, le produit-vertu, le produit-science et le produit-richesse. Proudhon fera bien mieux, et sera bien meilleur logicien : il fera du travail qui transforme les choses, la force initiale et déterminante de toute vie intellectuelle et de toute acquisition scientifique. Nous allons reproduire, aussi brièvement que possible et dans les termes mêmes dont s'est servi Proudhon, cette étrange conception.

« Toute connaissance dite *à priori*, y compris la méta-

1. *Ibid.*, t. II, p. 146 et 154.

physique, est sortie du travail pour servir d'instrument au travail, contrairement à ce qu'enseignent l'orgueil philosophique et le spiritualisme religieux, accrédités par la pratique de tous les siècles. L'activité spontanée, irréfléchie, voilà à quoi se réduit, pour l'homme primitif, le mouvement de l'esprit. Que lui enseigne cette lumière organique, l'instinct, qui éclaire tout animal venant au monde? La franc-maçonnerie va nous le dire. Son Dieu est appelé architecte, nom qui implique la négation de tout théologisme, et la substitution aux concepts transcendantaux de substance, cause, vie, esprit, de l'idée scientifique de rapport, plus exactement d'équilibre. La vision interne à laquelle obéit l'homme primitif, dans les actes de sa spontanéité, est une idée sensible et intelligible, synthétique, par conséquent susceptible d'analyse : rapport des choses entre elles, égalité ou inégalité, groupement, série, cohésion, division. Tout ce que l'homme entreprend, imagine, peut se définir, au point de vue industriel, création d'équilibre ou rupture d'équilibre. Or, étant donné cette idée universelle de l'équilibre dans le rêve de la pensée, et les opérations du travail n'en étant que l'application, nous voyons par là même comment l'homme a passé, de l'intention synthétique et spontanée, à l'idée réfléchie et abstraite; comment il a décomposé l'objet de sa vision, inventé les signes de la parole et du calcul, créé les mathématiques pures, dégagé en les nommant, les catégories de son entendement. » D'où vient cette conclusion : « L'idée, avec ses catégories, surgit de l'action; en d'autres termes, l'industrie est mère de la philosophie et des sciences. » A quoi Proudhon ajoute : « L'idée doit retourner à l'action, ce qui veut dire que la philosophie et les sciences doivent rentrer dans l'industrie, à peine de dégradation pour l'humanité. Cette démonstration faite, le problème de l'affranchissement du travail est résolu[1]. »

C'est là qu'en seraient venus, avec un peu plus de philosophie, les économistes qui professent la doctrine de l'autonomie de l'homme et du progrès social par le développement de la richesse, notamment ceux qui, avec Dunoyer, mettent au même rang « tous les arts de la société industrielle, » et font mouvoir cette société par « la passion du bien-être. » La puissance de la logique n'est pas à mépriser assurément, et pourtant nous ne pouvons que féliciter les économistes de l'école de Dunoyer de n'en avoir point eu assez pour faire ce pas.

Proudhon, dont la logique est imperturbable, en fait bien d'autres. Comme tous les socialistes, il prétend rendre le travail attrayant. Comment, en effet, pourrait-on organiser la vie humaine suivant les harmonies de la doctrine utilitaire, si le travail continuait à être pénible. C'est encore un de ces cas où Bastiat et ses disciples n'ont pas vu que, pour réaliser, par l'extension des satisfactions, les harmonies de l'ordre économique, dont ils ont fait leur dogme principal, il faudrait faire, avant tout, disparaître la grande contradiction qui pèse sur notre existence, entre le travail pénible dont l'humanité porte le joug depuis ses premiers jours, et l'aspiration à la vie facile et reposée, qui est au fond du cœur de tout homme. Proudhon prétend y parvenir en faisant passer l'idée dans l'action, c'est-à-dire dans le travail, et dans l'apprentissage qui développe les facultés du travailleur.

1. *Ibid.*, t. II, p. 215 à 226.

L'esprit humain, d'après Proudhon, s'est, en quelque sorte, créé lui-même par l'industrie; il faut que, suivant la même méthode, l'éducation de chaque homme se fasse aussi par l'industrie. «L'industrie est la forme concrète de cette philosophie positive qu'il s'agit aujourd'hui de verser dans les âmes à la place des croyances stériles. » C'est, en termes plus précis, cette même conception que nous avons signalée déjà chez différents économistes : que l'économie politique est la science même de la vie sociale. Si telle est la science économique, ne peut-on pas, sans aucune exagération, lui attribuer la puissance de changer la face du monde. Suivant son habitude, Proudhon tire ici les dernières conséquences de son idée; il dit tout haut ce que dit, à demi voix, plus d'un économiste. « L'enseignement industriel réformé suivant les principes que je viens d'établir, je dis que la condition du travailleur change du tout au tout; que la peine et la répugnance, inhérentes au labeur dans l'état actuel, s'effacent graduellement devant la délectation qui résulte pour l'esprit et le cœur du travail même, sans parler du bénéfice de la production, garanti d'autre part par la balance économique et sociale. Abstraction faite du résultat économique, cet enseignement modifierait profondément les âmes, et changerait la face de l'humanité. Tout vestige de l'antique déchéance s'effacerait; le vampirisme transcendantal serait tué, l'esprit prendrait une physionomie nouvelle, la civilisation monterait d'une sphère. Le travail serait divin, il serait la religion [1]. »

Telles sont les harmonies que développerait dans la

1. *La Justice dans la Révolution et dans l'Eglise*, t. II, p. 233 à 237.

société cette justice naturelle, dont l'homme porte en lui-même la réalité immanente. Lorsque la vie est ainsi comprise tout se fait dans le monde par la justice, et rien par la charité. Ici encore le rationalisme économique est d'accord avec le socialisme. « Le travail, dit Proudhon, n'a plus rien à faire avec l'amour; c'est la justice, c'est la science qu'il réclame... L'économie charitable est une croisade contre le travail et la justice, au nom de Dieu. » Et comment, en vérité, la charité serait-elle, là où le renoncement et le sacrifice ne sont point? L'équilibre par la justice et, dans les conditions de cet équilibre, l'expansion libre et totale de toutes les forces, voilà, suivant Proudhon, le dernier mot de cette *mécanique sociale*, que Bastiat, de qui est l'expression, croyait avoir révélée au monde, et sur laquelle Proudhon est bien plus fort que lui, parce qu'il est plus fidèle à ses prémisses. « Au lieu de restreindre les forces économiques, dont l'exagération nous assassine, il faut, dit Proudhon, les balancer les unes par les autres, en vertu de ce principe peu connu et encore moins compris, que les contraires doivent, non s'entre-détruire, mais se soutenir, précisément parce qu'ils sont contraires. » Partant de cet axiome de philosophie hégélienne, Proudhon affirme que « le socialisme est la réconciliation de tous les antagonismes[1]. »

Ne faut-il pas, en effet, que l'égalité personnelle, qui est l'essence de la justice, devienne une égalité réelle? « Tel est le problème qui se pose comme un piège, devant les théologiens, les philosophes, les légistes, les économistes, les hommes d'État, et que tous, jusqu'à ce jour,

1. *Ibid.*, t. II, p. 206, 263 à 265.

se sont accordés à trancher négativement... La société est un vaste système de pondérations, dont le point de départ est la liberté, la loi la justice, le résultat une égalité de conditions et de fortunes de plus en plus rapprochée, la sanction enfin, l'accord de la félicité publique et de la félicité individuelle... L'égalité est la loi du genre humain. Vouloir que la société soit fondée sur l'inégalité, c'est soutenir qu'une chose peut être balancée par rien, établie sur rien, ce qui est absurde. Tous les individus dont se compose la société, sont, en principe, de même essence, de même calibre, de même type, de même module. Si quelque différence entre eux se manifeste, elle provient, non de la pensée créatrice qui a donné l'être et la forme, mais des circonstances extérieures sous lesquelles les individualités naissent et se développent[1]. »

Tous les individus également souverains, puisqu'ils possèdent tous également la justice souveraine, ont un droit égal à la puissance, pourvu qu'ils prennent une part égale au travail, et cette condition se réalisera d'elle-même parmi des hommes, qui, sentant leur dignité dans la dignité d'autrui, ne pourront avoir l'idée d'imposer à autrui un fardeau qu'ils ne porteraient pas eux-mêmes. « Partie intégrante d'une existence collective, l'homme sent sa dignité tout à la fois en lui-même et en autrui, et porte ainsi dans son cœur le principe d'une moralité supérieure à son individu. »

Sur ces principes, Proudhon fonde la théorie célèbre de la réciprocité et de la balance des services. Cette théorie, Bastiat l'avait aperçue, mais il s'était gardé d'en tirer les

1. *La Justice dans la Révolution et dans l'Eglise*, t. I, p. 203, 281.

dernières applications, et il les repoussait, non sans quelque inconséquence, sous la forme égalitaire que Proudhon lui donnait. Proudhon la résume en ces termes : « la théorie de la justice humaine, dans laquelle la réciprocité de respect se convertit en réciprocité de services, a pour conséquence de plus en plus approchée l'égalité en toutes choses. Aucune expérience ne démontre que les volontés et les intérêts ne puissent être balancés de telle sorte que la paix, une paix imperturbable, en soit le fruit, et que la richesse devienne générale[1]. »

Le principe « du respect égal et réciproque » doit s'appliquer « aux fonctions, aux droits, aux échanges, de façon que le système de la *subordination des services*, fasse place au système de la *réciprocité des services* [2]. » De ce principe dérive la fameuse *balance des services*, au nom de laquelle l'intrépide sophiste a fait, à la propriété foncière et au capital, cette guerre implacable dont le mot d'ordre était : *la propriété, c'est le vol.*

Voilà donc où va forcément toute économie politique qui repousse le principe chrétien du sacrifice, et s'obstine à prendre pour point de départ, dans l'ordre dogmatique, le principe de l'indépendance absolue de l'homme, dans l'ordre de la morale, le principe utilitaire. Et de fait, toute la question est là aujourd'hui, en politique aussi bien qu'en économie. On le sent mieux à mesure que le socialisme affirme plus nettement, dans la pratique, le dogme et la morale de l'humanité émancipée. Tandis que les uns s'enfoncent de plus en plus dans les voies de la révolution, si bien marquées par Proudhon, les autres se rapprochent de

1. *Ibid.*, t. I, p. 203 et 281.
2. *Ibid.*, t. I, p. 266 à 269. — *Ibid.*, t. III, p. 548.

plus en plus de la vérité sociale catholique. Le dilemme est posé; le moment vient où l'on ne pourra échapper à la nécessité de choisir.

Parmi les hommes qui parlent avec autorité au nom de l'économie politique, il n'en est pas un qui voulût aujourd'hui accepter, sur le christianisme et sur son action sociale, les jugements que portait il y a cinquante ans J. B. Say. Plus d'un, parmi les plus marquants, reconnaît hautement ses bienfaisantes influences. Quelques-uns même, mais ils sont rares, je le confesse, vont jusqu'à admettre que le sacrifice est une des forces sociales dont il faut tenir compte, même dans la science de la richesse. Ceux-ci renoncent à fonder exclusivement l'ordre économique sur la justice, à la façon des socialistes, et comprennent qu'à côté de la justice, il faut mettre la charité, qui la tempère, la corrige et l'accomplit.

Plus d'un aussi a aperçu l'erreur et le péril de cette doctrine absolue du *laissez-faire et laissez-passer*, dont les physiocrates ont donné la première formule, et qui, sous l'empire de cupidités sans frein, conduit droit, en économie comme en politique, à l'*anarchie* de Proudhon. Sans renier le principe de la liberté et de la concurrence dans l'ordre des intérêts, ils comprennent qu'au-dessus des intérêts, il y a des principes, des lois, des droits, qui ne peuvent être violés, sans que les intérêts eux-mêmes soient en souffrance.

Rien n'est mieux fait pour inquiéter et désillusionner des esprits naturellement droits et sincèrement appliqués à la recherche du vrai, que le spectacle des fluctuations et des contradictions auxquelles est livrée, depuis son origine, sous la main des utilitaires, la science de l'économie politique. Comment persister à voir la vérité sociale dans une doctrine que la logique de l'erreur pousse aux extrêmes les plus opposés? dans une doctrine qui oscille perpétuellement entre le système de l'omnipotence de l'État, du despotisme de la cité sur le citoyen, et le système tout contraire de l'expansion indéfinie des forces individuelles, réalisant spontanément la balance des services sous la loi imaginaire d'une justice immanente à l'humanité?

Ainsi se présente aujourd'hui le problème du travail, qui est toute l'économie politique, et dont la solution, vainement cherchée depuis un siècle par les voies de 89, fait le tourment de notre âge. Nous montrerons, au chapitre suivant, en résumant les vues et les jugements émis dans les chapitres précédents, que la vraie et féconde liberté n'est possible, en matière économique comme ailleurs, que par l'obéissance aux principes et aux lois que nous donne l'Église catholique.

CHAPITRE XII

Comment le problème du travail, s'il n'est pas résolu par la liberté chrétienne, le sera par la contrainte et l'asservissement du socialisme.

De tous les problèmes que la Révolution a posés devant la société moderne, il n'en est pas de plus menaçant, et il n'en est pas de plus compliqué, que la problème du travail. On a pu le voir dans les chapitres qui précèdent.

Le pain par le travail est pour l'immense majorité des hommes, dans l'ordre des intérêts temporels, la première des questions. Quand les sociétés étaient chrétiennes, elles pratiquaient la justice de Dieu et s'en remettaient aisément à sa Providence pour le succès des labeurs par lesquels la race humaine accomplit la condamnation portée sur elle après la prévarication de son premier père. Aujourd'hui, que les masses n'ont plus qu'une vague notion de la Providence, et que l'homme attend tout de lui-même et d'une justice dont il prétend être seul l'auteur, le travailleur s'étonne que la peine de tous les jours ne donne pas la certitude, non seulement du nécessaire, mais encore de la jouissance de chaque jour.

De là le problème du travail, problème rempli d'obscurités, d'incertitudes et de périls, qu'une science née avec la Révolution, et malheureusement trop imprégnée de ses erreurs, prétend résoudre sans Dieu, tandis que l'école qui a nettement brisé avec la révolution en demande la solution au respect et à la pratique des commandements divins.

Nous avons à montrer, dans un tableau succinct, comment des deux côtés l'on procède, et ce que valent les deux procédés pour le bien des travailleurs et la pospérité de la société.

I

Comment, en principe, le problème du travail s'offre à notre recherche.

Il n'est pas au monde de vérité qui soit plus claire, mieux établie par les faits, que ne l'est aujourd'hui la connexité intime qui rattache l'ordre matériel à l'ordre moral. Jamais le problème du travail n'a tant occupé et alarmé les esprits, et jamais on n'a mieux compris que, dans ce problème, c'est la question de la destinée humaine qui s'agite.

Si nous regardons autour de nous, nous voyons que, suivant que l'homme se croit fait seulement pour cette terre ou qu'il a foi en des réalités supérieures et en un avenir dont son existence terrestre n'est que la préparation, ses vues, ses prétentions, en matière économique, sont absolument différentes. Si nous écoutons ce qui se dit, si nous lisons ce qui s'écrit partout de nos jours sur la situation des classes qui travaillent, sur les améliorations que leur sort réclame, nous trouvons que les théories diffèrent comme les aspirations populaires, et qu'elles diffèrent par les mêmes motifs et de la même façon.

Ce n'est pas sans raison qu'on résume en ces mots de « question sociale » tout ce qui tient au problème si vivement débattu de la position de l'ouvrier dans notre ordre social, de la portée et de la réalité de ses griefs, de ce qu'il y a lieu de faire pour lui donner satisfaction et rendre moins lourd le fardeau de sa rude existence. C'est qu'en effet la société, avec toutes ses forces, avec toutes ses institutions, avec l'ordre même sur lequel elle repose, se trouve engagée en cette question.

La personne humaine est constituée sur un principe d'unité substantielle qui ne permet pas, lorsqu'on étudie notre vie dans sa réalité et dans ses expansions diverses, de séparer des choses faites pour rester étroitement liées. Sans doute, l'analyse scientifique peut distinguer et étudier séparément, pour s'en mieux rendre compte, chacun des éléments, chacune des forces particulières dont le concours forme l'être humain; mais, lorsqu'on arrive à la réalité vivante et qu'il s'agit de reconnaître les lois suivant lesquelles l'homme doit user de ses facultés pour l'accomplissement de sa destinée, c'est la nature humaine dans sa totalité qu'il faut considérer. Tout procédé différent conduirait à d'inévitables et dangereuses méprises.

Que d'erreurs philosophiques doivent leur origine à ces conceptions étroites qui, au lieu d'envisager notre nature dans son harmonieuse et puissante unité, la mettent en pièces sous prétexte de la faire mieux comprendre!

Quand il s'agit de questions sociales, le vice de ces procédés est plus marqué encore, et il n'a pas de moins graves conséquences. Il faut chercher pour une grande part, dans la fausse méthode que suivit Adam Smith, l'origine des déviations de la science qui poursuit la solution du problème économique. Nous l'avons vu, le père de l'économie moderne s'était imaginé qu'il parviendrait à établir plus nettement les lois de l'ordre matériel en faisant abstraction des lois de la morale, et en étudiant la nature et les causes de la richesse sans aucun souci des nécessités plus hautes qui s'imposent à l'homme dans la vie de l'âme. La science économique ne s'est pas encore relevée de l'abaissement où les vues rétrécies du célèbre économiste écossais l'ont jetée, et nous savons ce que nos sociétés en ont eu à souffrir.

La question sociale comprend deux problèmes : le problème du gouvernement de la société et le problème du travail. Séparer l'un de l'autre, c'est s'exposer à fausser les solutions des deux côtés. On sentira, par le fait, l'évidence de cette proposition, si l'on remarque que les gouvernements qui reposent sur l'idée révolutionnaire et qui relèvent du suffrage universel, qu'ils aient pour chef des Césars ou des présidents de république, manifestent tous, directement ou indirectement, des tendances vers le socialisme; qu'au contraire, les gouvernements qui se fondent sur l'autorité des lois imposées par Dieu à l'homme et sur la tradition sociale, trouvent, dans le respect et la pratique des vieux principes, le moyen de pourvoir au bien-être des masses, et qu'ils savent être des pouvoirs populaires sans cesser d'être des pouvoirs conservateurs.

Mais on ne se rendrait pas compte de ce phénomène politique, si l'on oubliait que l'harmonie de l'ordre politique avec l'ordre économique a sa raison dans la nécessaire et légitime domination qu'exercent, sur l'un et sur l'autre, les principes supérieurs de la vie morale. D'un côté, les mêmes égarements qui mettent le droit souverain dans l'individu y mettent aussi le germe des cupidités qui troublent l'ordre social; et ces cupidités, il faut bien qu'on les tienne pour légitimes puisqu'elles sont l'expansion naturelle d'une liberté qui ne se connaît point de maître; il faut bien qu'elles fassent loi pour des pouvoirs qui sont, du fait de leur origine, les serviteurs de la foule et de ses appétits souverains. De l'autre côté, du côté des sociétés où la paix et l'activité féconde règnent également dans les régions de la politique et dans celles du travail, c'est du respect de l'autorité divine que découlent ces bienfaits; c'est sous l'empire du devoir, règle commune que Dieu impose à tous, que les gouvernants prennent à cœur les intérêts des gouvernés, et que les gouvernés pratiquent la soumission à un ordre qui n'est exempt ni de gêne, ni même de souffrance, mais qu'ils acceptent parce que c'est l'ordre même imposé à la vie humaine par la volonté créatrice.

Il faut donc considérer, dans le problème du travail, trois choses qu'il est impossible de séparer : d'abord la morale, qui vient de Dieu et qui règne partout; après la morale, la politique et l'économie, domaines que Dieu a livrés aux hommes sous la condition qu'en y déployant leur libre activité, ils Lui rendraient l'hommage de fidèle obéissance que la créature doit à son auteur. A y regarder de plus près, on verrait peut-être qu'au lieu de trois choses, il n'y en a en réalité que deux, puisque l'économie n'est de sa nature qu'une partie et une dépendance de la politique, et que toutes les deux, la politique et l'économie, relèvent également du suprême empire de la morale.

Partant de ces vues générales, nous avons à fixer les termes dans lesquels se pose le problème du travail. En ce problème, c'est l'économie politique tout entière qui se présente à nous. A la question du travail viennent aboutir toutes les questions particulières dont s'occupe la science économique; pour la résoudre, il faut tenir compte de tous les principes et de tous les faits qui constituent l'ordre matériel. On n'en peut négliger aucun, si l'on veut arriver à savoir comment s'accroît la puissance du travail dont l'homme tire tous ses moyens d'existence, et suivant quelles conditions de vie individuelle et sociale, le travailleur trouvera, dans sa peine rendue plus féconde, ce nécessaire que réclament la dignité et la liberté d'un être créé à l'image de Dieu et fait pour le posséder.

Avant tout examen et toute discussion, il faut que nous soyons fixés sur les grandes lignes de l'ordre économique. Il faut qu'entre bien des routes où s'est égarée la recherche économique, nous ayons reconnu celle par laquelle on peut espérer d'arriver à des solutions vraiment pratiques.

Au milieu des abstractions d'un tel sujet, il n'est pas toujours aisé d'introduire la lumière. On a pu le voir par l'exposé que nous avons fait de l'origine, des progrès et des égarements de l'école économique. Les obscurités naturelles de la question se trouvent accrues de tous les sophismes dont on l'a chargée, dans le dessein d'en bannir le principe divin. Par la force même des choses, en toute question sociale ce principe s'impose. C'est en vain que l'esprit humain se flatte de réussir à se soustraire, sans dommage pour lui-même, à la vérité vivante qui le presse de toutes parts. Il s'en trouve d'autant plus obsédé et embarrassé qu'il fait plus d'efforts pour lui échapper. D'elle-même, l'erreur est toujours compliquée et elle aime à se voiler de nuages. Fuyant la simplicité, qui la ferait trop facilement reconnaître, elle se perd en formules vaines. Par ces raffinements prétentieux, la science qu'elle engendre peut très souvent justifier la qualification assez dure de « littérature ennuyeuse » qu'un des esprits les plus nets de ce siècle adressait à l'économie politique. Nous ne pouvons promettre à nos lecteurs de leur épargner tout ennui, dans l'analyse succincte et assez sèche que nous allons faire des éléments essentiels de l'ordre économique et de la science qui en recherche les lois, mais nous leur promettons de mettre nos soins à donner à notre exposé toute la clarté dont la matière est susceptible.

Il est une remarque qu'il importe de faire avant tout : ce qu'on appelle l'ordre économique, ou bien, en termes plus généralement usités, l'ordre matériel, présente essentiellement le caractère d'un fait social. C'est dans les relations de la vie sociale que le travail déploie ses forces. Séparés les uns des autres par un état d'individualisme absolu, les hommes ne conserveraient presque plus rien de leur puissance productive. Pour que leurs labeurs soient féconds, il faut qu'ils s'accomplissent dans les liens d'une étroite solidarité, sous la loi de la division du travail.

L'œuvre du travail dans l'ordre économique est, d'une autre façon encore, marquée du caractère social. Elle suppose l'action simultanée, et du groupe social avec toutes ses forces individuelles, et de l'autorité publique qui régit ce groupe. On se placerait en dehors de toute vérité théorique, aussi bien qu'en dehors de toute vérité pratique, si l'on prétendait, avec le radicalisme, fermer à toute intervention des pouvoirs publics le domaine de l'activité économique, ou si l'on voulait, avec le socialisme, mettre tout entier ce domaine sous la direction et sous l'impulsion de l'État.

Ce vaste mouvement du travail social s'offre à notre étude avec des complications qui pourraient, à la première vue, sembler inextricables. Si l'on s'arrêtait à la superficie, on serait tenté de croire qu'au milieu de la diversité infinie et de la continuelle mobilité des entreprises et des transactions particulières, il est impossible de dégager aucun système de lois générales. Mais, si l'on considère attentivement les choses, on voit bientôt qu'il y a en ceci, comme partout en ce monde, l'unité dans la multiplicité. On reconnaît qu'au-dessus de ce qui passe et change, il y a ce qui demeure toujours et se reproduit partout. Là où l'on ne voyait d'abord que variété, divergence et confusion, on constate l'universalité et la persistance de certains faits qui répondent évidemment à des lois générales.

De ces faits persistants, les uns tiennent à la constitution même de la personne humaine, les autres à la disposition des forces dans le monde extérieur. Le travail, agent nécessaire de toute production; les bornes assignées par la nature à la puissance des agents physiques que le travail emploie; la préoccupation, naturelle à chaque travailleur, d'obtenir le plus grand résultat possible avec le moindre effort; l'accroissement de fécondité que le travail reçoit, dans la plupart de ses applications, lorsqu'il est convenablement divisé; le haut prix des marchandises rares, le bas prix des marchandises abondantes; tous ces faits, et bien d'autres non moins persistants, contribuent à donner une base fixe à l'ordre économique.

Au premier rang des choses qui durent, dans l'ordre

économique, il faut mettre les lois de la vie morale. Ces lois donnent la règle pratique de toute activité humaine suivant les croyances et les idées qui règnent dans la société, et elles déterminent d'autorité la direction que prend le travail dans l'œuvre économique. Il serait superflu de rappeler quelles profondes différences se sont introduites dans la vie économique des peuples, selon qu'ils ont pratiqué le paganisme, le bouddhisme, l'islamisme ou le christianisme.

Lorsque la morale repose sur la vérité que Dieu a donnée au monde par sa révélation et par son Église, elle possède un caractère de fixité duquel résulte, dans toute la conduite humaine, aussi bien pour l'ordre matériel que pour l'ordre moral, une unité d'action, une suite, une persistance qui font la force des sociétés et donnent la consistance à tous les intérêts.

Lorsque la morale dérive de croyances mêlées d'erreurs, tout l'ordre économique s'altère dans la proportion de l'altération de la vérité. Si ces croyances s'affaiblissent, on voit s'affaiblir avec elles les vertus qui donnent la puissance au travail et assurent l'équitable répartition de ses fruits. Alors le désordre économique s'accroît avec le désordre moral.

Des diversités et des changements dans la constitution économique des peuples peuvent donc s'introduire, aussi bien par l'effet des égarements de la société dans l'ordre doctrinal et moral, que par suite des diversités de situation qui ont pour cause la différence des aptitudes personnelles et la différence des conditions extérieures où les peuples sont placés.

Le degré d'avancement des peuples dans la vie sociale

est encore, pour l'ordre économique, une source de diversité qu'il ne faut pas négliger.

Comme les individus, les peuples traversent différents âges. Aux jours de leur enfance, lorsqu'ils sortent de la vie de famille et que leurs habitudes et leurs institutions conservent encore plusieurs des caractères de l'état domestique, leur vie économique n'a pas la forme qu'elle prendra plus tard, lorsqu'ils se seront pleinement développés dans l'état public. Une certaine communauté des biens, l'habitude des prestations personnelles, la répartition discrétionnaire, en une certaine mesure, des fruits du travail, sont des coutumes propres à la vie primitive; elles disparaissent par l'accroissement du nombre des hommes composant la société, par l'extension et la complication des relations dans le groupe social agrandi, par les progrès de la liberté personnelle. Essayer de restaurer, dans une société parvenue à un grand développement, des coutumes et des lois propres aux sociétés moins avancées, serait une entreprise aussi injustifiable et aussi dangereuse en économie qu'en politique.

Il y a ceci encore à remarquer : lorsque les nations ont accru leur puissance et que les rapports économiques qu'elles entretiennent entre elles se sont multipliés et étendus, non seulement les échanges se font dans d'autres conditions, mais le travail, même à l'intérieur de chaque société, ressent l'influence des changements survenus dans les transactions internationales. Il arrive alors que le mode d'exercice des diverses industries se trouve notablement changé. Des complications jusque-là inconnues naissent de toutes parts, des difficultés nouvelles surgissent, et la vie économique, en même temps qu'elle est devenue plus intense, est aussi devenue plus laborieuse.

On voit, par ces considérations, comment la science qui vise à établir les lois du travail pourrait s'égarer, soit qu'elle eût l'idée de se baser exclusivement sur des règles absolues et de procéder par la seule méthode déductive, soit qu'elle ne voulût prendre pour fondement que les faits considérés comme toujours variables, et qu'elle procédât par la méthode du positivisme. De ces deux erreurs en sens contraire sont nées, dans la science économique, deux écoles opposées.

Pour les économistes de la première école, les lois de l'ordre économique ont toutes un caractère absolu, et les applications que la logique en tire ont presque la certitude des solutions mathématiques. L'un d'eux, un maître, a dit : « L'économie politique repose beaucoup plus sur le raisonnement que sur l'observation des faits. » Ceux de l'autre école nient qu'il y ait « des lois économiques » ; ils n'admettent que des théories, dont la vérité est toute relative aux temps dont elles reflètent la situation, et ils ne leur accordent qu'une valeur tout historique. Les premiers, en se renfermant dans le champ de l'absolu et des abstractions, s'exposent à recevoir à chaque instant de la pratique les plus cruels démentis ; les autres vont se perdre dans un empirisme étroit et rempli de périls. Tant il est vrai qu'on ne peut, dans la vie, atteindre à aucune solution vraiment bonne et utile, si l'on ne tient compte en même temps des principes et des faits[1].

1. La méthode positiviste est dans les tendances du socialisme cathédrant, auquel nous faisons ici allusion. Autant la méthode historique sainement comprise, celle qui concilie le suprême et nécessaire

Ces égarements de la science économique ne sont pas seulement affaire d'école et de pure théorie. En ce moment, ils exercent, sur l'ordre général de nos sociétés et sur la direction de leur activité, la plus funeste influence.

Lorsque les économistes de l'école des abstractions bâtissent, sur les données de la science utilitaire dont ils sont en général les adeptes, un édifice de déductions aussi fausses à les prendre en pratique qu'elles sont rigoureuses à les juger par la logique, ils trouvent par leur procédé la facilité de déguiser, sous des apparences de justesse rationnelle, des conceptions matérialistes dans lesquelles les impossibilités et les contradictions abondent. En un siècle enclin au matérialisme comme le nôtre, on aime à se payer de ces semblants de raison, et l'on fait passer dans la pratique, où elles répandent les plus graves désordres, des théories qui ne doivent leur succès qu'au mirage des abstractions.

D'autre part, l'erreur des positivistes n'est pas moins fâcheuse, puisqu'en écartant ou en voilant tous les principes, elle réussit à faire passer comme vérités toutes les convenances utilitaires de l'époque, et à faire, de ce qui répond aux caprices, et peut-être aux vices du siècle, une règle de moralité et de justice sociales.

L'erreur est dangereuse partout : elle ne l'est nulle part autant qu'en économie politique. Dans cette science, qui

empire des principes de l'ordre moral avec l'influence des faits, c'est-à-dire avec le côté variable et contingent de la vie humaine, autant cette méthode est vraie et féconde en résultats sérieux et utiles, autant la méthode positiviste est fausse et désastreuse dans ses conséquences.

Sur la conciliation des principes et des faits en matière économique, voir à la fin de ce volume un travail sur *Les faits et la méthode historique en économie politique.*

se permet tant de hardiesses, créee tant de principes arbitraires, hasarde tant de conclusions peu réfléchies et nullement justifiées, il s'agit du travail, c'est-à-dire du fait qui remplit chacune des journées de l'homme, et duquel dépendent la prospérité de la société comme le bien-être des individus. En pareille matière, des disputes de méthode et des subtilités, qui ailleurs prêteraient à rire, peuvent mener à des ruines et à des misères qui feront verser dans le peuple bien des larmes.

Cette considération nous servira d'excuse auprès de nos lecteurs, qui nous pardonneront de leur avoir fait traverser de telles aridités, et qui ne refuseront pas de nous suivre dans l'examen que nous allons faire des principes et des tendances d'une science peu attrayante, il est vrai, mais dont l'influence sur l'esprit public grandit tous les jours.

II

Comment se pose le problème du travail dans l'état présent des doctrines et des faits.

Pour savoir comment se pose le problème du travail, il faut savoir sous l'empire de quelles doctrines vivent les travailleurs. Et quand nous disons les travailleurs, nous parlons de ceux qui, travaillant principalement de l'esprit, exercent le gouvernement dans les œuvres de l'industrie, aussi bien que de ceux qui ne sont, dans la grande armée industrielle, que de simples soldats et qui travaillent de leurs bras.

Nulle part l'antagonisme entre chrétiens et libres-penseurs ne s'accuse avec plus de netteté que dans le domaine du travail. Pour les chrétiens, le problème du travail c'est le problème de la vie difficile et renoncée, conquérant le nécessaire au prix d'une peine de chaque jour et de chaque heure. Vie heureuse, non par les jouissances matérielles, mais par la grandeur morale; vie heureuse au milieu de labeurs toujours renouvelés, parce que l'homme, lorsqu'il comprend la vertu d'expiation du travail, en accepte d'un cœur joyeux et résolu l'assujettissement et les fatigues.

Du côté de la libre-pensée, on refuse d'entendre à la vie pénible et sacrifiée. Malgré l'évidence du fait, confirmée par six mille ans d'expérience, on se révolte à l'idée d'une existence assujettie et humiliée par un labeur poursuivi sans relâche de la jeunesse à la vieillesse, et dont les fruits suffisent à peine à donner le nécessaire. On prétend à la vie glorifiée par l'orgueil et la jouissance, et l'on poursuit, au mépris de la réalité, des combinaisons qui, moyennant un effort modéré, doivent donner à tous, sinon la pleine abondance des biens de ce monde, du moins cette aisance large et assurée qui fait le solide agrément de la vie. A cette condition seulement, on admet que le travailleur s'astreigne à une peine qu'il n'acceptera que par intérêt, dans sa souveraine liberté, et dont, en se l'imposant lui-même, il ôtera toute marque de dépendance et de sacrifice.

La société chrétienne avait, pour le problème du travail, une solution éprouvée par l'expérience et à laquelle tous se rangeaient sans protester. Ce n'était point une solution théorique et raisonnée, c'était la constante et sérieuse pratique, dans l'ordre matériel, des principes qui régissaient la vie des peuples dans l'ordre spirituel. Elle était sortie des mœurs que l'Évangile avait données aux sociétés. Sans préméditation et sans effort, le problème économique se trouvait résolu, par la justice et la charité, de telle façon que, durant les siècles où le Christ avait régné sans partage sur la vie sociale, le peuple avait vu sa condition sans cesse améliorée, que les sociétés avaient vu sans cesse grandir leurs richesses, et qu'elles étaient montées à un degré de prospérité matérielle et de bien-être général inconnu de l'antiquité.

Quand vint le moment où, par le cours naturel de l'esprit humain, les sociétés modernes furent amenées à se rendre compte de leur organisation et de leur mouvement, ce n'était plus malheureusement de l'esprit chrétien qu'étaient animés les publicistes qui portèrent leur attention sur les faits économiques. Le rationalisme avait envahi les classes lettrées. L'idée de l'autonomie de l'homme et de l'affranchissement de la conscience humaine de tout joug divin avait commencé le mouvement de libéralisme qui devait éclater en 89 et qui a continué ses ravages jusqu'à nos jours. Les philosophes qui les premiers esquissèrent une théorie des lois économiques étaient profondément imbus des erreurs de leur temps. Un grand publiciste, M. de Tocqueville, a dit avec justesse « que c'est dans leurs écrits qu'on peut le mieux étudier le vrai naturel de la Révolution. » La science économique s'est constituée sous ces pernicieuses influences, et elle a gardé jusqu'aujourd'hui l'empreinte des erreurs que professaient ses fondateurs.

Tel est l'antagonisme des deux écoles qui se trouvent en

présence sur le terrain économique comme dans tout le domaine des sciences sociales. Où ces écoles nous conduisent-elles? Que feront-elles de la société, dont elles se disputent la direction?

Pour répondre à ces questions il faut résumer avec plus de précision que nous ne l'avons fait jusqu'ici le problème du travail, c'est-à-dire le problème dont la science économique cherche la solution.

L'économie politique se demande par quels moyens on peut développer dans la société la richesse, en vue de rendre meilleure la condition du grand nombre.

Certains, il est vrai, enfermés dans les régions de l'abstraction, se sont contentés de considérer la richesse en général, sans porter leurs regards sur les hommes à qui elle est destinée. Les économistes de cette école se préoccupent seulement de l'accroissement des biens matériels dans la société; ils s'imaginent que, la masse de ces biens étant considérable, tous, dans tous les rangs, viendront, par l'effet naturel des lois qui président aux transactions, prendre, sur le fonds commun, une part qui sera en proportion de l'importance du produit total. Mais ceux-là, bien qu'ils ne soient pas sans autorité, ne forment pas le grand nombre, et leur opinion est peu suivie aujourd'hui.

Les économistes sérieux, particulièrement ceux qui se trouvent engagés dans les débats tout pratiques de la vie politique, ou dans la vie ouvrière, font de l'amélioration du sort du grand nombre le but final de leurs études. Ils prennent la richesse dans sa réalité, c'est-à-dire dans sa relation avec les besoins des hommes. En considérant la richesse comme un moyen donné à l'homme pour l'accomplissement de sa destinée, ils restituent à leur science son caractère pratique. Eux aussi commencent par rechercher les moyens d'accroître la puissance du travail. En effet, pour rendre meilleure la condition du grand nombre, il faut commencer par multiplier la richesse que le travail met à la disposition des hommes, et cela ne se peut faire qu'en étendant la puissance du travail. Mais cette recherche ne donne que la première partie de la solution. Ce premier résultat obtenu, il en est un autre à poursuivre. Il faut assurer à la masse des travailleurs qui ont concouru de leurs bras à la création de la richesse, et qui forment dans la société le grand nombre, une part de cette richesse telle qu'elle leur donne le nécessaire et, s'il est possible, l'aisance.

Comment faut-il, pour atteindre ce but, solliciter et diriger la force individuelle? Dans quelle mesure convient-il d'user de la puissance gouvernementale? Par quel mobile faut-il mettre en action les volontés, dans tous les rangs du corps social, pour réaliser l'idéal de bien-être individuel et de prospérité générale vers lequel tendent légitimement toutes les sociétés? Voilà le problème en ses éléments essentiels.

Tout, en ce problème, dépend tellement des motifs déterminants de la conduite de l'homme, qui sont toujours des motifs de l'ordre moral, que ceux mêmes d'entre les économistes qui montrent l'intention la plus arrêtée de fuir ces régions supérieures, et de réduire leur science à une sorte d'arithmétique politique, se voient contraints, par la force des choses, d'accepter implicitement une solution sur la question de la destinée humaine, et de prendre, par le fait, parti pour l'une des doctrines auxquelles l'homme demande la règle de sa conscience.

Libéral ou chrétien, telle est l'alternative dans laquelle est renfermé tout homme qui, à l'heure présente, s'interroge sur sa conduite. Cette alternative ne s'impose pas avec moins de force à la société. Les sciences qui prétendent lui donner des lumières sur ses grands intérêts, et notamment la science économique, doivent avant tout faire leur choix.

III

Comment l'économie qui s'inspire de l'idée libérale comprend et résout le problème du travail.

Toute économie libérale est utilitaire et par conséquent égoïste. Elle l'est alors même qu'elle veut et qu'elle cherche, par tous les moyens, à ne point mériter ces qualifications, auxquelles l'élévation naturelle des idées chez les peuples chrétiens attache toujours un sens disgracieux.

L'essence du libéralisme est l'affirmation de l'indépendance native de l'homme, qui est affranchi de la soumission à Dieu et qui ne relève que de la souveraineté de sa libre conscience. Comment pourrait-on demander à un tel être de poursuivre autre chose que son utilité? Au nom de quel principe et de quelle loi exigerait-on de lui un sacrifice? S'il existe pour lui-même, ne doit-il pas tout rapporter à lui? Qu'il cherche son utilité dans les sphères élevées de la vie et qu'il la trouve dans les jouissances délicates de l'intelligence et du sentiment, ou qu'il se contente de la poursuivre dans les sphères abaissées des jouissances matérielles, la satisfaction du moi sera toujours son objet, et son unique loi sera l'intérêt personnel. C'est par cette fatalité logique que tout libéralisme a pour conséquence, dans l'ordre économique comme dans l'ordre politique, l'individualisme.

Pour parvenir à faire vivre les hommes en société sur le principe de l'individualisme et de l'intérêt propre, on peut choisir entre deux voies qui, partant du même point, aboutissent, par différents détours, à des effets pratiques également fâcheux pour la liberté, la dignité et le bien-être de tous.

Il y a la voie du développement harmonique des intérêts. Ceux qui la suivent s'imaginent que les intérêts sont tellement coordonnés de par la nature des choses, qu'étant laissés à leur impulsion propre, ils mettent tout dans le plus parfait équilibre.

Par l'autre voie, on demande à l'État ce que, dans le premier système, on croit pouvoir obtenir de la seule liberté. D'après cette conception de centralisation, l'État se présente comme la conscience universelle, formée par la libre adhésion de toutes les consciences individuelles, et comme l'organe suprême de la liberté dans la vie sociale, si bien qu'en livrant tout à l'absolutisme on a la prétention de tout faire par la liberté.

De ces systèmes, le premier est le système libéral proprement dit, l'autre est le système socialiste. Il y a entre eux des antipathies provenant de la contradiction dans les intérêts, et habituellement, on les voit se combattre. En réalité, ce sont des frères ennemis qui se ressemblent par plus d'un trait.

Toutes les conceptions de l'école libérale se résument dans la maxime célèbre : « Laisser faire, laisser passer. »

Grâce à cette liberté sans restrictions, l'homme doit aller sûrement aux plus grandes jouissances possibles. Tout, dans les sociétés qui pratiquent cette maxime, est livré à une concurrence universelle et absolue. Cette concurrence, portant tous les individus, par l'impulsion de l'intérêt personnel, à donner à leur travail la plus grande puissance, et la liberté des transactions assurant à chacun, par l'effet de la loi d'offre et de demande, le juste prix de ses produits, tous les producteurs sont assurés d'un revenu proportionné à leur activité, et le bien-être général est la conséquence du jeu naturel de tous les égoïsmes.

Dans ce système, l'État n'a qu'une chose à faire : maintenir entre tous le règne de la stricte justice. Comme dit Stuart Mill, « il lui est interdit d'intervenir dans la vie d'un individu autrement que pour l'empêcher de nuire à autrui. » La propriété, le capital, le travail, les échanges, échappent absolument à son action, aussi longtemps que la stricte justice est sauve.

L'inflexible loi de la liberté individualiste ne fléchirait pas, lors même qu'il s'agirait de mettre un frein à des immoralités qui s'abritent sous l'inviolabilité du droit individuel, et de réprimer certaines exploitations que se permettent les plus forts, abusant du strict droit de la liberté pour couvrir leurs iniquités. Dans ce système de liberté aveugle, on interdit au gouvernement jusqu'à cette réglementation nécessaire que réclament impérieusement la conservation des mœurs et la protection des faibles.

L'école du libéralisme absolu n'admet pas davantage la réglementation tutélaire requise en certains cas pour assurer la conservation de la société, pour régler son activité sollicitée par des cupidités qui la précipiteraient dans de graves désordres, ou pour donner l'impulsion à ses progrès les plus nécessaires.

L'horreur de la réglementation tutélaire est portée chez certains économistes à ce point que, pour eux, le principe même de la nationalité s'efface sous la tyrannie du droit individuel. Le droit de l'individu à la jouissance abaisse toutes les limites de peuple à peuple, chacun de nous étant, de droit naturel, maître d'aller chercher où il lui plaît, au meilleur marché, c'est-à-dire avec la moindre peine possible, les choses dans lesquelles il trouvera les jouissances qui sont le but de sa vie. En cette matière du libre-échange international, on a vu l'individualisme utilitaire se porter à des extravagances humanitaires et cosmopolites dont se feraient difficilement une idée ceux qui n'ont point pénétré dans les recoins de l'école économique où s'étalent ces aberrations.

Devant le radicalisme utilitaire, l'ordre intérieur des sociétés ne trouve pas grâce plus que l'ordre international. On remarque, parmi les adeptes du libéralisme économique en général, une tendance marquée à mettre les gouvernements en suspicion. Pour les plus avancés, ce sont des puissances malfaisantes qu'il est bon de tenir soigneusement garrottées, si l'on veut se prémunir contre leurs dangereuses atteintes. Dans l'état présent des choses, l'économie utilitaire admet les gouvernements comme un mal nécessaire, tout en nourrissant l'espoir qu'un jour l'humanité sera assez éclairée sur ses vrais intérêts, et l'individualisme assez infaillible, pour qu'on puisse s'en passer.

L'humanité, telle que l'économie libérale la conçoit, rêve une félicité terrestre indéfinie et une véritable restauration de l'âge d'or. Elle a pour l'y mener deux guides qui ne sauraient l'égarer : l'intelligence, qui lui fait apercevoir son véritable intérêt, et une soif inextinguible de jouissances, qui la sollicite à tous les progrès dont la science lui donne l'idée. Le moteur nécessaire, dans une société qui pratique cette doctrine, c'est « la passion du bien-être ». A cette passion maîtresse, vraiment souveraine dans les sociétés où l'homme règne seul, on donne parfois des dénominations qui la rendent moins inacceptable pour les délicats. Tout le monde n'a pas la naïve franchise de l'auteur de *La liberté du travail*, qui l'appelait crûment par son nom. Sous tous les déguisements, elle reste néanmoins la même, et c'est en elle que l'école utilitaire trouve la source de toutes les vertus.

La formule scientifique de la passion du bien-être se trouve dans la théorie du développemnt indéfini des besoins et de la richesse par laquelle on donne satisfaction à tous les besoins.

Nous avons vu, dans les chapitres précédents, comment les physiocrates, et plus tard J.-B. Say, avaient posé et développé cette formule. Nous avons vu aussi comment Bastiat avait repris et vulgarisé, avec l'élégante netteté qui caractérise son talent, les théories de son devancier ; comment il entendait l'harmonie des intérêts, qu'il prenait comme une sorte de mécanique sociale, laquelle, aussi bien que la mécanique céleste, révèle la sagesse de Dieu et raconte sa gloire.

Mais ni les physiocrates, ni J.-B. Say, ni Bastiat, n'ont dit le dernier mot de cette conception de mécanisme social. Ils avaient conservé, dans leur égarement libéral, trop de bon sens pour se laisser entraîner jusqu'aux conséquences extrêmes de leur erreur. Pour l'avoir, ce dernier mot, c'est

Proudhon qu'il faut interroger. C'est lui, bien mieux que Bastiat, nous l'avons dit plus haut, qui a fait la véritable théorie de l'harmonie des intérêts.

Par malheur, cette belle harmonie n'est qu'un rêve, aussi bien que la puissance moralisatrice de l'intérêt propre, aussi bien que la justice immanente et infaillible de l'individu. L'école qui prétend établir, sur cette base de la souveraineté de la conscience individuelle, un ordre social purement humain, oublie qu'il y a au fond de l'âme de tout homme des concupiscences qui sont les suites de la déchéance, et que ces concupiscences porteront inévitablement le trouble dans la vie, si elles ne sont réprimées par un pouvoir exerçant le commandement en vertu d'un principe d'autorité supérieur à l'homme. Quand on arrive au fait, on voit se changer en un ruineux désordre, quelquefois même en une sanglante anarchie, cette harmonie des intérêts, que Bastiat croyait avoir trouvée dans la modération d'un libéralisme honnête, et que Proudhon allait chercher dans les coupables hardiesses du socialisme.

Il faut bien pourtant que la société vive, et elle ne peut vivre hors de l'ordre. Si la liberté, que l'on s'obstine à prendre en elle-même comme la seule source légitime du droit social, ne donne pas cet ordre nécessaire par le système de la libre expansion de toutes les forces individuelles, on sera obliger d'aller le demander à des combinaisons qui font de l'Etat la résultante de toutes les libertés. On pourra, de cette façon, conserver une illusion chère au libéralisme, et l'on se flattera de ne subir d'autre domination que celle que la liberté s'impose à elle-même, puisque dans l'Etat constitué par le libre consentement de tous, c'est de la liberté que naît le pouvoir, et qu'en déférant aux commandements de la puissance publique, chacun semble n'obéir qu'à soi-même.

Cette réaction est inévitable. On l'a vue se produire dans la politique par le césarisme, et dans l'économie par les théories qui, rejetant la loi de la concurrence, sollicitent l'État à prendre, d'une façon ou d'une autre, dans les choses du travail, une direction qui substitue l'initiative officielle à la liberté des particuliers.

Je laisse de côté les théories qui appliquent sans ménagement l'idée révolutionnaire, et dont l'apparition dans les régions du pouvoir, en 1848, a laissé un souvenir qui n'est point encore effacé. Je me borne à signaler les vues du libéralisme autoritaire, en matière économique, chez des écrivains dont les intentions conservatrices ne sont pas suspectes.

Dès 1846, dans un écrit sur les relations du travail avec le capital, M. Dupont-White disait : « Il s'est fait de nos jours une insigne découverte, celle du peu que vaut la liberté. Certaine liberté est excellente, sans doute, mais seulement celle qui signifie : *gouvernement d'une nation par elle-même*. Que, si l'on entend par ce grand mot *le moins de gouvernement* possible, il n'y a là qu'une chose médiocre et trompeuse... Les grandes Assemblées de la Révolution n'avaient eu garde de se fourvoyer en cette question. Avec un juste sentiment de la mission de l'État, elles avaient dit : *Liberté, égalité, fraternité;* c'est-à-dire non seulement le pouvoir sera l'élu de la nation, mais il couvrira de sa protection cette immense majorité du peuple vouée jusque-là aux spoliations et aux avanies. Nous avons à cette heure l'égalité, nous acquérons chaque jour plus de liberté, car chaque jour nous prenons plus de part à la collation et à la direction du pouvoir. Mais est-ce assez que tous soient égaux devant la loi ? Est-ce assez même que cette loi ne soit plus l'œuvre d'un homme ni d'une caste, si elle permet, sous prétexte de liberté, les oppressions qu'elle ne consacre plus, et si le droit du plus fort, banni des institutions, peut revivre spontanément et se déployer tout à l'aise dans des mœurs et dans des œuvres nouvelles [1] ? »

Il est notoire que la grande école des socialistes cathédrants en Allemagne, dont les principaux représentants appartiennent à l'enseignement officiel, pose en principe que la liberté n'est pas un idéal vers lequel on doive tendre [2]. Suivant le résumé que M. Maurice Block nous a

1. *Essai sur les relations du travail avec le capital*, Paris, 1846, pages 1 à 5.

2. Voir l'article de M. Maurice Block, *La quintessence du socialisme de la chaire*, dans le *Journal des économistes*, novembre 1878.

Dans ce travail nous trouvons reproduit un résumé des vues du socialisme cathédrant, dû à la plume d'un des principaux maîtres de cette école, M. Held. Le voici tel que le donne M. Maurice Block :

« Les socialistes de la chaire demandent qu'on abandonne complètement toute recherche de lois naturelles économiques d'application générale, qu'on délaisse autant que possible les méthodes d'investigation qui, d'une prémisse plus ou moins fictive, tirent des conséquences par voie de déduction. Ils veulent que les recherches économiques s'appuient autant que possible sur des données historiques et statistiques, en un mot qu'on fasse de l'*économie politique réaliste*. Ils demandent avant tout qu'on abandonne cette prémisse que l'homme n'est inspiré, en matière économique, que par l'égoïsme ; ils contestent cette proposition, que l'homme *doit être* dominé uniquement par l'égoïsme, que ce serait là le moyen d'assurer la prospérité générale. Ils prétendent au contraire que l'esprit public (*Gemeinsinn* — le sens de la chose publique) agit toujours en même temps que l'égoïsme et qu'il doit en être ainsi. C'est là l'économie politique éthique. Ils veulent enfin que l'individu, en cultivant ses intérêts économiques, ne cesse pas d'être considéré comme

donné de leur doctrine, ils veulent que l'individu, en cultivant ses intérêts économiques, ne cesse point d'être considéré comme membre de l'État, ce qui n'est que

membre de l'organisme politique (de l'État); ils rejettent l'idée d'un droit naturel dominant toutes les lois, et demandent qu'on considère la législation en vigueur, dans son ensemble et pour chaque cas en particulier, comme exerçant une influence majeure sur la vie économique. C'est le point de vue de la *politique sociale*, ou aussi le point de vue *historico-légal.* »

M. Émile de Laveleye nous donne aussi, dans la *Revue des Deux-Mondes*, un exposé des vues du socialisme cathédrant. Il lui prête une certaine teinte de morale religieuse que n'a pas l'école en général, et qui se rencontre seulement chez quelques-uns de ses représentants. M. de Laveleye résume en ces termes ses appréciations :

« Tandis que les anciens économistes, partant de certains principes abstraits, croyaient arriver par la méthode déductive à des conclusions parfaitement démontrées et partant applicables, les *catheder Socialisten*, s'appuyant sur la connaissance des faits passés et présents, en tirent, par la méthode inductive et historique, des solutions relatives qui se modifient d'après l'état de société auquel on veut les appliquer. Les uns, convaincus que l'ordre naturel qui préside aux phénomènes physiques doit aussi gouverner les sociétés humaines, prétendent que, toutes les entraves artificielles étant supprimées, du libre essor des vocations résultera l'harmonie des intérêts, et, de l'affranchissement complet des individus, l'organisation sociale la meilleure et le bien-être le plus grand. Les seconds pensent, au contraire, que sur le terrain économique comme parmi les animaux, dans la lutte pour l'existence et dans le conflit des égoïsmes, le plus fort écrase ou exploite le plus faible, à moins que l'État, organe de la justice, n'intervienne pour faire attribuer à chacun ce qui lui revient légitimement. Ils sont aussi d'avis que l'État doit contribuer au progrès de la civilisation. Enfin, au lieu de professer, avec les économistes orthodoxes, que la liberté illimitée suffit pour mettre un terme aux luttes sociales, ils prétendent qu'une série de réformes et d'améliorations inspirées par des sentiments d'équité est indispensable, si on veut échapper aux dissensions civiles et au despotisme qu'elles amènent à leur suite. » — *Revue des Deux-Mondes*, livraison du 15 juillet 1875.

très juste; mais ils vont plus loin : ils combattent le laissez-faire, laissez-passer en principe, c'est-à-dire qu'ils ne se bornent pas à consentir des exceptions à la règle, et qu'ils demandent une plus forte intervention de l'État en matière économique.

Tout ceci est modéré. Ce n'est que le vestibule du socialisme. Le véritable socialisme ne se contente pas de

Entre les dispositions que révèle ce programme des socialistes cathédrants, il en est une assurément très louable : la répulsion pour l'égoïsme utilitaire professée par la plupart des économistes orthodoxes. Seulement on ne voit pas bien ce que les socialistes cathédrants veulent opposer à ce mobile de l'intérêt propre, que beaucoup donnent comme la loi nécessaire de l'ordre économique. Ce n'est pas la morale du sacrifice, il n'y en a nulle trace dans leurs théories. Leur principe d'ordre et d'harmonie, c'est l'intérêt général représenté par l'État. Mais la prépondérance que l'application de ce principe donnerait à l'État conduirait facilement à l'absorption des forces individuelles dans la collectivité, ce qui serait le socialisme véritable et sans épithète.

Une autre tendance, également très louable, se trouve dans les socialistes cathédrants : la tendance à tirer l'économie politique du domaine des pures abstractions, et à la ramener aux réalités de la vie sociale en restituant à l'étude de l'histoire des faits économiques l'importance qui lui appartient.

Cette tendance serait fâcheuse si elle devait avoir pour conséquence de jeter l'économie politique dans les voies du positivisme, comme peuvent le faire craindre certains procédés des socialistes cathédrants. Elle serait excellente si elle avait pour effet de rendre à l'étude des faits l'autorité qu'elle doit avoir dans toutes les recherches qui ont la vie sociale pour objet, et qu'elle doit avoir surtout en matière économique. Il ne s'agirait plus alors de *positivisme*, mais de *méthode historique*.

Cette méthode est particulièrement représentée en Allemagne par M. Guillaume Roscher, en France par M. Wolowski. J'ai exposé, il y a une vingtaine d'années, les conceptions de ces économistes éminents, dans un travail sur *les faits et la méthode historique en économie politique*, que je reproduis à la fin de ce volume.

centraliser, il confisque et il asservit. Mais le libéralisme est dans l'impuissance de rester modéré ; il se sent fatalement attiré vers le socialisme, parce qu'il obéit, comme le socialisme, aux instincts utilitaires et égalitaires qui sont la conséquence inévitable des erreurs modernes sur la souveraineté de la raison, et de la prétention de l'homme à s'affranchir de toute autorité divine.

IV

Que le libéralisme est, en économie comme en politique, l'ennemi de la liberté, et qu'il conduit à l'asservissement social.

Individualisme et absolutisme sont, nous venons de le voir, les deux pôles de tout libéralisme, et l'un est aussi fatal que l'autre à la liberté.

Au régime de l'individualisme répond le principe de la libre concurrence, qui ne peut manquer, d'après ses partisans, de conduire l'individu, maître de chercher son plus grand intérêt, au maximum de bien-être, et qui ne peut manquer non plus d'assurer au corps social, par le bien-être de l'individu, la plus grande prospérité possible.

Les économistes libéraux assurent qu'il doit en être ainsi. Mais ils ne voient pas que si l'intérêt propre, qui est le principe d'action de l'individualisme, règne seul dans la vie, il n'y a pas de raison pour que le plus fort ne profite pas de la liberté pour exploiter le plus faible. Pourquoi, s'il n'a à considérer que son intérêt à lui, l'industriel, qui est le plus fort parce qu'il possède le capital, ne ferait-il pas sur l'ouvrier le plus grand bénéfice possible, sans s'inquiéter du tort qu'il peut lui causer? Pourquoi irait-il se créer des embarras, faire peut-être quelques sacrifices, pour épargner à l'ouvrier les dangers que certaines conditions du travail peuvent faire courir à sa moralité et à sa santé? Et même n'arrivera-t-il pas qu'il poussera l'égoïsme jusqu'à aider à la corruption de ceux qu'il emploie, lorsqu'il croira trouver dans leur dégradation morale l'occasion de quelque profit? S'il croit que la misère de l'ouvrier le rend plus souple et le dispose à abaisser ses prétentions dans le débat sur la fixation du salaire, ne le verra-t-on pas se garder de rien faire pour l'en tirer, et chercher au contraire à l'y maintenir? Cela fait frémir.

Malheureusement, il faut le reconnaître, ces appréhensions ne sont point des chimères. Que l'on consulte les grandes enquêtes faites par les délégués de l'Académie des sciences morales et politiques sur la condition des ouvriers, surtout celles de M. Villermé et de M. Blanqui, et l'on verra si ces indignités ne sont pas des faits constatés par des témoins irrécusables.

A supposer même que les patrons n'aillent pas jusqu'à cette exploitation directe et vraiment odieuse de ceux dont le travail les enrichit, indirectement, ne seront-ils pas les auteurs de la détresse où périodiquement les ouvriers sont plongés? N'est-ce pas ce qui arrive lorsque, poussés par l'appât du gain, par cette passion du bien-être dont l'économie libérale fait le grand moteur des sociétés, ils se précipitent dans des entreprises hasardées, dont la chute livrera à une navrante misère les travailleurs qu'ils ont inconsidérément appelés à des travaux sans avenir?

On ne peut laisser sans remède de tels désordres et de telles oppressions. Si l'on ne veut pas chercher le remède hors de la doctrine qui fait de la poursuite de la jouissance le but de notre vie, et de l'égoïsme la règle de tous nos actes, en d'autres termes, si l'on ne veut pas renoncer à la morale libérale pour accepter la morale chrétienne qui met le sacrifice à la place de la jouissance et la charité à la place de l'intérêt, il faudra demander une solution à la réglementation communiste du socialisme. Par le socialisme, on tentera de réaliser, sous l'absolutisme de l'État, cette égalité dans le bien-être qu'appelle forcément l'idée du droit égal de tous les hommes, égaux entre eux par la libre conscience, et tous également appelés à accomplir leur destinée par la jouissance.

Ceux qui ont donné quelque attention au problème du travail savent tout ce qu'il y avait de tyrannique dans les projets d'organisation sociale élaborés au milieu de l'agitation socialiste qui précéda et suivit la révolution de Février. Quand ces projets n'étaient pas spoliateurs et oppresseurs, c'est qu'ils étaient imaginaires et ne comptaient point parmi les manifestations sérieuses du parti. Il serait superflu de rappeler ici ce qui est présent encore à l'esprit de tous. A quel degré le socialisme peut être destructif de toute liberté, la Commune de 1871 nous l'a dit; les congrès socialistes nous le disent aujourd'hui encore d'une façon non moins nette. On connaît le programme collectiviste que le socialisme ouvrier défend dans ses congrès. Les arrogances révolutionnaires de la passion utilitaire et égalitaire, les provocations « à la mise en pratique de la guerre de la classe ouvrière contre la bourgeoisie », qui s'étalent dans ces grands jours de la démocratie, sont instructives assurément; elles nous montrent jusqu'où peuvent être poussées les conséquences pratiques de la négation de la vérité chrétienne et de l'affirmation du droit souverain de l'individualité humaine[1]. Mais, au point de vue de la déduction logique des théories d'organisation du travail auxquelles conduisent ces audaces doctrinales, il y a plus d'instruction à retirer des systèmes modérés du socialisme cathédrant. On peut y saisir plus facilement le point de transition entre l'erreur libérale et l'égarement socialiste.

Cette école, qui a rallié la plupart des économistes allemands et qui a fait quelques disciples en France, demande une plus forte intervention de l'État en matière économique. Elle est d'avis que, tout en respectant en général la distribution actuelle de la richesse, qu'il est impossible de considérer comme positivement injuste, il faut néanmoins l'améliorer en engageant ou même en forçant les gens aisés à s'acquitter des devoirs sociaux qu'ils négligent.

L'idée n'est pas neuve. Il y a, comme nous l'avons vu, cinquante ans que Sismondi l'a émise dans ses *Nouveaux principes d'économie politique*. En France, certains publicistes, qui s'engagent aujourd'hui dans les questions ouvrières sur les traces des socialistes cathédrants, ne paraissent pas éloignés de demander quelque chose de pareil, mais leurs théories sont en ce point fort enveloppées et il semble qu'ils évitent d'énoncer clairement leur pensée. Il y a plus de trente ans qu'un écrivain français, que nous

1. Voir le livre très intéressant et très instructif de M. Olivier de Ceinmar sur les *Doctrines des congrès ouvriers en France*.

citions plus haut, M. Dupont White, voulait donner à l'économie sociale cette direction, lorsqu'il proposait de faire entrer la charité dans les lois. « La charité dans les lois, disait-il, est une donnée qui de nos jours a fait école ; en dehors même des sectes socialistes, elle a mis dans tous les cœurs un trouble, un souci, une émotion inconnus au au sujet des classes souffrantes. Relever et améliorer leur sort est aujourd'hui la préoccupation de tous, et, en quelque sorte, un cas de conscience politique[1]. »

Comment pourrait-on faire autrement lorsqu'on ne connaît, comme force sociale, que la puissance civile et les lois qu'elle dicte? Nous, catholiques, nous ne faisons pas seulement appel, pour la solution de la question sociale, à l'action des lois, nous faisons principalement appel à la puissance de la charité, puissance bien supérieure à la puissance des lois, et par laquelle la justice imparfaite de l'ordre légal se trouve complétée et fortifiée. Mais nous ne confondons pas la charité, qui est une force essentiellement libre, avec la force des lois, qui repose nécessairement sur un principe de coaction. Il est bien vrai que nous aussi nous demandons que la charité entre dans les lois, mais c'est uniquement pour déterminer le législateur à remplir toute l'étendue de ses devoirs dans la répression des injustices dont les faibles peuvent être l'objet, et à mettre, suivant la mesure du possible, la moralité de la société sous la sauvegarde des pouvoirs publics. Nous n'admettons pas qu'en des questions où il ne s'agit que de l'intérêt des individus, l'État ait, en principe, le devoir d'intervenir, et qu'il puisse invoquer aucune raison de charité pour régler

1. *Le travail et le capital*, p. 5.

d'autorité les difficultés qui s'élèvent entre les patrons et les ouvriers quant à la fixation des salaires. Nous ne croyons pas qu'il faille ranger dans la catégorie des immoralités les résultats fâcheux que peuvent avoir, et qu'ont trop souvent pour les classes ouvrières, les luttes de la concurrence. Nous ne pensons pas que les hardiesses inconsidérées des capitalistes dans ces luttes puissent rendre légitime la réglementation par les pouvoirs publics.

On ne saurait mettre en ce point trop de clarté. En détournant la signification naturelle des termes, on pourrait donner le change sur le fond des choses. On réussirait à faire accepter subrepticement comme l'accomplissement d'un devoir de charité, comme la conséquence naturelle du principe de la réglementation nécessaire, c'est-à-dire de la réglementation qui a pour but de faire respecter la morale, des mesures qui auraient un caractère absolument socialiste. En France, certains socialistes cathédrants ont tenté de suivre cette voie, qu'il importe de leur fermer. La charité que l'État exerce au besoin par la main des gendarmes, c'est le socialisme. Les sociétés qui sont réduites à en user, parce qu'elles n'en ont pas d'autre, s'acheminent à leur perte. Les socialistes cathédrants ne répugnent pas à cette charité par exécution de justice, et les vrais socialistes, comme Marx et Lasalle, en font un article essentiel de leur régime.

Que veulent, en effet, ces deux hommes, qui, pour la théorie et pour l'action, représentent tout le socialimse allemand, et qui sont la plus haute expression du socialisme tel qu'il est aujourd'hui? Ils veulent que l'ouvrier, courbé jusqu'ici sous le joug de la loi d'airain qui règle le salaire, en soit affranchi par l'État. M. l'abbé Winterer, dans un écrit du plus sérieux intérêt, nous donne les traits généraux de leur doctrine[1]. Pour Marx, le grand penseur du socialisme allemand, tout le mal vient de ce que présentement le capital est propriété privée, et de ce qu'il opère sous la loi de la libre concurrence. La concurrence introduit l'instabilité dans la production, qui est parfois trop forte, d'autres fois trop faible, et il arrive, par la fluctuation et la réduction des salaires, que les bénéfices du travail sont absorbés par un petit nombre de capitalistes, au détriment de la masse des travailleurs. Pour corriger cette injustice, Marx fait appel à l'État, qui doit posséder le capital et l'exploiter dans l'intérêt de tous. Toute cette théorie se réduit à ceci : remplacer la propriété individuelle par la propriété collective, et transformer le capital privé en capital collectif.

Lasalle, qui portait dans son agitation socialiste un grand esprit politique, ne réclamait pas absolument et immédiatement la propriété collective, mais il posait tous les principes qui doivent justifier cette radicale transformation de l'ordre social. Il attribue à l'État le devoir d'assister la classe ouvrière dans sa lutte contre le capital. En conséquence de ce devoir, il faut que l'État trouve un moyen d'assurer à l'ouvrier, non pas un salaire arbitraire, mais le fruit intégral de son travail. A l'homme de la quatrième couche, l'État doit l'instruction, qui lui permettra de connaître et de défendre ses droits; et il lui doit en outre les ressources nécessaires pour qu'il puisse entrer en concurrence avec le capital. Pour le moment, Lasalle propose de satisfaire à cette dernière exigence par une

1. *Le Socialisme contemporain*, p. 40 et suivantes. 1. vol. Paris, Palmé.

application restreinte du principe de la collectivité, laquelle consiste à accorder aux ouvriers, organisés en sociétés de production, des subventions qui les mettent dans les mêmes conditions que les capitalistes.

Comme c'est en Allemagne qu'il faut chercher aujourd'hui l'expression dogmatique la plus complète du socialisme, et peut-être aussi sa plus forte organisation pratique, il ne sera pas sans intérêt de savoir comment les socialistes allemands, réunis à Gotha, ont formulé leurs doctrines et leurs prétentions. On les trouvera très semblables aux doctrines et aux prétentions des socialistes français, et on y reconnaîtra la trace des théories utilitaires que nous avons signalées chez les économistes libéraux.

« Le travail, dit l'assemblée de Gotha, est la source de toute richesse et de toute civilisation. Pour être d'une utilité universelle, le travail doit être entrepris par la société elle-même, et c'est à la société, c'est-à-dire à tous ses membres, qu'appartient le produit total du travail. — Dans la société actuelle, les capitalistes possèdent le monopole des moyens de travail. La classe ouvrière se trouve ainsi placée dans une dépendance complète, qui est la cause unique de la misère et de la servitude sous toutes les formes. — Il faut, pour l'affranchissement du travail, que les moyens deviennent le bien commun de la société, que le travail soit organisé dans l'intérêt de tous, et qu'il y ait une répartition juste des bénéfices obtenus. — L'affranchissement du travail doit être l'œuvre exclusive de la classe ouvrière. Toutes les autres classes ne sont, à l'égard de la classe ouvrière, que des masses réactionnaires. »

Voilà donc où nous mène cette école du libéralisme économique, qui, plus que toute autre, a préparé la révolution, plus que toute autre, systématisé et vulgarisé l'individualisme des lois de 89. Elle promettait la liberté dans le bien-être et le bien-être par la liberté. Aujourd'hui qu'elle se voit contrainte, par un irrésistible mouvement de l'opinion, à rendre compte de ses faits et à procéder à une liquidation, elle se trouve insolvable, insolvable pour la liberté autant que pour le bien-être. Le monde trompé la quitte. C'est à l'absolutisme socialiste que, dans les écoles comme dans le peuple, on demande la solution : dans les écoles, avec une certaine retenue qui tient encore de la modération officielle ; dans le peuple, avec toutes les violences de la guerre sociale.

N'est-ce pas là, après tout, qu'il faut aller, lorsqu'on s'obstine à chercher la solution du problème du travail dans les théories de l'économie libérale, c'est-à-dire dans un orgueil utilitaire qui met en jeu tous les égoïsmes, et rend la liberté aussi malfaisante que le despotisme ?

La vraie solution, celle qui unit dans leur naturelle harmonie, en économie comme en politique, la liberté et l'autorité, doit être cherchée à l'opposé des principes dont s'inspire le libéralisme : il la faut demander aux doctrines qui mettent dans la vie sociale, à la place de la passion du bien-être et de l'intérêt propre, l'esprit de charité et, par l'habitude du sacrifice, la modération des désirs. Le christianisme seul a donné au monde ces vertus, seul il peut lui donner l'harmonie économique dont elles sont les premières conditions.

V

Comment, par la pratique des doctrines catholiques, le problème du travail se trouvera résolu suivant le juste équilibre de l'autorité et de la liberté.

C'est par le naturel et nécessaire assujettissement de la conscience à Dieu que se trouvent la liberté et la fécondité, pour la vie économique aussi bien que pour la vie politique. Les doctrines qui prétendent affranchir l'homme du joug divin le mènent à la servitude et à la misère.

Notre siècle, que les préoccupations matérielles ont rendu inattentif à ces vérités fondamentales, ne résoudra le problème du travail que lorsqu'il aura renoncé à ses rêves d'illégitime et folle indépendance. Quand l'homme aura repris, dans l'ordre divin, cette place où il trouvait la grandeur par la soumission, alors seulement il parviendra à remettre l'ordre dans sa vie terrestre, et il se retrouvera en possession de tout ce qu'il peut avoir de paix, de sécurité et de bonheur par le travail.

L'obéissance que le chrétien rend à Dieu est une obéissance d'amour autant que de devoir. La charité, qui imprime le mouvement à toute la vie chrétienne, et qui sollicite le disciple du Christ à toutes les perfections, rend plus légère l'obéissance et la rend aussi plus complète. La charité est le grand ressort des sociétés chrétiennes. Unie à la justice, qui assure l'ordre nécessaire, elle tend à mettre les sociétés dans leur perfection. Il n'est pas de difficultés dont elle ne puisse donner la solution, dans la mesure de ce que l'infirmité humaine comporte, et autant que le permet la loi d'expiation sous laquelle la juste sentence de Dieu nous a placés.

La justice, sans laquelle la société où nous vivons ne saurait exister un seul instant, met parmi les hommes l'ordre et la paix. Mais s'il n'y avait que la justice, comme le veulent toutes les écoles libérales, la paix serait imparfaite et fragile, et l'on ne pourrait obtenir l'ordre qu'au moyen d'une compression dont la liberté, même en ses manifestations légitimes, aurait beaucoup à souffrir. Quand la société subit l'étreinte d'une réglementation stricte et multipliée, les forces vives, par lesquelles elle réalise tous les progrès dont elle est capable dans l'ordre matériel et dans l'ordre moral, déclinent et finissent par s'éteindre. Sous cet ordre réglementaire, et toujours plus ou moins oppresseur, la société languit et bientôt elle arrive, par l'état stationnaire, à la décadence et à la ruine.

Lorsque, sous l'impulsion de la charité, les volontés se portent de leur propre mouvement à l'accomplissement de toute justice, il semble que la société aille d'elle-même. La faiblesse native de l'homme déchu ne permet pas d'espérer que jamais l'ordre spontané, qui naît de la charité, règne dans les sociétés. Le fond nécessaire de notre ordre social sera toujours la justice s'imposant par les sévérités de la loi. Néanmoins, il reste très vrai que cette justice armée du glaive aura d'autant moins à faire que la charité portera davantage les volontés à se ranger, de leur plein gré, à ce que la justice demande. Il sera vrai de plus, et ceci est pour le problème économique de la plus grande importance, que la charité mettra un frein à des abus qui s'introduisent en quelque sorte d'eux-mêmes dans les relations du travail, lorsque tout dépend, sous la règle du tien et du mien, de la seule loi de l'intérêt, abus auxquels la justice, lorsqu'elle agit seule, ne peut remédier qu'en livrant la société à cet absolutisme économique dont les socialistes ont élaboré le système.

Il est, dans les sociétés parvenues à un certain point de développement, une institution sans laquelle tout languirait et à laquelle on ne peut attenter sans produire dans toute la vie sociale, et surtout dans la vie économique, un ébranlement funeste, c'est l'institution de la propriété privée. En lui-même, et s'il n'est contenu par des principes supérieurs, le droit de propriété porte un certain caractère d'égoïsme. Si, dans la pratique, le droit absolu d'user et d'abuser qu'a le propriétaire n'est tempéré par la loi morale, il peut donner naissance à des extravagances et à des iniquités qui rompraient toute l'harmonie de l'existence sociale. Il arriverait alors qu'une institution, justifiée par les plus fortes raisons de nécessité sociale, deviendrait pour la société un fléau. Une pareille anomalie ne peut s'expliquer que s'il y a dans la constitution morale de la société quelque désordre grave; elle fait soupçonner l'absence ou l'effacement de quelque principe destiné, dans la disposition providentielle des choses, à contrebalancer certaines forces dont l'action irrégulière et excessive fait souffrir le corps social.

En commandant aux hommes de pratiquer la charité, et en faisant de son Église une grande institution et une grande école de charité, le Christ a donné aux sociétés ce principe, cette force qui tempèrent l'âpreté de l'instinct propriétaire. La charité fait bien plus : elle introduit dans les sociétés où ses conseils sont généralement pratiqués une sorte de communauté volontaire des biens qui transforme un droit attribué par la loi à un seul en un bienfait pour tous. A la place de cette communauté par la loi que réclame le socialisme, et qui serait la ruine de toute l'activité humaine dans la production de la richesse, la charité établit une communauté par la liberté, qui laisse à la propriété tous ses avantages économiques en lui enlevant ses défauts. Le riche, suivant les enseignements du christianisme, ne possède pas ses biens seulement pour lui-même : il a été établi par la Providence l'économe du pauvre. « Le riche, dit saint Basile, ne possède pas pour lui seul. Les biens ne lui sont pas confiés pour qu'il en jouisse, mais pour qu'il les administre. Apprends pourquoi tu as reçu les richesses. Tu es le ministre du Dieu très bon, l'intendant de tes compagnons de servitude. » Saint Augustin dit avec non moins de force : « Le superflu des riches est le nécessaire des pauvres. Posséder le superflu, c'est donc posséder le bien d'autrui. »

Ces textes, et bien d'autres non moins significatifs, ont donné lieu à des imputations de socialisme. Certains, même parmi ceux qui ne sont pas les ennemis de l'Église, ont avancé qu'introduire la charité dans l'économie politique, c'était faire acte de socialisme. C'est tout uniment faire acte de bon sens chrétien.

Ici, comme toujours, c'est en suivant la voie tracée pour la vie chrétienne par les enseignements de l'Église que nous rencontrons la vérité sociale, en théorie aussi bien qu'en pratique. Il se trouve dans le cas présent que, bien loin d'être les complices du socialisme, nous le combattons de la façon la plus efficace, en le rendant inutile. Toutes les théories socialistes impliquent une atteinte au droit de propriété. Nous, au contraire, loin d'ébranler ce droit, nous le consolidons, en ôtant tout prétexte raisonnable aux attaques des socialistes.

Quand on veut bannir la charité de l'ordre économique, comme le fait l'école libérale, il est tout naturel qu'on veuille rétablir dans la société la justice distributive par les lois et par la contrainte officielle. Mais alors, il faut faire rétrograder la société vers le régime de la communauté qu'elle a pratiqué dans ses premiers âges, à cette époque où la vie sociale ne présentait aucune des complications qui se rencontrent chez les peuples parvenus à leur plein développement. Il faut bien, en effet, que la question soit résolue de façon ou d'autre. Il n'est pas besoin d'une grande perspicacité pour sentir qu'il y a présentement dans le monde un désordre qui ne se peut tolérer.

La pleine propriété, telle qu'elle existe parmi nous, est, aussi bien que la pleine liberté à laquelle tous sont aujourd'hui parvenus, une conséquence du développement que la société a pris sous l'influence des idées et des habitudes chrétiennes. Mais, au premier rang de ces idées et de ces habitudes, il y a aussi la charité, puissance toute de liberté, qui doit mettre l'ordre et rétablir l'équilibre de l'équité et de la justice au milieu des difficultés qui accompagnent les progrès de la liberté. On peut apercevoir ici une des harmonies les plus profondes de l'ordre social chrétien. Prétendre retenir les avantages de la liberté en s'affranchissant des obligations de la charité, c'est se mettre en rébellion contre l'ordre providentiel et tenter l'impossible. Or les impossibilités en matière d'organisation sociale se manifestent par la confusion, le malaise, la souffrance, et elles conduisent les peuples à la ruine. L'état où nous sommes doit nous le faire assez comprendre.

Propriété et liberté vont toujours ensemble. Elles se sont développées et affermies dans nos sociétés d'un mouvement commun. Garantir le droit de propiété est une des manières de garantir la liberté. Aussi, quand il s'agit de la pleine liberté accordée à tous de disposer comme il leur convient, pour la production, de leurs forces personnelles et de leurs ressources, c'est-à-dire de la pratique du régime de la libre concurrence, il se rencontre des difficultés analogues à celles qui s'élèvent au sujet de l'usage du droit de propriété, et ces difficultés ne peuvent être résolues que par le même principe. Là aussi il n'y a d'ordre et de vraie justice que par l'action habituelle et générale de la charité. Les harmonies de la liberté dans la société chrétienne sont les mêmes que les harmonies de la propriété.

Tous ces abus et ces excès de la concurrence que nous signalions plus haut en les attribuant à l'égoïsme utilitaire, et dont notre peuple ouvrier a tant à souffrir, pourraient être singulièrement atténués par la pratique des vertus que le christianisme impose à tous, aux riches comme aux pauvres. On peut même dire que, de ces abus aujourd'hui si criants, il ne resterait que les défectuosités, inévitables dans la vie humaine, si la charité était pratiquée suivant la mesure commune où l'Église la demande à ses enfants.

Mon dessein n'est pas d'entrer dans tout le détail de cette grave question des remèdes que la pratique chrétienne oppose aux désordres économiques introduits dans nos sociétés par les abus de la concurrence : un volume y suffirait à peine. Je me contenterai d'en parcourir les points saillants et de faire apercevoir les solutions qui sortent tout naturellement de l'application des principes.

D'abord, toutes ces exploitations, ces déprédations, pour dire le vrai mot, que des patrons sans foi et sans miséricorde exercent sur leurs ouvriers, ces négligences graves, cette indifférence pour la moralité et le bien-être de l'ouvrier, qui prennent souvent un caractère d'égoïsme vraiment odieux, toutes ces hontes du régime industriel que nous avons signalées et stigmatisées plus haut, ne se rencontreraient plus, ou ne se rencontreraient que très rarement, dans une société dont les habitudes seraient sérieusement chrétiennes. Dans une telle société, l'opinion publique ne les tolérerait pas et ferait, à défaut de vertus et d'humanité chez les patrons, la police des ateliers.

Alors les chefs d'industrie se rappelleraient que l'ouvrier comme l'ont si bien dit les patrons chrétiens du nord de la France, « n'est pas une force qu'on utilise ou qu'on rejette, en ne tenant compte que des besoins immédiats de l'industrie ; que c'est un frère en Jésus-Christ, confié par Dieu au patron, qui demeure obligé de le placer dans des conditions propres à lui faciliter le salut éternel. »

Que l'on considère l'étendue de ces recommandations, qu'on mesure la portée des obligations imposées par la charité à tout patron chrétien, et l'on verra si, lorsqu'elles seront consciencieusement remplies, il restera quelque chose à faire pour le bien-être moral et matériel de l'ouvrier. La pratique des principes et des devoirs rappelés dans cette belle déclaration, c'est pour l'ouvrier la justice scrupuleuse, avec le respect de la liberté et de la dignité du chrétien.

Mais il y a pour les classes ouvrières, dans l'état de liberté économique où se trouvent nos sociétés, un mal plus général, mal que l'on pourrait considérer comme habituel, et dont nos sociétés cherchent vainement à s'affranchir : c'est la réduction des salaires par l'effet de la concurrence. En ce mal, les patrons ont moins de part qu'on ne pourrait croire, à voir les choses superficiellement. Il se peut même, dans bien des cas, qu'il n'y ait aucune raison de le leur imputer, parce qu'ils subissent les entraînements qui naissent de l'état général d'un marché dont l'étendue est telle qu'il serait impossible d'en prévoir et d'en mesurer les fluctuations. Lasalle, Marx et tous les socialistes allemands ont fait vivement ressortir cette loi, qui réduit le salaire de l'ouvrier au strict nécessaire de la plus mince existence ; ils ont facilement mis en toute évidence la nécessité où se trouve le producteur de produire au plus bas prix possible, afin de supplanter ses concurrents, et aussi l'impossibilité où est l'ouvrier, faute d'avances, de se soustraire aux réductions de salaire que le patron lui impose. C'est ce qu'ils appellent la loi d'airain du salaire.

Les socialistes ont établi avec plus de force que personne, en se fondant sur les principes mêmes de l'économie classique, que l'action de cette loi est fatale. Mais de là faut-il conclure, avec eux, que le régime économique sous lequel la pauvreté s'impose au grand nombre est un régime contre nature? Pour admettre une telle conclusion, il faudrait poser en principe que la condition nécessaire de l'humanité, la condition à laquelle tous ont droit et hors de laquelle il n'y a dans la vie que désordre et injustice, c'est l'aisance assurée et le bien-être complet. Nous affirmons sans hésiter que, ni de fait ni de droit, la condition humaine n'est telle.

Que la condition de l'humanité soit la pauvreté, que cette condition soit telle depuis que l'homme est sur la terre, que tous les efforts que la race humaine a pu faire jusqu'ici pour se soustraire à cette dure nécessité aient été vains, voilà ce qui est historiquement certain. Ce fait universel, constant, indestructible, révèle l'action d'une loi générale de l'existence humaine.

La science rationaliste, qui prétend émanciper l'homme de tout joug et qui lui attribue une liberté souveraine, regimbe contre cette loi destructive de l'harmonie de la vie humaine; c'est tout naturel. Mais nous, chrétiens, nous connaissons la condamnation portée par la justice divine sur l'homme coupable. Nous savons qu'il nous a été dit à tous, en la personne de notre premier père : « Vous mangerez votre pain à la sueur de votre visage, » et nous nous soumettons à cette nécessité d'une existence étroite, conquise au prix d'un travail toujours pénible.

Mais nous savons aussi, par les termes mêmes de la condamnation dont nous avons été frappés, que l'homme, s'il accepte et pratique la loi du travail pénible, sera, par le bienfait de la Providence divine, assuré de son pain. Nous ne nous étonnons donc point que, sous le régime de la concurrence comme sous le régime de la restriction, la vie soit pauvre et difficile pour les hommes qui travaillent de leurs mains et qui forment la masse de l'humanité. Mais, sans nous étonner, nous faisons courageusement tout ce que nos forces et la condition humaine comportent, pour alléger, par une bonne direction donnée au travail et par une équitable répartition de ses fruits, le poids de la pauvreté.

Pénétrés de ces vérités fondamentales, nous nous abstenons soigneusement des déclamations familières aux socialistes, sur l'irrémédiable misère du peuple; mais sans rien faire par esprit de parti, ou par instinct de révolte contre les lois d'En-Haut, nous mettons tout notre zèle à rendre plus douce la condition de ceux de nos frères qui vivent de leurs labeurs quotidiens. Nous n'oublions pas d'ailleurs que la loi de la vie pénible pèse également sur tous les hommes, et que ceux qui ont en partage les biens ce monde n'en sont pas dispensés. Par les labeurs de la charité, volontairement acceptés, nous remplaçons les labeurs obligés auxquels les masses sont astreintes, et nous prenons notre part de l'expiation à laquelle la justice divine a assujetti tous les fils d'Adam.

Que peut-on faire, que fait-on aujourd'hui, pour tirer le peuple de la misère, qui est trop souvent sa condition sous le régime de l'industrialisme? Quelles sont les causes les plus actives de cette misère, et comment peut-on en combattre les désastreux effets? En ce sujet, qui demanderait de longs développements, je ne puis donner que des indications. Elle suffiront pour le but que je me propose ici.

Avant tout, il y a un fait à constater : c'est que la misère de l'ouvrier provient aussi souvent, plus souvent même, du mauvais emploi de ses ressources que de leur insuffisance. Les études faites par les autorités les plus compétentes sur la condition des classes ouvrières nous montrent, à côté d'ouvriers misérables avec de hauts salaires, d'autres ouvriers vivant, avec des salaires beaucoup moindres, dans une pauvreté qui n'est exempte, sans doute, ni de difficultés ni de privations, mais qui reste digne pourtant, et qui n'offre aucun des caractères fâcheux de la misère.

Pour réduire la classe des premiers et étendre la classe des seconds, la charité met en œuvre tout ce que la religion peut avoir de puissance sur les mœurs ; elle s'efforce de ramener à l'Église et à la vie chrétienne les ouvriers que la propagande révolutionnaire leur dispute; en leur rendant des vertus, elle les sauve presque toujours de la misère.

Personne, assurément, ne niera que la concurrence, telle qu'elle s'exerce à l'heure présente, n'ait pour effet de mettre l'ouvrier dans une situation difficile. Il faut donc travailler à amortir cette concurrence extrême, dont les conséquences sont aussi fâcheuses pour les rangs élevés du travail que pour ses rangs inférieurs.

Un des premiers moyens consiste à tempérer cette soif insatiable des richesses que la passion du bien-être a répandue dans toute la société. On y travaille en inculquant aux classes qui impriment l'impulsion à la production l'esprit de sacrifice du christianisme, et, par cet esprit, la modération des désirs, la prudence dans les entreprises, la disposition à s'abstenir de tout avantage qui ne s'obtiendrait qu'aux dépens d'autrui.

Nous le disions il n'y a qu'un instant, la concurrence avec l'étranger sur le vaste marché du monde, dont nul ne peut prévoir avec certitude les mouvements, produit dans le taux des salaires des fluctuations désastreuses. Sans prétendre exclure cette concurrence, comme le voudrait un protectionnisme injustifiable et impraticable, les économistes chrétiens la renferment dans ses strictes limites. Indirectement, sans chercher directement autre chose que la conservation de la société par la justice rendue au travail national et par l'équilibre rétabli à son profit, la protection réalise une certaine restriction du marché, qui est parfaitement conforme à l'intérêt général de la société, qui ne diminue en rien la puissance du travail national pris dans son ensemble, et dont l'effet est de réduire ces fluctuations de l'industrie qui réagissent fatalement sur les salaires.

Quant aux crises commerciales et industrielles, si nuisibles aux classes ouvrières par les chômages qui en sont la suite, cette réglementation des échanges internationaux peut exercer une heureuse influence. Ce qui rend ces crises si redoutables, c'est que l'industrie, réduite dans les temps d'activité normale, par la concurrence étrangère, à un état déjà fort précaire, se trouve, lorsque la crise éclate, dans la nécessité de suspendre, ou de diminuer dans de très grandes proportions, des travaux qui ne créeraient plus que des produits surabondants. En modérant la concurrence étrangère, on donne au travail, dans les temps ordinaires, une meilleure assiette, et on lui permet de conserver assez de ressources pour qu'il puisse traverser les crises sans imposer aux ouvriers de trop fortes réductions de salaires.

D'ailleurs, au sujet de ces crises, il ne faut pas oublier que la misère, dont elles sont la cause, se trouve singulièrement aggravée par les habitudes de large consommation, trop souvent de prodigalité et de débauche, que l'ouvrier a prises pendant les moments de prospérité. Si les conseils de la prédication chrétienne étaient écoutés des ouvriers, si l'esprit de sacrifice, que le christianisme inspire, leur avait appris à refréner leurs passions et à exercer sur eux-mêmes cet empire qui rend moins difficile la pratique de l'épargne, les économies des périodes de haut salaire aideraient à passer sans trop souffrir les mauvais jours; et la modération habituelle des goûts ferait paraître moins dures les privations des temps de ralentissement industriel. Il faut aussi compter sur la charité, qui ne reste point inactive dans les moments de crise, et qui peut en atténuer les souffrances, lorsque le mal ne dépasse point certaines bornes.

Quoi qu'il en soit, et quoi que puisse faire le zèle le plus intelligent et le plus ardent pour alléger les douloureuses conséquences des crises économiques, le remède est peu de chose en proportion du mal. Dans la perturbation générale et profonde qui en est la cause, les efforts individuels produisent peu d'effet. Nous traversons une de ces périodes de révolution industrielle qui accompagnent d'ordinaire les grandes transformations de la vie sociale. Le trouble que cette révolution jette dans l'organisation du travail, par la puissance toujours accrue de l'industrie, par la succession rapide des découvertes, par la prodigieuse extension des voies de communication, ébranle toute la société. L'agitation sans trêve, à laquelle le monde du travail est livré depuis le commencement de ce siècle, enlève toute fixité au marché, et répand dans tout le domaine économique une mobilité, une incertitude, une instabilité telles qu'on ne sait sur quoi l'on peut compter. Et c'est dans un moment si critique, alors que toutes les énergies morales de la vie humaine suffiraient à peine pour triompher de telles difficultés, que les doctrines qui éteignent en l'homme toutes les vertus, en le séparant de Dieu, font irruption dans la société, et envahissent, sous le souffle d'une puissance malfaisante, la vie privée et la vie publique! On tremble à la vue d'une pareille folie, et l'on se demande si le monde, qui s'y abandonne, n'est point perdu sans remède. Mais comme il nous est interdit, à nous catholiques, de désespérer jamais, comme jamais nous ne pouvons déserter les devoirs que la charité nous impose, nous trouvons dans la gravité des circonstances une raison de plus de redoubler d'efforts, laissant à Dieu le soin de faire fructifier notre peine et d'en tirer, s'il lui plaît, le salut de nos sociétés.

Pour lutter contre des désordres si profonds, l'action purement individuelle est insuffisante. En fait d'œuvres sociales, elle est toujours de peu d'efficacité. Lorsqu'il faut, au milieu des complications que fait naître le régime de la pleine liberté industrielle, agir sur les déterminations des masses et réformer leurs habitudes, elle se trouve absolument impuissante. L'association, qui unit pour un même effort toutes les énergies et tous les dévouements, est seule à la hauteur d'une telle entreprise. C'est ici que se manifeste la supériorité que nous donnent, pour la solution des questions sociales et du problème du travail en particulier, l'esprit de l'Église et la tradition de la société catholique.

La voie du retour vers une situation sociale à laquelle réponde une organisation économique exempte des misères qui nous font souffrir, c'est la voie qui ramène la société tout entière, les grands et les petits, les riches et les pauvres, à la vertu chrétienne. Or, les vertus et les bonnes coutumes des ouvriers, c'est l'association qui les conserve, qui les développe et qui leur communique la puissance d'expansion nécessaire. Nous ne réussirons que par l'association à vaincre l'individualisme, qui est la principale source de nos maux.

La Révolution a horreur de toute association qui n'est point une émanation de l'État et qui n'est point placée sous la tutelle officielle. L'idéal de l'association révolutionnaire, c'est le socialisme, qui fait de la société tout entière une association de production à laquelle l'État donne ses règles, dans laquelle il dispose de toutes les forces et distribue, par autorité, le résultat de l'activité commune. A peine la Révolution a-t-elle usurpé le pouvoir de faire des lois, qu'elle manifeste son aversion pour une des libertés les plus fécondes en bienfaits et les mieux adaptées à la nature morale de l'homme, la liberté de se prêter mutuellement aide et assistance, et d'accroître les forces de chacun par le concours et l'union de tous. On se rappelle la maxime que Chapelier énonçait en 1791 et que nous avons rapportée plus haut : « Il n'y a que l'intérêt particulier de chaque individu et l'intérêt général. Il n'est permis à personne d'inspirer aux citoyens un intérêt intermédiaire, de les séparer de la chose publique par un esprit de corporation. » Cette maxime, le libéralisme l'a fidèlement pratiquée jusqu'aujourd'hui.

Les catholiques ne peuvent, dans leurs œuvres, suivre de direction plus sûre que celle qui les éloigne de la Révolution : faire le contraire de ce que fait la Révolution doit être leur règle de conduite. La Révolution réprouve et proscrit l'association, pratiquons l'association sous toutes les formes ; travaillons par l'association à sauver la société de l'abîme vers lequel la Révolution la pousse. Du reste, en suivant cette voie, nous ne faisons que nous conformer à la pratique constante de l'Église, qui, dès ses premiers temps, a organisé, sous la forme de vie associée, ses plus grandes œuvres, et qui a, par l'union des forces sous la loi de la prière, du sacrifice et de la charité, élevé nos sociétés au degré de puissance où elles sont aujourd'hui.

La Révolution proscrit la corporation; il faut donc rétablir la corporation, la reconstituer dans les conditions du temps présent, sous la loi de charité, laquelle ne peut être qu'une loi de liberté. Nous avons de grands exemples de cette courageuse restauration; il suffit de rappeler les œuvres de M. Harmel, desquelles le P. Marquigny a si bien tiré la vraie notion de la corporation moderne. La grande difficulté, vu l'organisation actuelle de l'industrie, est de faire entrer dans une même association, de rapprocher dans l'union de la corporation sous le lien de la charité, les patrons et les ouvriers de la grande industrie; d'introduire l'entente et la mutuelle bienveillance là où règne souvent l'antagonisme; de faire, par la puissance de la modération et du bon sens que donne l'abnégation chrétienne, ce que la Révolution a vainement tenté de réaliser dans les syndicats, par la puissance de l'intérêt.

La corporation chrétienne de M. Harmel; la Société de Saint-Joseph, protectrice du travail chrétien, dans laquelle le P. Ludovic a si bien pourvu à l'intérêt des patrons, en se préoccupant tout d'abord de l'intérêt des ouvriers; les Cercles catholiques d'ouvriers; les associations de patrons que recommandent les patrons chrétiens du Nord et dont ils donnent l'exemple; les associations professionnelles qui groupent les travailleurs des arts et métiers; toutes ces œuvres, qu'on ne saurait trop propager, nous indiquent la direction à suivre.

Mais ce grave et vaste sujet de l'association demande une étude digne de son importance, proportionnée aux difficultés dont il est rempli. Cette étude, je la ferai dans le chapitre suivant. En ce moment, je me borne à marquer le rôle principal qui revient, dans la solution de la question sociale, à la pratique éminemment chrétienne de l'union des forces sous la loi de la charité.

Il me suffit aujourd'hui de marquer brièvement le but à poursuivre dans l'organisation générale des forces du travail. Ce but, c'est de combiner l'association avec un patronage qui réponde aux dispositions d'esprit de nos classes ouvrières, patronage qui ne soit pas de la protection, mais de la charité paternelle et fraternelle tout en même temps, qui unisse les unes aux autres, par des attaches aussi douces que profondes, les classes entre lesquelles la Révolution a semé la haine et la guerre. De cette union étroite du patronage avec l'association, ces deux grandes formes de la charité dans tous les temps, sortira la corporation telle que notre temps la demande.

En deux mots : mettre, par l'association et le patronage, la charité là où la Révolution a mis l'individualisme, voilà notre premier devoir. Faute de l'accomplir, nous nous trouverions fatalement entraînés dans les voies de cette réglementation communiste qui s'impose, par la force des choses, à toute société qui néglige les devoirs de la charité.

Dans le problème du travail, comme dans tous les problèmes qu'offre la vie sociale, la doctrine et la pratique catholiques, c'est-à-dire l'Église enseignant et agissant dans le monde, nous donnent la liberté, la vraie et sainte liberté des enfants de Dieu, la liberté de faire ce qui est bien et de ne pas faire ce qui est mal. Seule, cette liberté du bien procure à la société les utilités qui la font vivre et prospérer, l'utilité morale d'abord, et, par l'utilité morale, l'utilité des biens matériels. Seule aussi l'Église, par les vérités qu'elle garde et par les vertus qu'elle fortifie, peut nous préserver de la liberté libérale, qui n'est qu'absolutisme et asservissement.

Nous n'avons, nous catholiques, rien à demander, ni au libéralisme, ni au socialisme. Le libéralisme, avec plus de modération et d'habileté que le socialisme, n'est pas moins que lui l'ennemi du nom chrétien. L'un et l'autre, si atténués et si voilés qu'ils soient, le libéralisme par les égards sous lesquels il déguise parfois son hostilité envers l'Église, le socialisme par le soin qu'il se donne de couvrir ses desseins communistes par des appels à la moralité, à la justice chrétienne, l'un et l'autre restent toujours infectés de la même erreur : ils prétendent tout résoudre dans les questions sociales, tout ordonner dans la société, par la justice exclusivement. Par là, ils sont amenés à faire entrer dans le domaine de la loi, et à livrer à son arbitraire, des choses que la charité catholique nous donne la puissance d'accomplir par la liberté.

Quelle est la tâche imposée de nos jours aux catholiques en matière économique?

Voici comment elle nous apparaît :

Restaurer dans le monde du travail l'association chrétienne, qui est, de sa nature, une institution de liberté ; par l'association, rendre inutile le socialisme, qui est, de sa nature, une institution d'asservissement; développer, fortifier par l'association toutes les vertus chrétiennes, que le socialisme outrage et prétend transformer en vices ; donner au travail, par ces vertus, la fécondité constante et mesurée qui crée la vraie et solide richesse ; rétablir, par l'action simultanée de la justice et de la charité, l'équité dans les relations des travailleurs de tout rang ; rapprocher, et rattacher les uns aux autres dans l'association, sous la loi de la liberté et par l'attrait de la charité, des hommes appelés, malgré la différence des conditions, à vivre et à travailler ensemble; mettre partout l'union et la mutuelle bienveillance, à l'inverse du socialisme, qui sème partout les divisions et les rivalités.

La tâche est vaste assurément. L'entreprise est rude, et elle l'est surtout parce qu'il faut y travailler en présence de pouvoirs hostiles, qui ne se contentent pas de nous refuser l'assistance légale que tout gouvernement doit à la liberté du bien, mais qui usent de tout ce que l'organisation officielle peut offrir d'influence pour embarrasser et paralyser nos œuvres.

Poussés par l'esprit de sacrifice, nous pourrions dire par la passion du sacrifice, les catholiques n'ont pas l'habitude de reculer devant les obstacles; au contraire, ils les cherchent pour les vaincre. Ils ne se laisseront pas décourager, dans leurs œuvres sociales, par les hostilités dont ils sont de toutes parts entourés. Ils sauront même braver cette indifférence du grand nombre, qui est pire qu'une hostilité déclarée. Comme ils ont pour loi d'être humbles autant que charitables, ils ne se laisseront point abattre par la pensée de l'exiguïté du bien accompli; comptant sur Dieu bien plus que sur eux-mêmes, ils apporteront dans leur apostolat charitable d'autant plus d'énergie et de ténacité que les fruits qu'ils en espèrent se feront plus longtemps attendre.

Le dévouement catholique, lorsqu'il s'applique à la réforme économique, est appelé à des œuvres diverses. Il ne pourrait, sous peine d'insuccès, s'enfermer dans l'action et dans les œuvres purement économiques.

Tant qu'on n'aura pas changé le cours des idées, on ne changera ni la politique ni l'économie. Faire la lumière au milieu des doctrines qui se disputent la société, rectifier les idées, gravement altérées dans les masses par l'esprit révolutionnaire en matière de droit politique et d'institutions publiques, voilà des œuvres aussi nécessaires aujourd'hui pour la reconstitution de l'ordre économique que les œuvres par lesquelles on exerce directement la charité envers les classes souffrantes.

Amener les classes à qui appartiennent l'influence et l'autorité sociales à comprendre, non seulement la gravité du problème économique, mais encore les éléments qui en fournissent la solution, c'est-à-dire l'ensemble des faits et des lois économiques;

Convaincre un siècle affolé de libéralisme que ce problème, au bout duquel se trouve la vie ou la mort des peuples modernes, restera pratiquement insoluble aussi longtemps que la puissance politique s'obstinera à régir les États par des principes purement humains et dans des vues purement temporelles; montrer qu'une société où la chose publique et le pouvoir sont sécularisés est une société vouée au désordre économique aussi bien qu'au désordre politique;

Restaurer dans le peuple le respect de la tradition et l'attachement aux coutumes des ancêtres, sans lesquels il ne peut y avoir d'organisation du travail stable et puissante;

Rappeler que les mœurs reçoivent et retiennent profondément l'empreinte des institutions, vérité très simple, mais fort obscurcie en ce temps, où les peuples croient qu'ils peuvent tout sur leur gouvernement; rappeler en même temps que le développement des forces sociales, pour le perfectionnement matériel comme pour le perfectionnement moral, reste subordonné à la stabilité des principes qui règnent dans la politique ;

Faire voir que, sous un gouvernement en possession de la vraie autorité, de l'autorité fondée sur le droit et sur la tradition, le travail monte, par la liberté et la sécurité, à son maximum de puissance, tandis qu'il languit et décroît sous des pouvoirs qui mettent leur principe dans le nombre et qui, ne pouvant y trouver l'autorité, sont fatalement réduits à s'assurer, par l'arbitraire et la violence, une domination d'un jour ;

Pour tout dire, en un mot, remonter le courant de nos erreurs et de nos préjugés, dans la vie morale et dans la vie politique, voilà ce qu'ont à faire, avant toute autre chose, ceux d'entre nous qui peuvent et qui veulent travailler efficacement à la réforme économique de notre société.

L'ordre du travail, c'est l'ordre même de la vie humaine. Lorsque le trouble est dans la vie publique et privée par la révolte contre Dieu, il est par cela même dans le travail. Ramenez à Dieu cette société qui semble le fuir, et vous aurez rendu au travail tout ce qui lui manque aujourd'hui : la paix, la résignation courageuse, l'activité féconde, l'espérance assurée de la rémunération justement gagnée, l'harmonie des intérêts par la liberté.

Il nous reste à voir comment l'association doit être comprise et organisée pour rétablir dans nos sociétés cette harmonie de tous les intérêts par la liberté. Une étude sérieuse de la corporation chrétienne, ainsi que des œuvres qui s'y rattachent ou qui y conduisent, nous éclairera sur cette question capitale.

CHAPITRE XIII

Comment la corporation nous donnera la solution chrétienne de la question économique.

Il y a un siècle que la Révolution a déclaré la guerre à la corporation. Dans cette guerre, la démocratie égalitaire a porté la passion et l'aveuglement qu'elle met à toute chose. Elle a été violente et inconsidérée, comme elle l'est encore dans les œuvres de destruction accomplies sous nos yeux.

Tout ce qui assure le repos de la vie, tout ce qui règle et tempère le mouvement des sociétés en modérant les emportements et les inquiétudes du cœur humain, tout ce qui donne aux peuples, par la tradition, un ordre stable, un développement mesuré et pacifique, ne peut être qu'odieux à la Révolution. Ce fut par une sorte d'instinct que le parti qui méditait le renversement de l'ordre social dirigea vers la corporation ses premiers coups. Les économistes, qui furent comme l'avant-garde de l'armée révolutionnaire, prirent l'initiative de ce bouleversement radical du travail, que tant d'autres bouleversements devaient suivre. D'instinct aussi, tous ceux qui voulaient réformer sans détruire, et qui s'efforçaient d'améliorer l'état social sans briser avec les institutions qu'un long passé avait éprouvées, se posèrent en défenseurs des corporations.

Lors du lit de justice dans lequel Louis XVI imposa au

Parlement l'enregistrement de l'édit de suppression des jurandes et des communautés de commerce, d'arts et métiers, le premier président d'Aligre parla en ces termes :

« Pourquoi faut-il qu'aujourd'hui une morne tristesse s'offre partout aux regards de Votre Majesté? Si Elle daigne les jeter sur le peuple, Elle verra le peuple consterné. Si Elle les porte vers la capitale, Elle verra la capitale en alarmes. Si Elle les tourne vers la noblesse, Elle verra la noblesse plongée dans l'affliction..... Dans cette assemblée même, où le trône est environné de ceux que le sang, les dignités et l'honneur de votre confiance attachent plus particulièrement encore que le reste de vos sujets à votre personne sacrée, au bien de votre service, aux intérêts de votre gloire, Elle ne peut méconnaître l'expression fidèle du sentiment général dont les âmes sont pénétrées..... L'édit de suppression des jurandes rompt au même instant tous les liens de l'ordre établi pour les professions de commerçants et d'artisans. »

En effet, tous les liens étaient brisés dans le monde du travail. C'était l'individualisme du XVIIIe siècle qui faisait son apparition dans les lois du royaume de France, et ces fidèles sujets du roi très chrétien, qui tous s'étaient formés, avaient vécu, avaient grandi sous les bienfaisantes influences de la vie associée et des institutions corporatives, sentaient bien que, par ce funeste édit, l'instabilité, le malaise, les prétentions insatiables, la lutte ardente de chaque heure et pour toutes choses, allaient succéder à l'activité pacifique et au progrès régulier de la vieille société catholique.

Le premier président d'Aligre ne se trompait point lorsqu'il disait que la suppression des corporations mettait le peuple dans la consternation. Un historien des classes ouvrières, M. du Collier, a pu dire avec vérité que « le jour où le travail conquit une entière liberté ne fut point salué comme une de ces journées qui font époque dans l'histoire de l'affranchissement d'un peuple. La liberté du travail ne fut généralement reçue par les ouvriers qu'à contre-cœur, car à leurs yeux cette liberté n'était pas seulement l'anarchie, c'était l'isolement. »

Aujourd'hui même, l'homme du peuple, dont l'individualisme utilitaire a égaré les instincts généreux sans les détruire, ne peut se faire à la condition de vie isolée que le laissez-faire, laissez-passer du radicalisme lui impose. C'est pour l'ouvrier un besoin de se rapprocher de ceux qui portent avec lui le fardeau du travail, et de chercher dans l'action commune un soulagement aux maux dont l'individualisme l'accable. Mais il ne comprend plus l'association, que l'Église seule avait pu enseigner aux hommes. Dans les sociétés populaires, vers lesquelles la Révolution le pousse, il ne cherche qu'un moyen de faire triompher les prétentions de son égoïsme. L'association n'est plus pour lui qu'une combinaison sectaire qui met en commun les haines sans lier les cœurs, et dans laquelle les forces ne s'unissent que pour la révolte et la destruction.

Le nom même de corporation fait peur à l'ouvrier d'aujourd'hui, parce qu'il lui rappelle un ordre, une règle, une force de tradition et de modération dont sa passion révolutionnaire ne peut s'accommoder. Et, ce qui n'est pas moins fâcheux, l'aveuglement démocratique le trompe sur le véritable caractère de la corporation. Il ne la voit plus que sous les traits de l'ancien régime, toute chargée d'entraves imaginaires dont l'asservissement le révolte, et que les habitudes d'une liberté dont il sent la légitimité lui rendraient insupportables.

Comment dissiper ces préjugés? Comment mettre en fuite ce spectre que l'habileté des meneurs du radicalisme a su évoquer devant le peuple, et que trop souvent les chefs d'industrie eux-mêmes prennent au sérieux? Que faut-il faire pour rappeler les travailleurs de tout rang et de toute fonction, les patrons aussi bien que les ouvriers, à l'intelligence, à l'amour, à la pratique de la corporation?

Nous allons essayer de le dire.

I

Comment l'association corporative répond aux conditions morales et matérielles de la vie ouvrière.

Est-il nécessaire de rappeler une vérité que tous les temps ont proclamée, bien qu'ils ne l'aient pas toujours également pratiquée, et dont notre époque, dans ses conditions nouvelles d'existence économique, atteste l'évidence par les maux dont elle souffre pour l'avoir trop oubliée : que la solidarité, l'assistance mutuelle, l'action commune, lesquelles trouvent dans l'association leur complète réalisation, sont au nombre des lois naturelles de la vie humaine; que, par l'association, tout ce que notre nature a de force pour le bien acquiert une énergie plus grande; que, pour les classes vouées au travail, en particulier, l'association est une source féconde de moralité et de bien-être ?

Dans l'association, l'homme déploie sous le regard de

ses semblables tout ce que Dieu a mis en lui de puissance pour le gouvernement de lui-même et pour l'action extérieure. L'émulation le stimule, l'honneur l'élève et le soutient. Le sentiment de la responsabilité qu'il encourt envers ses coassociés fortifie en lui le sentiment de cette responsabilité plus intime et plus grave qu'il encourt au fond de sa conscience pour tous les actes de sa vie. Laissés à nous-mêmes, nous sommes plus facilement accessibles aux suggestions de notre nature corrompue; appuyés sur nos semblables, nous nous sentons plus forts. Le travail, la sobriété, l'ordre, l'économie, toutes ces vertus qui sont les conditions indispensables du bien-être de l'ouvrier, se trouvent conservés, fortifiés par l'association. C'est une vérité d'expérience : on a toujours vu la situation des classes ouvrières s'améliorer en raison directe de leur aptitude pour l'association et de leur fidélité à la pratiquer.

Des formes diverses que peut prendre l'association dans la vie du travail, la corporation est la plus complète, la plus puissante, celle qui saisit le mieux l'homme en toute son activité industrielle et lui procure l'appui le plus ferme et le plus sûr. L'association qui ne prend l'ouvrier que par certains côtés extérieurs de la vie, par l'un ou l'autre de ses intérêts particuliers, ne peut exercer sur lui aucune influence bien sérieuse. Elle ne le touche et ne l'intéresse qu'à la surface. C'est par le cœur qu'on attire et qu'on retient les hommes. Quelle action peut avoir sur les mœurs une société d'assurance mutuelle, ou même une société coopérative de consommation, si le profit matériel est le seul but qu'elle poursuive? N'a-t-on pas vu souvent cette dernière devenir dans les mains du socialisme un redoutable engin de perversion ouvrière?

En réalité, c'est le problème du travail qui se présente à nous dans la question de la corporation. La solution de ce problème, qui pèse d'un poids si lourd sur la société contemporaine, et qui répand de si cruelles angoisses dans l'âme de ceux qui la gouvernent, est liée à l'avenir de la corporation dans notre monde industriel. Les discussions sur le taux des salaires, les réclamations de l'ouvrier à propos de la durée du travail, ses plaintes sur la fréquence et la rigueur des chômages, toutes ces difficultés qui se résolvent en chiffres et en privations matérielles, ont pour cause déterminante la disposition des âmes. Elles sont la conséquence des déviations de la vie moderne dans l'ordre moral. On n'y remédiera que par des institutions qui auront puissance sur les consciences, et qui arracheront le monde industriel aux préoccupations matérialistes et égoïstes dans lequelles l'oubli de Dieu l'a plongé.

Comment, dans l'organisation utilitaire de l'industrie, les ouvriers se trouvent-ils rapprochés les uns des autres et quel lien s'établit entre eux?

Ils se rencontrent à la fabrique, sous la chaîne d'un travail qu'ils ne subissent qu'avec des sentiments de répulsion et d'impatience. Ces sentiments peuvent bien les unir dans la haine et la révolte, mais ils ne suscitent entre eux aucune sympathie généreuse, ils ne les portent vers aucun but élevé, et ils déterminent une fermentation de vices par laquelle la nature durement comprimée prend sa revanche des abaissements et des dégoûts qu'elle a subis. Au sortir de la fabrique, les ouvriers se rencontrent dans les lieux où les appellent les grossiers plaisirs d'une vie livrée aux sens, et ce n'est pas dans les étourdissements et les abrutissements du bal et du cabaret qu'ils noueront entre eux des relations qui profiteront à leur moralité, et qui leur donneront cet empire sur eux-mêmes sans lequel jamais leur condition ne pourra s'améliorer.

Il y a pourtant, dans l'existence démocratique qui est faite aujourd'hui à nos travailleurs, un point de ralliement. Il y a une institution qu'au premier abord on pourrait prendre pour une application heureuse de l'association à la solution des difficultés économiques du temps, et sur laquelle on s'est quelquefois trompé : je veux parler des chambres syndicales.

Les chambres sydicales ont pour but de réaliser l'union des ouvriers, mais c'est l'union dans la pratique révolutionnaire ; c'est l'union en vue de revendications démocratiques dont le dernier mot est la guerre au capital et à toutes les supériorités naturelles de la vie sociale. Une pareille union fomente et nourrit les passions qu'il faudrait calmer, elle surexcite l'orgueil qui ronge nos classes populaires et qui est la première source de tous nos désordres économiques. L'association pacifique peut seule aider à la réforme morale de l'ouvrier, et seule elle peut servir à organiser les institutions qui assureront son bien-être. Les chambres syndicales sont des associations formées pour le combat, qui veulent avant tout détruire, et qui s'imaginent qu'en consommant la ruine de la bourgeoisie elles fonderont la richesse du peuple[1].

1. M. Ducarre, dans le *Rapport fait au nom de la commission d'enquête parlementaire sur les conditions du travail en France* (1875, — Assemblée nationale, nº 3379), expose et discute la question des syndicats. Il résulte de l'examen consciencieux qu'il a fait de cette institution, que les ouvriers y ont vu un moyen de réglementer le travail, et d'appliquer certaines théories socialistes malheureusement fort en vogue parmi beaucoup d'entre eux. D'un autre côté, l'avis

Il n'y a donc rien dans le régime démocratique qui rattache sérieusement et cordialement l'ouvrier à l'ouvrier. Dans le monde ouvrier comme ailleurs, sous ce régime, c'est l'individualisme qui règne. Quant aux relations du patron avec l'ouvrier, nous venons de le dire, elles n'ont et ne peuvent avoir dans les syndicats rien qui ressemble à l'association ni à l'entente bienveillante par la communauté des intérêts. Pour la démocratie, le patron, c'est l'ennemi, et l'ouvrier ne comprend avec lui d'autre rapport que celui d'un antagonisme irréconciliable.

Bien loin de susciter la guerre, la corporation met la paix dans les rangs du travail. Elle reçoit en même temps dans son sein, et elle unit par un principe de fraternelle charité, les grands et les petits, les patrons et les ouvriers. La corporation, telle que les sociétés chrétiennes l'ont toujours comprise, n'est point une simple association d'intérêts, moins encore une association qui ait pour but de soulever et de servir les passions et les cupidités des masses. La justice et la charité lui donnent naissance et elles en sont les forces essentielles.

Il y a dans la corporation quelque chose qui rappelle l'union de la famille et la cordiale assistance que se doivent des frères. Il y a, comme l'a très bien dit le Père Marquigny, « la communauté d'efforts, la solidarité morale et matérielle, l'unité de la vie sociale, sans laquelle nous retournerions au paganisme. » Que faut-il à l'ouvrier pour qu'il puisse goûter la part de bonheur à laquelle il

unanime des industriels est que « tout intermédiaire, syndicat ou autre, ne fera que nuire à l'entente entre les ouvriers et les patrons, et augmenter les préventions et les défiances des uns contre les autres. » (P. 183.)

est donné à l'homme de prétendre au milieu des difficultés et des épreuves de cette vie? « Il faut, dit l'éminent religieux, outre le travail constant et assuré, un milieu social ainsi fait que l'ouvrier ne vive pas isolé de ceux qui ont avec lui des intérêts communs, et qu'il ait le moyen de pourvoir, par une entente fraternelle, à la bonne gestion de ses intérêts. Il faut autour de lui et de sa famille une atmosphère de bienveillance, d'estime et de respect, si bien que son métier lui soit comme un titre de noblesse, et que la rougeur ne lui monte pas au front lorsqu'on l'appellera, comme le Christ, artisan et fils d'artisan[1]. »

1. Le révérend Père Marquigny, qui a donné une si vive impulsion à la question de la corporation chrétienne, a tracé, dans les conclusions d'un rapport adopté par le congrès catholique de Lille, les grandes lignes du système de la corporation, telle que les besoins de notre temps la demandent. Voici ces conclusions :

Résolutions approuvées par la commission des œuvres et adoptées par le congrès en séance générale.

I. D'accord avec le congrès de Reims et avec l'œuvre des Cercles catholiques d'ouvriers, le congrès catholique du Nord pense qu'il est nécessaire d'organiser des associations libres et chrétiennes, qui rendent à la famille ouvrière les bienfaits des antiques corporations. Il semble, en effet, démontré par l'histoire des classes laborieuses et par de récentes expériences que la meilleure organisation du travail est la corporation, non plus appuyée par des lois de contrainte, mais soutenue par le concours spontané des patrons et des ouvriers.

II. L'institution des syndicats de patrons et d'ouvriers n'est qu'une contrefaçon de la corporation; et, loin de ramener la paix sociale, elle semble faite pour organiser la lutte. Le seul moyen de revenir à l'état paisible dont la société jouissait avant la Révolution, c'est de remettre en vigueur les principes et les pratiques que le christianisme avait fait prévaloir, de rétablir, par l'association catholique, le règne de la solidarité dans le monde du travail.

III. Au patronage légal, qui comprenait un ensemble d'obligations positives entre le maître et l'ouvrier, la corporation substitue un pa-

L'esprit utilitaire qui envahit nos sociétés démocratiques ne veut comprendre les avantages de la vie associée que pour les intérêts matériels. Notre monde industriel n'entend plus rien à cette parole si simple et si profonde, tombée de la bouche de Celui dont les sentences ont régénéré la société en rendant à l'individu sa pleine dignité

tronage volontaire, librement accordé et librement accepté, qui renoue des rapports entre les chefs d'industrie et les travailleurs Or, il faut remarquer que les syndicats d'ouvriers qui se recommandent le plus par leur entente des conditions actuelles du travail ne montrent pas d'autres exigences ; les droits et les faveurs qu'ils réclament étaient autrement garantis par les statuts des corps de métiers qu'ils ne peuvent l'être par le bon vouloir sous le régime moderne de la liberté industrielle.

IV. Les chefs d'usines ou de grands ateliers domestiques, qui ont sous la main tous les éléments constitutifs d'une corporation, exerceront leur paternité sociale de manière à coordonner ces éléments sous leur direction, à développer dans toute la famille ouvrière l'esprit de fraternité et les habitudes d'assistance mutuelle.

V. Les comités catholiques de la région du Nord appliqueront leur zèle à favoriser, dans les milieux industriels, cette union organique d'associations, dans la famille ouvrière et dans la classe élevée, qui constitue la corporation chrétienne. Telle qu'elle est fondée par l'œuvre des Cercles catholiques, la corporation comprend, dans la classe supérieure, le comité local, tête de l'œuvre, les associations de patrons et de dames, bras de l'œuvre, et, dans la famille ouvrière, toutes les associations qui sont rattachées entre elles et au cercle par un même lien religieux.

VI. Pour détruire les préjugés qui font obstacle à la reconstitution des corporations, il est utile de répandre, par tous les moyens de propagande, principalement par le *Bulletin de l'Union des œuvres* et par la nouvelle Revue que le comité de l'œuvre des Cercles va publier sous le titre d'*Association catholique*, les vraies notions de la science historique sur ces institutions ouvrières qui ont eu de longs siècles de prospérité.

VII. En adhérant aux doctrines dont les membres de l'œuvre des Cercles se sont déclarés les serviteurs, le congrès de Lille émet le vœu que tous les hommes de bien secondent l'action de cette œuvre, ap-

morale : « L'homme ne vit pas seulement de pain. » Il y a le pain de l'âme, aussi nécessaire que le pain du corps. La corporation des temps chrétiens, qui était une confrérie, formée sous la protection d'un saint, et groupée autour de l'autel où se célèbre le sacrifice chrétien, donnait à l'ouvrier, par la foi et la charité, cet aliment de la vie spirituelle qui le consolait, le soutenait dans les labeurs toujours renouvelés de la vie matérielle. Son existence n'en était pas seulement fortifiée, elle en était adoucie, embellie et charmée. « La confrérie, dit M. Levasseur, se proposait de faire de tous les hommes du même métier comme une seule famille, unie par la foi, sous le patronage d'un même saint, et par le plaisir, dans de joyeuses et fréquentes assemblées. Un saint et une chapelle étaient, pour ainsi dire, le fonds nécessaire à toute confrérie. De fréquentes occasions rassemblaient les artisans à la chapelle : c'étaient les messes dites en l'honneur du patron, le mariage ou l'enterrement d'un des membres de la confrérie. On se faisait un devoir d'assister à ces cérémonies, qui formaient, à proprement parler, l'objet des confréries. »

Consoler l'homme dans les amertunes de la vie, régler ses joies, les épurer et les accroître en les lui faisant partager avec ceux que rapproche de lui la communauté des occupations quotidiennes, voilà ce que faisait la corporation unie à la confrérie.

Quels que soient les préjugés d'un siècle rationaliste

pelée à être un des plus puissants instruments de la réorganisation du travail sous le règne social de Jésus-Christ. Il est d'un souverain intérêt pour la cause catholique de multiplier sans retard des exemples frappants à l'appui de nos revendications, et de modifier pacifiquement, par la vertu de l'association corporative, les conditions présentes de la société, toujours menacée de nouvelles perturbations.

contre cette forme de vie que le christianisme avait donnée aux classes ouvrières, il faut reconnaître qu'on ne pouvait rien instituer qui fût plus conforme à la nature de l'homme, qui pût mieux l'aider à s'assurer cette part de bonheur que Dieu ne nous refuse pas, même dans les conditions les plus humbles, quand nous savons l'acheter par le travail et la vertu.

Pour les questions d'intérêt, la corporation, qui rapproche et unit le patron et les ouvriers, n'est pas moins suivant la nature des choses. Entre le maître qui fournit le capital et qui dirige l'entreprise, et l'homme dont les bras accomplissent dans tous ses détails le labeur de l'industrie, il y a toujours eu et il y aura toujours, sous tous les régimes possibles, une question délicate à vider, la question du salaire. La fixation du salaire s'opère par l'action de la loi d'offre et de demande, loi qui s'applique à toutes les transactions économiques, partout où l'homme dispose librement de ses bras et de ses biens. N'en déplaise à certains économistes assez novices et un peu imaginaires, qui se figurent que la Révolution pourrait bien avoir introduit parmi nous cette loi parfois incommode, l'action de l'offre et de la demande sur les transactions est aussi ancienne que le monde. C'est une loi générale dont l'application a pu être mitigée ou modifiée par certains arrangements sociaux, mais qui en elle-même est toujours restée un des faits régulateurs de l'ordre économique.

La corporation des âges chrétiens avait trouvé, en cette matière épineuse, une solution qui donna aux classes industrielles des siècles de paix et de bien-être. Son organisation répondait parfaitement à l'état économique de sociétés qui se tenaient, plus que les nôtres, renfermées en elles-mêmes, et qui n'avaient que des forces mécaniques de médiocre importance. Elle procura à toutes les classes vouées au travail le bienfait inestimable d'une certaine fixité des salaires et des profits avec la stabilité des positions.

Entre les travailleurs de tout rang qui composaient les communautés des métiers, il y avait cette solidarité qui est de la nature de toute œuvre industrielle et sans laquelle tout souffre dans le travail. Là comme ailleurs, plus qu'ailleurs peut-être, l'individualisme est contre nature. Il faut que cette primordiale et bienfaisante loi de la solidarité trouve son application en tout régime économique. Un état social qui mettrait obstacle à sa réalisation serait par cela même condamné. Il serait prouvé, par le fait, qu'il est en contradiction avec l'ordre régulier de la vie humaine.

Le grand problème de ce temps-ci, pour l'ordre économique, est de rendre à la société, sous la loi de la liberté du travail, cette solidarité de la vie industrielle que nos pères avaient établie sous la loi de la réglementation et de la restriction. A cette entreprise l'organisme de la corporation est indispensable, parce que seul il fonde sur des bases solides ces relations intimes, constantes, durables, sans lesquelles il n'y a qu'une trompeuse apparence de solidarité.

Le sens catholique ne s'y est point mépris. De tous côtés, parmi nous, on est à la recherche des formes sous lesquelles on pourra faire revivre la corporation ; de tous côtés, l'on se demande comment on pourra, par la corporation, ramener à des procédés de paix et d'équité cette loi d'offre et de demande dont l'action se présente trop souvent à nous, au jourd'hui, avec les caractères de l'injustice et de la guerre. Tous comprennent que le nœud des difficultés présentes est là.

Sans l'association, il n'y a rien à faire pour la question sociale. Cela est si évident, que les réclamations contre les lois qui rendent impossible la fondation d'associations corporatives viennent souvent de ces partis de révolution dont les efforts tendaient, il y a cent ans, à proscrire toute tentative d'association dans le travail. Les congrès de l'Internationale en témoignent.

Ce n'est point assez d'adoucir par la charité ce que la règle de stricte justice peut avoir d'âpreté. Ce n'est point assez d'introduire la bienveillance et l'équité en des relations où la dure loi du tien et du mien met les prétentions excessives et quelquefois l'oppression. Même lorsqu'il n'y a ni oppression ni exploitation, il se peut qu'il y ait pour l'ouvrier, la justice et l'équité restant sauves, des malheurs, des infirmités, des souffrances auxquels l'assistance charitable est seule capable de remédier. Vu l'infirmité de la condition humaine, il est impossible qu'il ne se produise point, parmi les classes vouées au travail, de ces difficultés dont il leur serait impossible de se tirer par les forces isolées de l'individu, par le *self-helping*, comme disent les utilitaires de l'école anglaise. Pour surmonter ces difficultés, il faut à l'ouvrier l'aide de ses égaux, en même temps que l'aide de ceux que la Providence a mis dans la vie au-dessus de lui. Cette double charité, celle des ouvriers, les uns envers les autres, celle des maîtres envers les ouvriers, qui est la charité complète et vraiment efficace dans le monde du travail, trouve sa réalisation par la corporation; et comme il n'y a rien de plus naturel dans la vie humaine, traversée de tant de maux, que la charité qui y porte remède, il n'y a rien aussi de plus naturel que la corporation, par laquelle la charité reçoit sa plus parfaite et sa plus puissante organisation.

La liberté, qui donne plein essor aux forces individuelles, dégénère facilement en individualisme. Lorsqu'elle prend ce caractère, elle fait naître dans les relations du travail les plus graves embarras. Il suit de là que les institutions qui donnent à la charité sa pleine efficacité sont plus nécessaires dans les sociétés où les relations sont fondées sur la règle de la liberté. On peut donc affirmer, à l'encontre des préjugés du libéralisme contemporain, que la corporation s'accorde absolument avec la nature de notre organisation sociale, car on ne peut nier que ce qui procure à une société la paix, le bon ordre et le bien-être, ne lui soit vraiment naturel.

Hors de la corporation, telle que la charité chrétienne la conçoit, il n'y a de recours que dans le socialisme.

Il n'est pas inutile de se rappeler qu'en même temps que la Révolution portait contre l'association ces lois, qui rendent difficile et toujours précaire la pratique de la charité dans les œuvres ouvrières, elle introduisait les principes d'une assistance publique essentiellement socialiste. Turgot avait signalé, dans le préambule de l'édit de 1776, comme une source de désordres économiques « la faculté accordée aux artisans d'un même métier de s'assembler et de se réunir en corps. » Au moment même où Chapelier, rappelant et appliquant ces paroles du maître, déclarait au nom de l'Assemblée constituante « qu'il n'est permis à personne d'inspirer aux citoyens un intérêt intermédiaire, de les séparer de la chose publique par un esprit de corporation, » il posait en principe que « c'est à la nation à fournir des travaux à ceux qui en ont besoin et des secours aux infirmes. »

Comme conséquence de la proscription des corporations, on avait donc en perspective les ateliers nationaux. En répudiant la corporation, on répudiait une des institutions les plus naturelles aux sociétés libres et l'on allait, par la fatalité de la logique, se jeter tête baissée dans le communisme. La corporation détruite laissait ouvert un abîme au fond duquel on devait rencontrer le socialisme, qui n'est autre chose que la négation de toutes les lois naturelles de la vie sociale.

Lorsque la Révolution met tout dans la main de l'État, seule puissance collective qu'elle reconnaisse, lorsqu'elle s'efforce d'abolir tout vestige de la corporation, elle nous jette hors de la nature humaine. De toute nécessité il y faut rentrer. Il n'y a pas à hésiter : ou la société fera sur le terrain économique la contre-révolution, ou elle périra dans les angoisses de la question ouvrière.

Il ne s'agit pas de faire la contre-révolution en rompant avec des libertés civiles qui nous sont pleinement acquises depuis un siècle, qui n'ont rien d'inconciliable avec l'ordre essentiel de la vie humaine, et qui répondent aux conditions extérieures où le travail est aujourd'hui placé, à la transformation qu'il a subie par le développement des procédés dont l'industrie moderne dispose. Il s'agit de restaurer par un vigoureux effort, au milieu de ce monde transformé quant aux conditions accidentelles de son activité économique, les lois primordiales et générales de toute vie sociale.

L'illustre évêque d'Angers en faisait naguère la remarque dans la chaire de la Madeleine : « Il ne s'agit pas, comme quelques-uns nous en prêtent la pensée avec plus d'habileté que de justice, il ne s'agit pas, en fait d'économie chrétienne, de revenir purement et simplement au passé. Nous savons comme eux qu'on ne ressuscite pas plus les siècles que les morts. Chaque époque a sa physionomie propre, et les institutions humaines se modifient, dans le cours des âges, avec les besoins qui les déterminent et suivant les intérêts qu'elles sont appelées à servir et à protéger. Quelque admirable et fécond qu'ait pu être le rôle des anciennes corporations ouvrières, ni leurs monopoles, ni leurs privilèges ne répondraient aux conditions de l'industrie moderne. »

Comme dit le comte de Maistre dans ses *Considérations*, opérer la contre-révolution « ce n'est point faire une révolution contraire, c'est faire le contraire de la Révolution. » Ce n'est pas la Révolution qui a modifié les procédés du travail, qui a créé les puissantes machines autour desquelles les populations ouvrières vont s'entasser, ce n'est pas elle qui a inventé les bateaux à vapeur, qui a construit les chemins de fer. Prétendre faire retour à une organisation du travail incompatible avec le nouvel état de la production et des échanges, ce serait vouloir faire une révolution contraire et ajoutons une révolution impossible. Rien ne pourrait davantage compromettre le succès de la contre-révolution que nous appelons de nos vœux.

Mais, si ce n'est pas la Révolution qui a radicalement modifié l'atelier industriel, c'est elle assurément qui a introduit l'individualisme dans les lois et qui le répand dans les mœurs. C'est elle qui a détruit la corporation et qui s'oppose obstinément à ce qu'on la reconstitue. Lorsque nous mettons toute notre peine et tous nos soins à rétablir la corporation, nous faisons le contraire de ce que fait la Révolution, nous faisons dans l'ordre économique la contre-révolution.

Quels sont les caractères généraux, quels sont les éléments constitutifs d'une corporation ouvrière? Que peuvent être les associations qui sont appelées à prendre, dans l'organisation moderne du travail, la place des anciennes corporations d'arts et métiers? Que doivent être, pour répondre aux difficultés de notre situation économique, les œuvres qui s'organisent aujourd'hui dans le dessein de restaurer la vie corporative à tous les degrés du travail? Telles sont les questions qui s'offrent à notre examen.

II

Ce qui est nécessaire pour constituer une véritable corporation.

La corporation est de sa nature une personne morale. Il faut qu'elle reproduise par sa constitution l'unité de la personne humaine avec ses éléments essentiels. Comme dans l'homme il y a l'âme et le corps, dont l'union substantielle forme une personne, il faut qu'il y ait dans la corporation le principe spirituel et l'intérêt matériel, dont l'union étroite forme l'unité réelle et vivante du corps associé. De même que l'âme informe le corps, c'est au principe dirigeant dans l'ordre moral de donner la forme à l'organisation d'intérêts que réalise la corporation.

L'esprit de justice et de charité du christianisme a créé la corporation; seul il peut aujourd'hui la faire renaître, seul il est capable de lui donner sa véritable constitution. Le paganisme connaissait la corporation; elle est trop dans la nature sociale de l'homme pour n'avoir pas trouvé sa place dans l'organisation politique des peuples anciens, laquelle était viciée et corrompue, mais n'était pas, comme l'organisation révolutionnaire, contre nature. Toutefois le paganisme, faute de la charité, ne pouvait donner à la corporation sa vraie et féconde vie. Constitués pour le plaisir ou pour l'agitation politique, les collèges d'artisans romains devinrent, sous le despotisme des Césars, un terrible instrument d'asservissement du travail. Dans le monde romain, épuisé de luxe et de paresse, rongé d'une fiscalité qui dévorait la richesse à mesure qu'elle était créée, sans respecter même le nécessaire de l'ouvrier, on n'obtenait plus le travail qu'à titre de service obligatoire. La corporation fournissait les cadres de ce service. Tout à l'opposé, la corporation chrétienne fut toujours établie sur la règle de la liberté : elle prit son origine dans le mouvement d'association des travailleurs parvenus à la liberté civile et cherchant, par l'union de leurs forces, protection contre les périls de l'individualisme.

La mutuelle charité, sous l'action directe de la piété et du culte catholiques, donna naissance à la confrérie des hommes de métier. La justice, par la main d'un pouvoir chrétien, lui donna sa forme de vie corporative, en fixant les coutumes que l'initiative des travailleurs avait introduites. L'esprit de charité est la force impulsive de la corporation. Il est l'âme de ce corps formé de membres qu'anime une commune pensée de sanctification dans le travail. La justice en est la force régulatrice, et cette force prend son origine dans le sentiment de la responsabilité du souverain, qui sait qu'il doit être, en toutes choses, le ministre de Dieu pour le bien.

La corporation, telle qu'elle s'offre à nous dans la tentative la plus remarquable qu'on ait faite de nos jours pour réorganiser le travail suivant les principes de la vie chrétienne, porte bien le caractère d'une œuvre éminemment et, avant tout, chrétienne et charitable. « Elle doit être, dit M. Harmel, une société religieuse et économique, et tous ses membres doivent être groupés dans des associations de piété..... Son but premier et principal est de restaurer le règne de Jésus-Christ dans le monde ouvrier. » C'est l'esprit de l'Église, c'est son impulsion vers la sainteté qui agit ici et qui rend la vraie vie aux intérêts matériels. En suscitant les vertus dont la pratique pourra rendre l'ordre à nos sociétés si troublées, l'Église reste toujours la même; elle fait aujourd'hui ce qu'elle a fait dans tous les siècles. Elle ne change ni ses principes, ni la direction qu'elle imprime aux œuvres conformément à ses principes, ni les procédés par lesquels elle ramène toute la vie humaine à Dieu. Mais elle sait merveilleusement approprier son action à la diversité des temps. Elle donne aux œuvres une doctrine, et cette doctrine, qui ne change pas, se prête dans son ampleur à toutes les modifications que rendent nécessaires les formes variables de la vie sociale.

Pour que la corporation ait une influence sérieuse, efficace, sur les ouvriers, il ne suffit pas qu'elle leur serve de lien en tel ou tel détail de leur existence, il faut qu'elle soit entre eux une association générale pour les intérêts de l'ordre moral et pour les intérêts de l'ordre matériel.

Ce n'est pas seulement sur l'individu chef de famille que la corporation doit agir, il faut que l'organisation corporative soit assez souple, assez vaste, pour atteindre les membres de la famille en même temps que son chef. La réforme chrétienne de la famille occupe une place essentielle dans la réforme économique. Chose étrange! Quand on lit les écrits des économistes de l'école classique, on ne trouve pas qu'il y soit question de la famille. Il semble que, sous l'empire des préoccupations étroites de l'esprit utilitaire et de l'individualisme rationaliste, les économistes ne soupçonnent pas les liens intimes qui rattachent la vie de la famille à la vie nationale et qu'ils n'aient aucune idée de l'unité du mouvement social par le concours des forces de la société domestique et de la société publique. Les économistes catholiques n'avaient garde de tomber dans une telle erreur et de commettre une telle omission. Le R. P. Félix, le R. P. Delaporte, M. Coquille, M. Le Play, M. Harmel, M. Ribot, ont restitué à l'organisation de la famille, au point de vue économique, l'importance qui lui revient [1]. Entre tous les écrivains catholiques qui se sont occupés d'économie sociale, il en est un dont le nom restera particulièrement attaché à cette question de la réforme économique par la réforme de la famille, c'est M. Charles de Ribbe. Ses écrits, tout à la fois sérieux et charmants, mettent en

1 Voir : *L'économie sociale devant le christianisme*, par le R. P. Félix; — *Le problème économique et la doctrine catholique*, par le R. P. Delaporte; — *Les légistes*, — *La politique chrétienne*, par M. Coquille; — *Le manuel de la corporation chrétienne*, de M. Harmel; — *Du rôle social des idées chrétiennes*, par M. Ribot.

toute évidence l'influence décisive qu'ont les mœurs domestiques sur la restauration sociale, de laquelle la restauration économique n'est qu'une partie et une dépendance. Tous ceux qui liront avec attention ces écrits, si instructifs et si attachants, verront comment, dans l'ancienne société, toute l'organisation économique, et notamment l'organisation corporative, se rattachait à la constitution et aux traditions de la famille.

On ne réformera pas les mœurs de la classe ouvrière, si l'on ne réforme pas la famille. De plus, on n'attirera et on ne retiendra l'ouvrier dans la corporation que si on lui donne la conviction que l'association corporative a autant d'avantages pour les siens que pour lui-même, qu'elle l'aidera à porter le fardeau des responsabilités qui accompagnent le gouvernement d'une famille. D'ailleurs, si, par le bien que l'on fait à sa famille, l'ouvrier se trouve attiré vers la corporation, en retour, les bonnes influences de la vie corporative contribuent très puissamment à ramener aux affections de la famille l'ouvrier, qui, trop souvent, les a négligées ou méprisées. C'est bien ici que l'encouragement du bon exemple a toute sa force pour faire revivre dans le cœur de l'homme les bons instincts de la nature, que la vie factice de l'industrie égare et corrompt.

L'œuvre corporative doit embrasser dans un harmonieux ensemble toutes les associations particulières qui travaillent à la moralisation des divers membres de la famille, à leur instruction, au soulagement de leurs misères. Les familles ouvrières, guidées, fortifiées en tout ce qui est de la vie de l'âme, aidées, soutenues en toutes les difficultés de la vie matérielle, ne formeront plus, dans l'association à laquelle elles doivent ces bienfaits, qu'une seule et même famille, sous des attaches qui auront quelque chose de la puissance des liens formés entres les frères par la communauté du sang. Telle serait la perfection de la corporation.

Nous ne dirons pas qu'une telle perfection puisse se rencontrer partout, mais elle est toujours souhaitable. On peut, au prix de beaucoup de soins, espérer d'en approcher et, vu le grand bien qui doit en résulter pour les classes ouvrières et pour la société tout entière, il ne faut jamais cesser d'y tendre.

Aucune œuvre d'amélioration et d'assistance morale, intellectuelle, matérielle, ne peut rester étrangère à la corporation. Elle facilite leur établissement, écarte bien des obstacles à leur fonctionnement et accroît considérablement leur puissance. La prévoyance sous toutes ses formes : caisses de secours pour les malades, caisses de retraite pour les infirmes et les vieillards, assurances sur la vie, subsides pour les temps de chômage, participation aux banques populaires et organisation du crédit ouvrier, toutes ces combinaisons, pour lesquelles la probité des associés et la confiance mutuelle sont les premières conditions de réussite, trouveront, dans la corporation, des sûretés qu'elles ne pourraient avoir ailleurs. Bien d'autres œuvres, aujourd'hui organisées, par les ouvriers, sous l'empire des prétentions démocratiques qui les corrompent et les font dévier de leur véritable but, trouveraient dans la corporation les meilleures conditions de réussite. Quels succès n'auraient pas les sociétés de consommation, si elles fonctionnaient au milieu de l'atmosphère d'ordre hiérarchique, d'économie, de modération et de probité que la corporation crée à la vie ouvrière !

Pour l'ouvrier pris individuellement, rien n'est plus important que l'apprentissage. C'est le complément de l'éducation, et habituellement il décide de ce que sera le travailleur pour la moralité aussi bien que pour la capacité industrielle. Il continue en une certaine mesure l'exercice de l'autorité paternelle, et de ce chef il réclame des garanties particulières. Rien n'est plus important non plus pour l'avenir de la corporation, rien n'est plus efficace pour garantir l'honneur du métier, lequel est une des plus grandes forces des communautés professionnelles. On peut dire que le patronage spécial des apprentis et la réglementation de l'apprentissage sont de l'essence des corporations ouvrières, et qu'il y a là pour elles la matière des devoirs les plus impérieux et les plus élevés. L'histoire du travail atteste que jamais les corporations n'ont failli à l'accomplissement de ces devoirs. L'organisation de l'apprentissage dans l'ancien régime a pu être entachée d'abus plus ou moins graves; d'ailleurs, elle se présentait alors avec un caractère de contrainte légale et de privilège qui serait incompatible avec les habitudes de la société contemporaine. Constituée sur la loi de la liberté du travail, cette organisation est aujourd'hui, comme elle était autrefois, une nécessité du bon ordre et du progrès dans les industries.

Suivant l'organisation d'autrefois, chaque corporation répondait à un même métier. Cette corrélation absolue du métier à la corporation ne peut pas être considérée comme une nécessité de l'organisation corporative, mais simplement comme une convenance.

Le lien sera naturellement bien plus solide entre des hommes livrés aux mêmes travaux; la constitution de toutes les œuvres que doit comprendre la corporation sera bien plus simple et plus sûre entre des ouvriers qui auront les mêmes habitudes et les mêmes besoins, et qui auront dans la vie du travail des chances toutes semblables. L'organisation de la corporation sera assurément moins complète et moins forte, son action sera plus limitée, si elle admet des hommes de professions diverses. On ne saurait dire pourtant que l'institution perde, par ce défaut d'unité professionnelle, toute sa vertu.

A raison de l'état de dispersion où se trouvent aujourd'hui les classes industrielles, les patrons aussi bien que les ouvriers, à raison surtout des dissidences dont la Révolution a jeté partout les germes, il pourrait être, en certains cas, difficile de reconstituer la vie corporative dans cette perfection que donne la communauté du métier. La solidité du lien moral peut suppléer à l'insuffisance du lien professionnel. Donner l'être moral à la corporation, voilà le premier but à poursuivre. Si l'on réussit à faire renaître dans le peuple ouvrier l'entente et le goût de la vie associée, l'organisation matérielle fondée sur la communauté des occupations viendra bientôt d'elle-même.

L'infériorité de la corporation constituée en dehors du lien professionnel est surtout manifeste en ceci, qu'il est plus difficile d'y réaliser la communanté d'intérêts matériels indispensable pour donner un corps à l'association. Or, cette communauté n'est pas moins nécessaire que les attaches de l'ordre moral pour fonder l'unité de la corporation, et pour lui conserver tous ceux qui se sont donnés à elle.

Sous une forme ou sous une autre, par quelqu'une des combinaisons que comporte notre régime de liberté, il faut qu'il y ait dans l'association professionnelle, un patrimoine corporatif. Ce patrimoine crée pour l'ouvrier un intérêt direct et durable, dont l'action servira à contrebalancer les habitudes de mobilité répandues par l'esprit démocratique dans nos masses populaires.

Quels que soient les arrangements par lesquels on fonde le patrimoine corporatif, il faut qu'il soit établi de façon que l'ouvrier y trouve, pour son avenir, des avantages dont il serait privé dans la vie isolée et qu'il perdrait s'il abandonnait la corporation. Ces arrangements doivent répondre toujours à la diversité des circonstances, à la spécialité des industries et aux dispositions des travailleurs. Il est naturel que l'intensité du travail de l'ouvrier, son économie, son zèle pour le bien de l'entreprise, soient récompensés par une certaine participation dans les résultats avantageux de l'œuvre commune. Cette rémunération extraordinaire pourrait servir à alimenter le patrimoine corporatif. C'est une manière de fonder le patrimoine collectif qui peut être excellente, mais à une condition : qu'il ne s'y glisse rien qui soit autre chose qu'une augmentation régulière des salaires, convenue pour des cas déterminés, fixée d'après des données dont l'ouvrier puisse sans inconvénient prendre connaissance ; rien qui ressemble à une participation dans les bénéfices entendue de façon à constituer pour l'ouvrier un droit sur des profits qui doivent, selon la justice, rester propres au patron. L'exercice d'un pareil droit conduirait bientôt à une de ces combinaisons de partageux dont la démocratie communiste poursuit avec ténacité la réalisation, et qui doivent être rigoureusement exclues de toutes les œuvres fondées suivant l'esprit de la charité catholique.

La corporation atteindra son but par l'action combinée de deux forces, que l'expérience nous montre comme également nécessaires à toutes les œuvres par lesquelles on tente de ramener le monde ouvrier aux bonnes coutumes du travail chrétien : ces deux forces, qui résument toute l'action charitable dans l'ordre économique, sont le patronage et l'association.

L'ancienne corporation réunissait les maîtres, les compagnons et les apprentis en une même communauté et sous une même autorité. Il faut que la nouvelle corporation opère la même union, suivant les conditions de la vie industrielle de notre temps. Comme le lien légal ne peut plus être aujourd'hui ce qu'il était autrefois, vu la règle définitivement acceptée de la liberté du travail, il faut que le lien moral du patronage et de l'association prenne une importance et une force d'autant plus grandes, et qu'il réalise par la charité ce que la contrainte ne fait plus.

C'est, en effet, de la charité que tout procède pour le patronage et pour l'association : charité des grands envers les petits dans le patronage ; charité des petits entre eux, et en général de tous à tous dans l'association qui s'établit entre les ouvriers et qui s'établit aussi des patrons aux ouvriers. Voilà les grandes forces, les forces essentielles de la corporation, celles qui mettent partout le mouvement et qui retiennent tout dans l'unité. Elles ne peuvent jamais être séparées. Si elles l'étaient, la corporation perdrait son caractère et manquerait son but. Le patronage introduit la hiérarchie dans la communauté professionnelle ; l'association assure à l'ouvrier, vis-à-vis des patrons, la mesure de dignité et d'initiative à laquelle un homme libre a le droit de prétendre.

Je dis initiative, car il est naturel, il est juste, il est

indispensable, que l'ouvrier ait sa part d'influence et d'action quand il s'agit de ses intérêts et de sa chose, et si la corporation n'est point sa chose à lui aussi bien que la chose du patron, on ne parviendra pas à l'y faire entrer et l'on ne réussira pas à l'y retenir. Mais il est naturel, juste, et indispensable aussi, que cette participation de l'ouvrier à l'administration des intérêts corporatifs s'exerce suivant la loi des rapports hiérarchiques de la vie industrielle. La hiérarchie, dans une institution où règne l'esprit de charité, n'est jamais ce commandement égoïste et arbitraire qui s'impose dans les institutions dont l'intérêt est le seul principe. Comme le dit le terme même de patronage, l'autorité est ici toute de bienveillance et d'affection, et la sévérité n'apparaît que dans les cas où le mauvais vouloir et les prétentions injustifiables la rendent nécessaire. D'ailleurs, elle ne se montre jamais qu'entourée de précautions et de garanties qui assurent la parfaite équité de son action. Suivant cette mesure, il faut que la hiérarchie soit dans la corporation comme elle est partout dans la vie humaine.

L'ordre hiérarchique se trouve dans les relations privées comme dans les relations publiques. Méconnaître, en organisant la corporation, cette loi générale de notre existence, ce serait fausser l'institution en son essence et faire d'une œuvre de conservation une œuvre de révolution. Ce serait ramener la corporation aux syndicats ouvriers, dont la démocratie égalitaire a fait une de ses armes les plus dangereuses.

La corporation que nous venons de décrire est une œuvre de liberté. Mais la liberté a besoin de la protection des pouvoirs publics et elle y a droit. La liberté sans droits et sans organisation n'est qu'un vain mot. Déclarez à un homme qu'il est libre de faire tout ce qu'il lui plaira, mais qu'il ne pourra ni posséder des biens, ni vendre, ni acheter; la liberté que vous lui aurez ainsi garantie sera tout simplement la liberté de mourir de faim. Refuser l'existence civile aux corporations, comme la Révolution s'obstine à le faire, au nom du droit commun, quand il s'agit d'associations qui se proposent de restaurer dans la société les principes et les mœurs de la vie chrétienne, c'est réduire les entreprises de corporation à une existence toujours précaire; c'est les mettre à la merci du trouble que peuvent toujours y apporter les prétentions individuelles appuyées sur le droit civil; c'est leur rendre impossible la durée, qui est de leur nature, et sans laquelle elles ne pourraient produire les fruits qu'on en attend. Ce refus de l'existence civile est, de la part des pouvoirs publics envers les corporations, un acte d'hostilité. La Révolution n'en veut point démordre, parce qu'elle est, en effet, l'ennemie irréconciliable de la corporation. On ne comprendrait pas que des pouvoirs qui veulent remettre l'ordre dans la société pussent commettre, à l'égard des œuvres corporatives, un pareil déni de justice.

Malgré toutes les difficultés que lui crée le droit commun, la corporation se reconstitue. Sur plus d'un point elle fonctionne à la grande satisfaction et au grand profit des maîtres et des ouvriers. N'est-ce pas un des devoirs les plus élémentaires des pouvoirs publics que de donner leur forme de droit à ces institutions qui sont nées de l'initiative des travailleurs, et de leur assurer cette liberté efficace à laquelle peuvent justement prétendre tous ceux qui, individuellement ou collectivement, pratiquent le bien et travaillent au bien de la société? La corporation ouvrière est une institution naturelle à la vie sociale, nous l'avons montré. Elle ne peut fonctionner dans sa pleine et efficace liberté que par la personnalité civile. Comment qualifier des pouvoirs qui mettraient tous leurs soins à refuser à la société les institutions les mieux appropriées à ses besoins, et à rendre stériles les efforts les plus légitimes que fait la liberté pour l'avantage commun?

Ce n'est pas assez que la puissance publique donne à la corporation cette assistance directe qui lui assure la réalité du droit civil par la garantie du droit collectif. Une des fins que la corporation doit se proposer avant tout, c'est de faire régner, dans les relations du travail, le respect des faibles, et de purger la vie de l'atelier des immoralités qui trop souvent la déshonorent. Pour que ce but soit efficacement atteint, le concours de la réglementation légale est indispensable. Si dévouée, si ingénieuse que soit la charité, son action pourrait échouer souvent contre les résistances individuelles. A moins qu'on ne se trouve en présence de législateurs à qui l'affolement de 89 a ôté le sens social, on peut croire que cette réglementation nécessaire ne sera point refusée aux réclamations unanimes de tout ce qu'il y a d'honnête parmi les patrons et les ouvriers.

III

De quelles difficultés il faut tenir compte aujourd'hui dans la reconstitution de la corporation ouvrière.

Trois difficultés capitales, auxquelles se rattachent bien des difficultés particulières, et toutes très sérieuses, sont ici à considérer.

D'abord la liberté du travail, c'est-à-dire le droit reconnu à chacun de produire sans autorisation comme sans monopole, de se servir pour sa production des procédés qu'il croit être les meilleurs, ainsi que le droit pour tous les travailleurs de se porter de leur personne où il leur plaît, et de disposer de leurs forces productives comme bon leur semble.

Il y a ensuite l'établissement de grands ateliers, qui groupent autour de puissantes machines des armées de travailleurs, au milieu desquelles la confiance, l'union, la persistance dans les vues et dans les affections, sont difficiles à établir.

Enfin, il y a cet état d'isolement, de dispersion, d'individualisme, pour tout dire en un mot, dans lequel vivent non seulement les ouvriers, mais aussi les maîtres, et d'où résulte, pour toutes les œuvres d'association et de paix sociale, une difficulté des plus graves.

On pourrait croire, et beaucoup semblent en être persuadés, que dans un pareil milieu économique aucune organisation de corporation véritable ne trouvera sa place;

que la corporation, parvînt-elle à s'organiser, ne donnera, sous notre régime de liberté économique, aucun des résultats bienfaisants qu'elle produisait sous le régime du privilège et de la réglementation. Voyons ce qu'il en est.

On n'attend pas que, dans le court espace que nous laisse le plan de cet écrit, nous abordions, par le détail, ces difficultés qui donnent tant de souci à nos sociétés. Nous nous contenterons de les signaler, en montrant, par de brèves indications, qu'elles ne sont point insurmontables.

Sous le régime de la pleine liberté du travail, les cupidités éveillées en haut et en bas par le matérialisme révolutionnaire ont provoqué, entre les maîtres et les ouvriers, un antagonisme qui désole la plupart des industries. Comment rapprocher, comment unir dans la corporation, sous la loi de la liberté, ces classes que tant de défiances séparent et que l'intérêt doit nécessairement, suivant certains économistes enclins au socialisme, rendre irréconciliables?

Par le fait, la charité de certains maîtres a montré que l'entreprise pouvait être raisonnablement tentée, et que le succès n'était pas chose imaginaire.

Dans la corporation telle que l'esprit chrétien la conçoit et la pratique, les syndicats, ces instruments de guerre de la révolution socialiste, deviennent des points de ralliement où se rencontrent, animés d'une même charité, les patrons et les ouvriers, et où règne la plus cordiale bienveillance. La solution des difficultés, même les plus graves, s'y trouve sans trop de peine, par la confiance réciproque, par la disposition des uns à faire tout ce qui n'est pas impossible pour le bien de l'ouvrier, et par la disposition des autres à accepter avec résignation des sacrifices que la force des choses impose, et dont les institutions corporatives tendent à alléger la riguour. M. Maurice Block disait, il n'y a pas longtemps, dans le *Journal des Économistes*, à propos des comités de conciliation proposés en Allemagne par les socialistes cathédrants : « Les corporations libres, volontaires, qui réuniraient fraternellement patrons et ouvriers, seraient des institutions excellentes; mais on excite trop aujourd'hui les ouvriers contre les patrons pour qu'elles aient beaucoup de chances de s'établir. » Le Bulletin des commissions d'études de l'œuvre des *Cercles catholiques d'ouvriers* fait très bien voir que ce qui serait impossible avec les habitudes libérales et utilitaires peut être réalisé par des associations animées de l'esprit d'abnégation chrétienne : « Les efforts tentés pour résoudre le problème, en dehors de l'esprit chrétien, par les chambres syndicales mixtes ont échoué; elles sont repoussées à la fois par les maîtres et par les ouvriers comme constituant entre eux plutôt l'état de guerre que l'apaisement : c'est dans le principe essentiel de l'œuvre, qui n'est autre que le fondement de tout l'ordre social chrétien, *le dévouement des classes supérieures aux classes ouvrières*, que l'on a cherché la vraie solution du problème. »

L'antagonisme des maîtres et des ouvriers apparaît surtout, il se résume, peut-on dire, dans le débat sur le salaire, dans l'application de ce que les socialistes allemands appellent « la loi d'airain ». Les crises industrielles et commerciales le font éclater avec la dernière violence. Pour ce mal, le plus terrible de tous ceux dont souffrent aujourd'hui les classes industrielles, la corporation chrétienne offre un remède : il est dans l'esprit d'ordre, de modération et d'économie des maîtres et des ouvriers. Il consiste à obtenir une certaine égalité pour les salaires, l'ouvrier consentant à n'être point payé au prix élevé qu'obtient le travail durant la période de grande activité, et le maître consentant à employer les bénéfices extraordinaires qu'il réalise lorsque le travail prend son plein essor, pour payer à l'ouvrier, durant les périodes de dépression, un salaire qui dépasse le taux général du marché du travail. C'est là qu'est le nœud de la question, car, ainsi que le fait observer M. Harmel, « le point important pour que l'ouvrier soit heureux, ce n'est pas qu'il ait un salaire très élevé, c'est plutôt qu'il soit amené à le trouver suffisant, grâce à la modération de ses désirs, et à sentir le besoin de l'épargne pour parer aux incertitudes de l'avenir. »

Atténuer les fluctuations des salaires, préparer par l'économie des ressources pour les temps de gêne, voilà des moyens de solution simples, et que rendent vraiment pratiques les mœurs des maîtres et des ouvriers dans la corporation chrétienne. C'est la charité, âme de la corporation, qui fait tout ici, car sans elle, ni les patrons, ni les ouvriers n'auraient entre eux les relations intimes et cordiales qui rendent possible l'entente en une matière si délicate. Rien ne ressemble, en tout ceci, à ces inventions socialistes qui prétendent limiter d'autorité la concurrence, ou mettre à la charge exclusive du maître les ouvriers auxquels le salaire fait défaut. La charité est la force essentielle dans la corporation; c'est elle qui accomplit facilement ces choses si difficiles. Grâce aux influences de la corporation chrétienne, MM. Harmel ont pu répondre à l'enquête du ministère de l'intérieur, lors de l'Exposition universelle de 1878, que « depuis la fondation de leur usine ils n'avaient pas eu de chômage, qu'en 1848 et pendant la guerre de 1870, l'usine n'avait point cessé de fonctionner régulièrement, que pendant les chômages partiels, ils employaient à divers travaux les ouvriers et ouvrières inoccupés, mais qu'ils n'en renvoyaient jamais et qu'ils leur conservaient leur salaire habituel. »

La liberté du travail peut aussi opposer à la constitution de la corporation un certain obstacle, en ce qu'elle rend difficile la permanence des engagements, laquelle est nécessaire pour le plein succès de la corporation.

On ne saurait trop vanter, avec M. Le Play, l'excellence de cette coutume que la mobilité démocratique, et l'inquiétude naturelle aux esprits qui ont quitté Dieu, rendent de plus en plus rare. Mais personne ne songe sérieusement aujourd'hui, et M. Le Play moins que tout autre, à la rétablir par voie d'organisation légale. Cela ne se pourrait faire que par un retour violent vers un passé désormais aboli, par le renversement d'un ordre de libertés légitimement établi et pleinement accepté dans nos mœurs. Ce renversement d'une situation confirmée par un assentiment universel et une longue et paisible pratique, ce serait une révolution. Il y aurait à la tenter autant de péril que d'injustice et d'étourderie.

Ici, comme en bien d'autres choses, la contre-révolution est urgente, mais c'est en respectant des libertés désormais acquises qu'il faut la faire. Réformer les idées et les sentiments, restaurer les institutions sociales qui peuvent donner appui aux bons principes et aux bonnes mœurs, effacer des lois tout ce qui fait obstacle à la pratique des bonnes coutumes, tout ce qui sert à confirmer et à propager les coutumes individualistes auxquelles la politique révolutionnaire voudrait plier la société, voilà l'œuvre juste, sensée, utile, qui s'offre à notre zèle, à nous tous qui résumons dans le mot de contre-révolution nos vues, nos désirs, nos efforts.

M. Le Play a, plus que personne, donné le branle à la contre-révolution économique. Mais il s'est bien gardé, en suscitant ce mouvement, de briser avec les principes de vie civile et politique sur lesquels tous nos rapports sociaux se trouvent établis. Il ne confond pas avec les choses qui doivent rester toujours, et que l'on ne peut changer sans que tout soit perdu, les choses qui passent et qui peuvent être modifiées sans que l'ordre social soit compromis en ses lois essentielles. M. Le Play ne travaille à restaurer la permanence des engagements qu'en la conciliant avec le régime de la liberté individuelle. Il résume ainsi sa pensée : « La permanence des engagements, sous le régime de la liberté individuelle, est la plus haute expression de la stabilité. Elle est aussi un indice certain de bien-être et d'harmonie. Elle règne avec ses meilleurs caractères lorsqu'un attachement traditionnel se maintient entre les générations successives de patrons et d'ouvriers. »

Portée à ce degré, qui serait la perfection, la permanence des engagements suppose chez l'ouvrier une fidélité à l'atelier et à ses chefs que jamais il n'aura s'il ne s'y est trouvé lié, dès ses premiers ans, par la corporation.

Lors même que la permanence des engagements resterait en deçà de cette perfection, et qu'elle se bornerait à la durée de la vie de l'ouvrier, elle s'établirait difficilement encore sans la corporation. Mais admettons que les lois aient subi en cette matière une réforme qui semble à plusieurs très opportune et même très libérale ; admettons qu'elles accordent au travailleur, pour la durée des engagements, une liberté plus étendue que celle qu'elles lui laissent aujourd'hui ; ne pourrait-on point alors espérer beaucoup des sentiments que la corporation développe chez les maîtres et chez les ouvriers, et des habitudes qu'elle enracine parmi eux? Toute corporation ne produirait pas sans doute de pareils effets. Je parle ici de la corporation chrétienne, laquelle est, suivant la définition de M. Harmel, « une société religieuse et économique formée librement par des chefs de familles industrielles, patrons et ouvriers d'un même corps d'état ou de profession analogue, et dont tous les membres sont groupés dans diverses associations de piété. »

L'ouvrier s'affectionnera au chef d'industrie qui exercera sur lui, dans l'association professionnelle, un patronage vigilant et dévoué. Il s'attachera aussi aux camarades avec qui il partage les peines et les joies de la vie ouvrière et à qui l'unit un lien vraiment fraternel. Sa participation au patrimoine corporatif contribuera également à le fixer, par l'intérêt, dans l'atelier auquel se rattache la corporation. Ajoutez que les influences religieuses, qui pénètrent les âmes dans la corporation chrétienne, donneront à l'ouvrier le goût de la vie reposée ; elles calmeront les impatiences et les illusions qui le poussent aujourd'hui à changer perpétuellement de condition par l'espérance de trouver, dans une condition nouvelle, un bien-être et un repos qui ne sont point de ce monde.

Mais ce n'est pas seulement sur l'ouvrier qu'il faut agir pour restaurer la coutume des longs engagements. La réussite en cette œuvre difficile dépend des maîtres autant que des ouvriers. Il faut que le maître soit, comme l'ouvrier, attaché à la corporation, et pour cela il faut que les lois se prêtent à perpétuer, de génération en génération, dans la même famille, la possession de l'atelier. Hors de ces conditions, point d'engagements durables, on peut même dire, point de corporation. Pour les réaliser, il faut l'action simultanée des lois et des mœurs. Une certaine liberté testamentaire accordée au père de famille, surtout la liberté quant à l'attribution des biens dans les partages, liberté si naturelle et si arbitrairement refusée aujourd'hui par nos lois, voilà des réformes légales qui sont en cette matière d'une importance capitale.

M. Le Play, dans son œuvre magistrale, *La réforme sociale*, et dans les nombreux écrits par lesquels il en a vulgarisé les idées, a eu pour but principal de faire comprendre la nécessité de ces réformes. Ce vigoureux effort de réaction contre les négations et les nivellements révolutionnaires laissera, dans l'histoire économique de notre temps, une trace profonde. Rarement il a été donné à notre siècle, énervé par le libéralisme, d'admirer tant de pénétration d'esprit et tant de droiture d'intention unies à tant d'infatigable constance dans la constatation des faits et dans le travail de la propagande. Cette courageuse initiative méritait sa récompense. Elle l'a obtenue, puisqu'elle a eu pour effet de faciliter le retour des esprits à la vérité catholique totale, à cette vérité qui seule donne l'autorité indispensable en toute entreprise de réforme sociale, qui seule y met, en même temps que la force souveraine des principes, la juste mesure de la pratique et du bon sens.

Même en supposant réalisées toutes ces réformes auxquelles la Révolution oppose une résistance si obstinée, il sera difficile encore, avec la constitution de notre grande industrie, d'atteindre à la perfection quant à la durée des engagements. Il y aura toujours, quoi que l'on fasse, sous le régime du travail libre et des grands ateliers, une certaine mobilité dans la population ouvrière. A cette difficulté répond la corporation, telle que nous la voyons aujourd'hui se former sur plusieurs points, la corporation qui ne se recrute pas exclusivement dans le même atelier, mais qui réunit des ouvriers de profession similaire en les prenant dans divers ateliers. Cette corporation plus ouverte, où la cohésion est moindre sans doute, mais qui n'est pourtant pas sans puissance, servira à atténuer ce qui restera toujours des fâcheuses conséquences d'une certaine mobilité des populations ouvrières, à laquelle on ne saurait, sous la loi de la liberté individuelle, remédier complètement. La corporation ainsi organisée aura toujours ce très grand avantage, qu'elle perpétuera, chez les ouvriers qui viennent se remplacer dans l'atelier, l'esprit dont elle est animée. Tout naturellement, la corporation, telle qu'elle nous est donnée aujourd'hui, s'est trouvée rattachée à la grande œuvre des Cercles catholiques d'ouvriers. L'un des caractères les plus remarquables de cette œuvre, est qu'elle étend, sur l'ensemble du monde ouvrier, une action qui ramène tout à l'uniformité des bonnes coutumes. Groupés autour des centres que cette œuvre multiplie, les ouvriers se retrouveront les mêmes partout où le mouvement de l'industrie les portera. La permanence de l'esprit corporatif pourra suppléer, en une certaine mesure, à ce qui manquera du côté de la permanence des engagements.

La liberté du travail est l'occasion d'un autre désordre

non moins grave, et l'on se demande comment la corporation moderne pourra y porter remède. Qui dit liberté du travail, dit concurrence. Il y a la concurrence honnête, celle que la société chrétienne n'entend pas empêcher et qui profite à tout le monde. Il y a aussi la concurrence indélicate, malhonnête, qui nuit finalement à tout le monde, aussi bien à ceux qui croient en tirer profit qu'à ceux qu'elle espère duper. La corporation d'autrefois avait pris ses précautions contre la déloyauté industrielle, mais c'était par un système de restriction et de réglementation obligatoire qu'on ne pourrait plus pratiquer dans l'état actuel des procédés du travail, et au milieu d'un mouvement d'échanges dans lequel entrent tous les marchés des cinq parties du monde. Résulte-t-il du changement survenu dans les conditions générales de la production et du commerce, aussi bien que dans la condition des hommes, que la corporation moderne ne puisse rien contre cette plaie de la mauvaise concurrence?

Nous ne l'avons jamais pensé. Qu'il nous soit permis de rapporter ici ce que nous disions à ce sujet, en 1861, dans la première édition de *La richesse dans les sociétés chrétiennes* : « C'est particulièrement par l'association des producteurs, de ceux qui pratiquent laborieusement et honnêtement leur industrie, que les fâcheuses conséquences de la concurrence peuvent être arrêtées. Dire quelle forme doit prendre dans ce cas l'association, c'est chose impossible *à priori* et d'une façon générale : cette question ne peut être résolue que par les tentatives de ceux-là mêmes qui y sont les premiers intéressés, et par le concours des pouvoirs publics, qui interviendraient sans imposer jamais de contrainte, et en vue seulement de prêter appui à la libre initiative des producteurs. »

De fait, nous avons vu l'industrie et les métiers à l'œuvre. L'initiative exercée par ceux-là mêmes qui dirigent le travail, dans la *corporation* de M. Harmel, dans les *associations professionnelles* des Cercles catholiques d'ouvriers, produit déjà ses fruits. Il y a plus de trente ans, il s'était fait des essais dignes d'être signalés; M. de la Farelle avait tracé un *plan de réorganisation disciplinaire des classes industrielles* dont la pensée capitale méritait une sérieuse attention.

L'entente des producteurs pour garantir la sincérité de leur travail et la qualité de leurs produits par la marque facultative, peut avoir, et a eu parfois, d'heureux effets. Les associations formées dans ce dessein conduiraient à des résultats sérieux, si elles étaient secondées par l'État, qui viendrait en aide à la liberté et qui assurerait l'efficacité de son action, sans imposer aucune contrainte, sans exercer aucune répression autre que celle que justifient des délits de fraude bien caractérisés. Une fois que ces associations auraient pris racine dans le public, elles contribueraient puissamment à ramener la concurrence à son véritable but, qui est le perfectionnement des produits par l'émulation entre les producteurs.

Les fondateurs de l'*Association professionnelle catholique des imprimeurs, libraires, relieurs de Paris*, s'inspirent de cette pensée quand ils disent : « Les maîtres de l'association ne combattent point la liberté de la concurrence, mais ils tiennent à porter cette concurrence, non sur le prix du travail fourni, mais sur la bonne exécution de ce travail et le fini de leur œuvre. » Cette association, comme le dit son règlement, ne recherche qu'un privilège, celui de la loyauté dans l'exécution et de la supériorité de ses produits, garanties au public par le cachet de l'association. Elle prononce l'exclusion contre tout maître convaincu d'agissements répréhensibles dans l'exercice de sa profession, et notamment de concurrence déloyale. Il y a d'ailleurs dans cette œuvre, comme dans toutes celles qui ont été fondées sur les mêmes principes, des règles spéciales sur l'apprentissage, des épreuves donnant droit à des diplômes qui constatent la capacité professionnelle, mesures bien propres à assurer la perfection du travail, en garantissant l'honneur du métier ; mais tout cela, sans porter aucune atteinte à la liberté du travail, qui est, suivant les expressions employées par M. Harmel, « un principe de notre état social ». Car, en toutes ces organisations de métiers, il ne s'agit jamais, comme le dit la déclaration de l'œuvre des cercles du 10 juillet 1878, que « d'associations professionelles catholiques libres », ce qui ne peut s'entendre que des corporations qui laissent entière la liberté commerciale et industrielle.

Rappelons aussi les services que peut rendre la *Société protectrice du travail chrétien*, fondée il y a quatre ans à Angers, par le R. P. Ludovic. Elle apportera un secours efficace pour la solution de la difficulté qui nous préoccupe, en rapprochant des producteurs qui travaillent consciencieusement, parce qu'ils sont chrétiens, les consommateurs qui cherchent la bonne et loyale marchandise. Cette œuvre, qui est elle-même une forme de patronage, se rattache tout naturellement à la corporation. Elle lui fournit une force auxiliaire très nécessaire, et elle a sa place marquée dans le système général des œuvres par lesquelles on réorganisera le travail, dans la vie corporative, suivant l'esprit du christianisme.

Une autre difficulté se présente à la pensée, lorsqu'on rapproche de la corporation ancienne les entreprises de restauration corporative auxquelles nous assistons. Dans l'ancienne organisation du travail, les métiers dominaient. A chaque métier répondait une corporation. La manufacture n'était point incorporée, elle était seulement réglementée. Aujourd'hui la grande exploitation envahit de plus en plus le domaine du travail. Les métiers s'en vont, la manufacture, l'usine, concentrent les travaux et groupent, par grandes masses, les travailleurs. Ce qui avait été jugé impossible dans l'ancien régime pour la manufacture, avec le système de la restriction, serait-il possible aujourd'hui sous la loi de la liberté? Les conditions actuelles de l'industrie ne créent-elles pas un invincible obstacle au rétablissement de la corporation?

Qu'elles lui créent une difficulté, oui, on n'en peut douter; mais une impossibilité, non. N'avons-nous pas devant les yeux un fait qui doit nous convaincre qu'avec beaucoup de dévouement charitable, beaucoup d'intelligence pratique, beaucoup de peine et de patience, on peut restaurer dans l'usine la corporation suivant les conditions du temps, c'est-à-dire sous la loi de la liberté du travail et de la grande exploitation? Ne sommes-nous pas témoins de l'admirable succès obtenu par la corporation à l'usine du Val-des-Bois? Non seulement l'œuvre de MM. Harmel nous prouve que l'on peut organiser la vie corporative dans le système des grands ateliers, dans ce que nous appelons la grande industrie, mais elle nous offre, pour ce mode d'exploitation, une forme de corporation qu'on n'avait pas rencontrée dans l'âge même où le régime de la corporation était la condition légale du travail. Cette nouvelle combinaison d'une communauté professionnelle, dans laquelle entrent les maîtres et les ouvriers, a été trouvée par la double impulsion de la justice et de la charité, c'est-à-dire, par l'influence des mêmes forces qui avaient, il y a plus de six siècles, donné naissance à la corporation ouvrière.

On pourra nous dire que la corporation, dans de telles conditions, n'est pas possible partout ; que son succès tient particulièrement aux qualités rares de ceux qui l'ont fondée, aux circonstances dans lesquelles ils ont exercé leur action. Je conviens qu'il y a dans cette remarque quelque vérité, mais pas tant qu'on le pourrait croire. Des modifications de détail seraient peut-être nécessaires dans telle ou telle situation, mais le type de l'œuvre restera, et sur ce type, par l'impulsion d'une charité semblable à celle qui règne au Val-des-Bois, on parviendra à constituer des corporations qui atteindront parfaitement leur but.

D'ailleurs il y a plus d'une forme de corporation. N'avons-nous pas les *associations professionnelles* qui se rattachent, comme la corporation du Val-des-Bois, à l'œuvre des Cercles catholiques d'ouvriers? Le mouvement qui pousse les industriels catholiques vers la restauration de la corporation n'en est qu'à ses débuts. Par ce qui a été fait déjà on peut juger de ce qui pourra se faire. Les hommes les plus expérimentés dans les œuvres et dans les affaires, comme M. Féron-Vrau de Lille, n'hésitent pas à déclarer que ce qui a été réalisé par MM. Harmel à la campagne pourrait être tenté aussi bien dans les conditions différentes de l'industrie urbaine, moyennant une organisation appropriée à chaque situation, mais toujours inspirée du même esprit.

Ne dissertons pas et n'épiloguons pas trop ; n'allons pas de trop loin prévoir les embarras et les impossibilités. Agissons. Il y a une Providence qui conduit les hommes de bien voués aux œuvres charitables de l'industrie, les plus grandes, les plus nécessaires de toutes aujourd'hui. On l'a bien vu pour les entreprises du Val-des-Bois. Comptons sur sa toute-puissante assistance.

Est-ce que l'œuvre des Cercles n'a pas aussi un caractère providentiel? N'est-elle pas constituée de façon à fournir les éléments de la vie corporative là où la corporation ne peut pas se rattacher à un groupe particulier de travailleurs et s'identifier en quelque manière avec l'atelier? Les cercles ont ce grand avantage qu'ils rendent possible, dans les villes, le groupement des ouvriers suivant les professions, ce qui est toujours important pour la réussite des œuvres ouvrières. Ils sont essentiellement religieux; ils ont toujours pour centre une chapelle où s'accomplissent les divins mystères et où se donne l'enseignement religieux. Ils offrent à nos travailleurs une institution durable, dans laquelle peuvent se fixer les traditions de la vie ouvrière. Dans le cercle, l'ouvrier trouve toutes les institutions économiques qui peuvent accroître son bien-être. Enfin le patronage, avec son double caractère d'autorité et de fraternité, s'exerce dans les cercles de façon à donner à l'homme de travail cet appui contre lui-même, contre sa propre faiblesse, dont il sent, en dépit de toutes les suggestions démocratiques qui l'assiègent, qu'il ne pourrait se passer sans grand détriment. Voilà la corporation avec toute la cohésion, avec toute l'efficacité qu'elle peut offrir hors de l'union intime avec l'atelier. N'eussions-nous que ce genre de corporation, nous pourrions déjà nous féliciter d'avoir fait un pas immense vers la réorganisation chrétienne du travail. Mais il n'y a pas seulement dans l'œuvre des Cercles la réalité présente, il y a encore l'espérance de voir, par son zèle et son industrie, la corporation se propager et fleurir en sa pleine perfection.

Il faut reconnaître pourtant que le zèle des catholiques, agissant avec pleine conscience des nécessités de notre situation économique, rencontre, dans l'état de dispersion des forces conservatrices, dans l'individualisme auquel la plupart des chefs d'industrie sont aujourd'hui livrés, un obstacle dont la résistance est grande. C'est encore une des difficultés dont il y a à tenir compte dans l'œuvre de restauration de la corporation ouvrière, et ce n'est pas la moindre. Comment faut-il s'y prendre pour en triompher?

L'association inspirée par la charité est toujours le grand levier à l'aide duquel nous pouvons espérer de soulever l'immense poids des résistances du monde moderne à toute entreprise de reconstitution de la vie chrétienne. Le mal, dans l'industrie comme ailleurs, est venu d'en haut. L'indifférence religieuse des patrons, leur âpreté au gain, leur mépris de la dignité morale et du salut de leurs ouvriers, souvent même leurs exemples corrupteurs, leurs exploitations égoïstes, sont les premières causes des maux qui désolent le monde industriel. Le désordre étant venu des rangs supérieurs, c'est de là aussi que doivent venir l'expiation et le remède.

Les patrons chrétiens, chaque jour plus nombreux, comprennent les grands devoirs que la Providence leur a imposés en leur accordant des biens et une influence dont la plupart des hommes sont privés. Ils comprennent aussi que, livrés à leurs forces individuelles, ils ne peuvent rien contre le torrent d'injustices et de misères qui emporte et submerge tout dans nos sociétés utilitaires. Sous l'empire de ce sentiment de l'impuissance des forces isolées, les plus intelligents, les plus courageux et les plus dévoués s'associent. Leur initiative a produit sur plus d'un point ces sociétés de patrons, desquelles on peut tout espérer pour l'organisation chrétienne du travail, si elles comprennent bien leur mission.

Pour combattre efficacement le mal qui tourmente nos classes industrielles, et qui ne fait pas moins de ravages dans l'ordre économique que dans l'ordre politique, il faut être avant tout bien fixé sur ses origines. Unis les uns aux autres par la communauté du dévouement charitable, s'éclairant mutuellement de leur expérience et de leurs réflexions, les patrons arriveront bientôt à discerner les vraies causes des désordres dont ils sont les premiers à souffrir, et ils seront bientôt sur la voie des œuvres qui pourront y remédier.

Tous ceux qui, parmi nous, sont attentifs aux grands problèmes que soulève notre état économique, ont conservé souvenir de la belle et courageuse *déclaration* des patrons chrétiens du Nord de la France. On entend encore ces nobles et simples paroles : « C'est pour avoir oublié les règles morales et les sages tempéraments de l'ordre chrétien que l'industrie s'est fait à elle-même et a fait à la société des blessures auxquelles il est urgent de porter remède..... Nous croyons et affirmons que partout où l'homme exerce son activité dans ce monde, il est tenu d'agir sous l'empire de la loi de Dieu... L'ouvrier n'est pas, il faut le rappeler, une force qu'on utilise ou qu'on rejette, en ne tenant compte que des besoins immédiats de la production : il est notre frère en Jésus-Christ, confié par Dieu au patron, qui demeure obligé de le placer dans des conditions propres à lui faciliter le salut éternel. La pratique habituelle d'un patronage intelligent et dévoué attache l'ouvrier à son maître et remédie aux inconvénients graves qui résultent de l'instabilité des engagements. Nous désirons que les lois puissent concourir à cette réforme sans léser la liberté individuelle. »

Avec de telles doctrines et un tel zèle, que ne pourraient des sociétés de patrons pour ramener la vie industrielle aux traditions chrétiennes? Réunis dans cet esprit, les patrons comprendraient bien vite, comme l'ont compris ceux du Nord, que certains procédés de concurrence, qu'à première vue les industriels utilitaires considèrent comme profitables, ne donnent en fin de compte que des déceptions, et qu'ils créent des embarras dont les patrons souffrent autant que les ouvriers. Par leur libre entente ils s'efforceraient de mettre fin à des exploitations qui déshonorent l'industrie moderne. Avec des patrons chrétiens on n'a pas d'ailleurs à redouter les coalitions dont le but serait d'organiser, sous prétexte de résistance aux prétentions ouvrières, la guerre contre l'ouvrier. Il ne peut y avoir entre eux qu'une coalition de charité, qu'une constante émulation dans les soins à prendre pour améliorer le sort de l'ouvrier, qu'une organisation de mutuel soutien pour la pratique de la justice chrétienne.

Les sociétés formées entre les patrons, suivant l'esprit de l'Église catholique, conduiront tout naturellement à la corporation chrétienne. Elles y conduiront avec sagesse et maturité, par l'initiative d'hommes qui connaissent le terrain sur lequel ils doivent opérer, et qui sauront approprier l'organisation de leurs œuvres à la condition des populations à qui elles s'adressent. Par l'union des patrons, disparaîtra un des plus grands obstacles qui s'opposent à la formation des corporations ouvrières : l'éparpillement des efforts, le défaut d'entente entre ceux dont les influences peuvent agir heureusement sur les dispositions de l'ouvrier. Dans les cas où il ne sera pas possible de fonder la corporation chrétienne par excellence, celle dont le Val-des-Bois nous donne le type, c'est-à-dire la corporation qui prend pour cadre l'usine même dont elle groupe les travailleurs, dans ces cas qui pourront être fréquents, il faut en convenir, l'entente des patrons dirigera les ouvriers vers ces corporations où l'union sera moins intime, sans doute, mais dans lesquelles le lien spirituel et la solidarité des intérêts triompheront pourtant de l'individualisme utilitaire, et exerceront sur l'ouvrier et sa famille la plus salutaire action.

Lorsque les catholiques mettent tous leurs efforts à restaurer la corporation, c'est à la contre-révolution dans le travail qu'ils visent. Mais, cette contre-révolution, ils ne veulent l'opérer que sur les bases de l'ordre économique définitivement établi parmi nous, et dont la liberté du travail est la première règle. C'est, d'un côté, à la coopération toute charitable, c'est-à-dire à la libre initiative des patrons, qu'ils font appel, et de l'autre, c'est à la conviction et à la bonne volonté de l'ouvrier qu'ils s'adressent.

Pour confirmer par les faits les vues que nous venons d'émettre, nous allons tracer succinctement le tableau des œuvres de charité par lesquelles les catholiques ont mis en pratique leurs doctrines pour la solution de la question sociale.

CHAPITRE XIV

De ce qui a été fait, en ces derniers temps, par les œuvres que suscitent la doctrine et le zèle catholiques, pour la solution de la question sociale[1].

I

Caractère général des œuvres contemporaines. — Les comités catholiques. — L'union des œuvres ouvrières catholiques.

La question sociale, c'est la question de nos vices et de nos vertus à tous. La guerre que les ouvriers déclarent aux patrons a pour cause première les vices, ou tout au moins les défaillances, des uns et des autres. La société ne jouira d'aucune paix jusqu'à ce qu'elle ait retrouvé, par le respect de Dieu et de ses lois, les vertus qui sont la source de tout ordre. « Nos efforts, disent les membres du Comité des cercles catholiques d'ouvriers, préparen lentement et péniblement une société chrétienne, où la réconciliation des classes, en Jésus-Christ et par Jésus-Christ, rendra à notre pays l'énergie de toutes ses forces vives pour amener le règne de Dieu, qui est celui de la paix sociale fondée sur le dévouement et le sacrifice. »

1. Je reproduis ici un travail publié il y a quatre ans dans le premier numéro de *l'Association catholique*. La situation exposée dans ce travail ne s'est modifiée que par le progrès et l'extension des œuvres qui s'y trouvent mentionnées.

Voilà la question posée dans ses véritables termes. On réclame ardemment l'apaisement des haines, mais on répugne à entrer dans la voie de l'adhésion franche, simple, entière à Jésus-Christ et à son Église. On ne peut se résigner à l'humble soumission de la foi, qui seule donne les vertus faute desquelles nos sociétés sont en continuelle révolte. On parle sans cesse de paix, et on laisse subsister tous les germes de dissension et de guerre. On va criant partout : la paix ! la paix ! Mais il n'y a point de paix là où il n'y a point de principes, car sans principes il n'y a ni raison du devoir, ni fidélité au devoir.

Les hommes sont impuissants à se faire à eux-mêmes des principes : les principes viennent de Celui qui est le principe de toutes choses, et ils sont imposés d'autorité. Ils sont définis et developpés, en toutes leurs conséquences, par l'Église, que Dieu a établie pour parler et commander en son nom ; et c'est elle encore qui nous donne, par l'assistance surnaturelle dont elle est la dispensatrice, la force d'y conformer notre conduite sans les diminuer ni les altérer. Dans l'Église est l'autorité, positivement constituée et organisée, facilement reconnaissable à tous les hommes de bonne volonté, signalée d'ailleurs à la confiance et au respect des peuples par les œuvres bienfaisantes dont elle a couvert le monde depuis dix-huit siècles. Pour que les principes aient toute leur valeur pratique, il faut que nous les prenions tels que l'Église nous les donne, que nous nous y soumettions parce qu'ils viennent d'elle, et que nous recevions d'elle la grâce avec la foi.

Nous aurions beau exalter la sagesse et la convenance des commandements divins, si nous ne les prenons que parce qu'ils plaisent à notre raison, parce qu'ils satisfont notre bon sens, et non parce qu'ils sont la volonté révélée de Dieu; gardée par l'Église et définie par elle, nous demeurerons toujours libres de ne pas nous y soumettre, ou de les accommoder par l'interprétation aux caprices de nos passions et de nos intérêts. Que restera-t-il alors des principes, quelle puissance auront-ils, et que pourra-t-on en attendre pour la paix sociale?

Sans la foi et l'obéissance à l'Église, on ne fera rien de pratique pour tirer les peuples du désordre révolutionnaire. On pourra réussir à nous prouver que toutes les tentatives, si obstinément renouvelées depuis un siècle pour constituer la vie humaine hors des commandements divins, sont vaines et fertiles en déceptions; ce n'est là qu'un résultat négatif, qui ne suffit pas à la solution de la question sociale.

Certes, on aura rendu un important service à la cause de l'ordre véritable, lorsqu'on aura, par des démonstrations victorieuses, débarrassé le terrain social de l'édifice révolutionnaire qui l'encombre. On pourra admirer, dans cette œuvre préparatoire à la restauration sociale, des intentions droites, des initiatives courageuses et loyales; mais le mérite des intentions et du courage ne saurait couvrir le vide des doctrines. On parviendra par de telles investigations à remuer les esprits et à ébranler les préjugés; mais quand on en viendra au fait, on reconnaîtra bientôt que c'est de Dieu et de son Église qu'il faut tout attendre.

N'est-il pas à craindre aussi que, sur la foi de ces théories honnêtes, mais qui s'arrêtent à mi-chemin de la vérité, nous ne finissions par nous endormir dans une fausse sécurité, et qu'au jour de l'attaque, l'ennemi, qui nous guette, ne nous trouve désarmés?

Pour que nos sociétés soient restaurées et que la paix leur soit assurée, autant qu'elle peut l'être en ce monde, il faut que tous, grands et petits, classes populaires et classes dirigeantes, nous courbions nos fronts sous l'autorité de l'Église, et que nous adorions tout ce que la révolution a brûlé. Il faut que nous sachions être catholiques partout, dans la vie publique et dans la vie privée. Il faut que la foi, la justice et la charité de l'Église animent et règlent toute notre vie. C'est ainsi qu'aujourd'hui, dans leurs congrès et dans leurs œuvres, les catholiques envisagent la question. Toute la puissance de leur action est dans l'énergie de leurs affirmations religieuses, et ce qui leur donne la force, leur donne aussi la pleine intelligence des difficultés à vaincre et des moyens de les surmonter.

L'association a toujours été l'instrument des grandes œuvres accomplies dans la société par l'impulsion de l'esprit catholique. L'Église, qui est la première et la plus forte des sociétés, répand partout où elle règne le goût et la pratique de l'association.

Un des signes les plus frappants de la renaissance catholique qui s'opère depuis quarante ans, c'est l'importance que prennent parmi nous les associations inspirées de l'esprit de foi. Les ennemis de l'Église contemplent avec un étonnement mêlé d'irritation ces grandes assemblées où les catholiques vont affirmer leurs doctrines, et s'encourager mutuellement à soutenir et à propager leurs œuvres. C'est un des plus beaux spectacles que notre âge ait vu; il n'en est pas qui donne plus d'espérance à

16.

ceux qui croient encore aux grandes destinées chrétiennes de la France.

Et ce qui fortifie ces espérances, c'est qu'on n'aperçoit plus rien, dans ces assemblées, qui ne soit l'expression d'une soumission totale et vraiment filiale à tous les enseignements de l'Église. Ni dans les paroles prononcées au cours de leurs délibérations, ni dans les résolutions qu'elles acclament, on ne trouve plus rien des idées qui, depuis 1830, ont exercé sur les catholiques une si funeste influence, et qui ont résisté si longtemps aux condamnations réitérées de l'autorité pontificale. Partout, c'est la pure doctrine romaine qui s'affirme. Il n'y a plus trace, dans les congrès que tiennent aujourd'hui les catholiques de France, de ces réserves et de ces hésitations sur les doctrines qui ont rendu stériles des œuvres du même genre, où le dévouement et le zèle abondaient, mais où l'humble et prompte soumission aux vues de l'Église ne se trouvait pas dans la même mesure.

Pour bien juger de l'action catholique en matière de questions sociales, au moment présent, et en embrasser toute l'étendue, il faut suivre, dans leurs détails, les travaux de l'*Assemblée générale des Comités catholiques*. On a dit que les Comités catholiques ne sont pas une œuvre, mais la station centrale de toutes les œuvres : « Ils se sont proposé d'agir plutôt par les idées que par les faits. Par cette action intellectuelle, ils ont préparé la fondation des œuvres, qui sont presque toutes sorties de leur sein depuis ces dernières années[1]. » Les Comités tra-

1. *Compte rendu de l'Assemblée générale tenue à Paris en* 1875, page 261

vaillent à mettre toutes les bonnes volontés au service de toutes les œuvres, de celles qui existent déjà, comme de celles qui sont encore à fonder. N'exerçant sur les œuvres aucune autorité propre, ni aucune direction particulière, ils sont pour toutes un lien très utile, et pour aucune ils ne sont une chaîne.

C'est au moment où la société sort, toute frémissante encore et toute tremblante, de la lutte avec la Commune, que les Comités se constituent. La question sociale s'offre à eux dans toute sa menaçante réalité. Guidés par ces lumières de la vérité catholique qui éclairent la nature humaine jusqu'en ses plus intimes profondeurs, ils pénètrent toutes les causes du mal et ils y appliquent résolument le vrai remède. Ils n'ont rien des aversions et des mépris du libéralisme triomphant et repu pour la « vile multitude »; ils savent bien qu'il y a dans le peuple, malgré ses égarements, de grandes qualités et souvent d'admirables vertus; ils savent bien aussi que dans le monde des riches, des lettrés et des délicats, il y a des corruptions plus dangereuses et des faiblesses moins excusables que les corruptions et les faiblesses du peuple. Aussi les œuvres qu'embrasse l'activité des Comités ont-elles pour objet la réformation de la vie chez les classes supérieures autant que chez les classes ouvrières. Leurs efforts tendent à rappeler les unes et les autres à Dieu, à les rapprocher et à les unir, par la commune obéissance à Celui qui est le maître et le père des plus petits comme des plus grands. Par l'impulsion naturelle, je dirais volontiers par l'instinct de la charité, les associations catholiques travaillent à ramener à la complète solidarité de la vie sociale tous ces hommes entre lesquels la Révolution, et l'ancien régime qui n'a que trop préparé la Révolution, ont introduit des séparations si profondes.

Les Comités catholiques donnent une attention particulière aux œuvres ouvrières ; mais les œuvres qui tendent à réveiller et à accroître, dans les classes dirigeantes, la vie spirituelle, ne les occupent pas moins. Parmi les questions qui font l'objet de leurs débats, on rencontre d'abord la liberté de l'enseignement supérieur, la diffusion des principes du *Syllabus* par la presse, l'étude des sciences sociales, toutes choses qui appartiennent spécialement à l'activité des classes supérieures. Viennent ensuite les œuvres qui se rattachent à la vie du peuple : le travail des femmes et des enfants, la condition des classes ouvrières dans les grandes villes, l'aumônerie de l'armée, les bibliothèques militaires, les bibliothèques populaires, l'usine chrétienne et les cercles catholiques d'ouvriers.

Mais, comme les classes supérieures et les classes inférieures ne forment qu'un même peuple, il y a nécessairement des œuvres dont l'influence embrasse également toutes les classes, et ce sont les plus nombreuses. Il y a toutes les œuvres de piété : les associations de prières, la dévotion au Sacré-Cœur, les adorations nocturnes, la prière pour les soldats morts au service, les pèlerinages. Il y a encore, dans cette même catégorie, les œuvres qui, sans avoir pour objet des pratiques de la vie spirituelle, ont néanmoins une grande importance pour la restauration des mœurs chrétiennes. Ce sont : l'imagerie religieuse, la propagation de la bonne presse, la lutte contre la dépravation du théâtre, les œuvres pontificales, l'observation du dimanche. Un tel programme, s'il est rempli avec vigueur et suite, fait présager de grands résultats d'influence religieuse et sociale, et l'on conçoit que l'école révolutionnaire ne le trouve pas de son goût.

Les congrès de l'*Union des œuvres ouvrières* ont une mission plus restreinte, plus spéciale que celle qui est attribuée aux *assemblées des comités catholiques*. Ils ont directement pour but l'amélioration de la condition morale et matérielle du peuple. Ils ne s'occupent d'aucune œuvre en particulier, mais ils travaillent à susciter toutes les œuvres ouvrières et à les harmoniser en vue de la fin générale qu'elles poursuivent. « Par ces congrès, dit le R. P. Bailly, toutes les œuvres ouvrières sont définitivement unies. Mais quels moyens l'*Union des œuvres ouvrières catholiques* a-t-elle employés pour arriver à ce merveilleux résultat? Elle en a trois. Le premier, c'est de n'*agir point directement*, c'est-à-dire de ne faire aucune œuvre par elle-même; le second, c'est de servir humblement les œuvres en leur procurant des lumières et des moyens d'action; le troisième, c'est de provoquer le travail des autres. Ce triple procédé résout le problème de la centralisation, et l'*Union*, ce rayonnement de la charité, se contente d'imiter de loin le soleil, qui ne sème pas, ne moissonne pas, et qu'aucun agriculteur n'a jamais accusé d'être un serviteur inutile[1]. »

1. Voir l'*Univers* du 29 août 1875 : Compte rendu du congrès de Reims. — Pour avoir une juste idée de l'action qu'exerce l'*Union des œuvres ouvrières*, il suffit de parcourir l'énumération des œuvres dont elle s'occupe dans ses congrès. Ses travaux s'étendent à tout ce qui intéresse la condition morale et matérielle de l'ouvrier. Ce sont : l'instruction religieuse, l'apostolat de la prière, le repos du dimanche, l'imagerie populaire, les écoles catholiques, les conférences scientifiques pour le peuple, l'éducation des ouvriers dans les sciences sociales, la polémique populaire, les bibliothèques populaires,

II

Du patronage dans les Cercles catholiques d'ouvriers.

Entre toutes les œuvres ouvrières auxquelles l'*Union* étend sa sollicitude, il en est une sur laquelle se portent particulièrement l'attention et la discussion, non seulement parce qu'elle est nouvelle, mais encore à raison de son importance capitale : c'est l'*Œuvre des Cercles catholiques d'ouvriers*. Cette œuvre a pour elle seule ses congrès et ses assemblées générales, qui ne le cèdent point en intérêt aux assemblées dont nous avons essayé de donner une idée.

Le R. P. Marquigny, dont le nom restera attaché à ces assemblées, avec ceux de M. le comte Albert de Mun et de M. le comte de la Tour du Pin, et à qui sa participation à leurs courageuses entreprises a valu l'honneur d'être attaqué par toute la presse révolutionnaire, nous dit, en peu de mots, dans quelles relations les Cercles se trouvent avec les *Comités catholiques* et l'*Union des œuvres* :

« Les Comités catholiques prétendent assainir les som-

les cercles d'ouvriers, les cercles de commis, les cercles de patrons, les cercles militaires, les cercles de marins, la propagation des conférences de Saint-Vincent de Paul, les associations pour la sanctification et la récréation des ouvriers, les œuvres de jeunesse et les patronages, les associations de persévérance, les crèches, les orphelinats, les patronages de libérés, les institutions de prévoyance et de crédit, l'usine chrétienne, les lois sur le travail des enfants, les études sur la constitution légale des sociétés charitables.

mets, l'Union des œuvres ouvrières affermit les bases, l'œuvre des Cercles catholiques d'ouvriers relie la base au sommet et le sommet à la base. Leur commune pensée de prosélytisme a été mieux marquée encore en un style militaire : Les Comités catholiques à l'aile droite, l'Union des œuvres à l'aile gauche, au centre les Cercles catholiques d'ouvriers; tel est, a-t-on dit, le front de bataille de cette armée pacifique qui marche, qui s'avance à la conquête des esprits et des cœurs : des esprits, par le redressement des doctrines, par un retour aux grands principes sociaux, par une joyeuse soumission aux enseignements de l'Église; des cœurs, par la charité, à laquelle rien ne résiste[1]. »

L'œuvre des Cercles catholiques d'ouvriers est, par excellence, l'œuvre d'union et de pacification sociale que réclame l'état malheureux des peuples modernes, livrés par la Révolution à l'antagonisme des ambitions et des intérêts. Unir tous les hommes par l'amour de Jésus-Christ qui les a tous rachetés; rapprocher toutes les conditions sans les

1. Article publié dans les *Études religieuses* des Pères de la Compagnie de Jésus, sur les *Associations catholiques et leurs assemblées générales*.

Dans les attaques dirigées contre la Compagnie de Jésus à propos des Cercles catholiques d'ouvriers, rien n'est plus naïf et plus plaisant que l'étonnement de la *République française*, qui découvre que les catholiques sont, dans les bonnes œuvres, les complices des Jésuites. Voici le texte : « Hier, le R. P. Sampin (c'est ainsi que la *République* écrit le nom de l'éminent directeur de la *Revue catholique des institutions et du droit*) déclarait à Poitiers que le code et ses principes pervertissent l'enseignement du droit; aujourd'hui le R. P. Marquigny, de la même Compagnie, réclame l'établissement des corporations. L'alliance, la complicité des catholiques et des Jésuites se trouvent par là dénoncées. » (La *République française*, numéro du 29 août 1875.)

confondre; faire vivre d'un même esprit et en une parfaite harmonie tous ceux qu'anime, dans les divers rangs de la société, la charité de l'Évangile, tel est le but que se sont proposé les fondateurs des Cercles; tel est le but qu'ils atteindront, s'il plaît à Dieu de faire miséricorde aux nations qui, depuis un siècle bientôt, l'ont tant méconnu et outragé.

L'orgueil démocratique répugne au patronage. La passion égalitaire a horreur de tout ce qui tient à la hiérarchie; elle considère comme une humiliation, presque comme une servitude, les rapports de bienveillance et de déférence qui naissent du patronage. Mais, à moins d'admettre l'égalité comme l'entendait Proudhon, et de tout régler suivant la justice immanente à l'homme, par la balance des services, il faut bien, puisqu'il y a des grands et des petits, des forts et des faibles, des pauvres et des riches, que les petits, les faibles, les pauvres soient aidés, conseillés, soutenus par les grands, les forts et les riches; seulement, il faut que cette assistance soit charitable, qu'elle tienne de la paternité et de la fraternité en même temps, qu'elle n'ait rien de ces allures d'une protection étroite, hautaine et intéressée, qui humilie même par la pitié qu'elle témoigne; vice radical que porte malheureusement avec elle la philanthropie libérale, lorsqu'elle s'applique aux œuvres sociales.

Dans le patronage chrétien, tout est amour, humilité et sacrifice réciproque. L'idée que le riche chrétien se fait du pauvre, en qui il retrouve son Dieu lui-même, est telle que, des deux, le plus grand ce n'est point lui, le riche et le puissant, qui répand ses dons, c'est le pauvre et le faible, qui les reçoit. L'honneur, dans les œuvres de la charité chrétienne, n'est point pour le pauvre à qui est accordée l'assistance, il est pour le riche qui, en servant le pauvre, sert Notre-Seigneur Jésus-Christ lui-même. Quand saint Louis, de ses mains royales, pansait les plaies des pauvres, quand il remplissait auprès des mendiants qu'il faisait asseoir à sa table l'office de valet, il était plus grand, même aux yeux des hommes, par ces humbles emplois de la charité que par l'exercice de la puissance souveraine.

Les formes de la charité changent suivant les temps et suivant la diversité des relations sociales, mais le fond reste. Un des grands mérites des Cercles catholiques d'ouvriers, c'est qu'ils sont constitués de façon que l'action charitable s'y trouve parfaitement adaptée aux rapports nouveaux que le développement des libertés populaires a introduits parmi nous. On a su harmoniser, dans les Cercles, la nécessité de l'ordre hiérarchique avec l'égale liberté et le droit égal de tous. Seul, l'esprit de l'Église catholique, qui a donné aux peuples l'égalité et la liberté, pouvait résoudre ce problème et concilier des choses que la révolution a rendues inconciliables. Le caractère dominant des Cercles, c'est d'être avant tout des œuvres de piété et d'ardente propagande catholique. Tous ceux qui en font partie, les hommes de rang supérieur aussi bien que les ouvriers, sont, par cette communauté de la foi et de la mission qu'ils remplissent, également affectionnés à l'œuvre, et tous en retirent un égal profit.

On est étonné, au premier abord, de la hardiesse avec laquelle les promoteurs des Cercles énoncent leurs desseins et imposent leurs principes. Mais, quand on réfléchit, on comprend que la voie qu'ils ont prise est la vraie, et que c'est la seule par laquelle on puisse atteindre le but que doit se proposer aujourd'hui toute œuvre de restauration sociale. C'est parce que les hommes ont oublié Dieu, qui est le seul lien des sociétés, et qu'ils ne croient plus qu'à eux-mêmes et à leur intérêt propre, que l'instabilité, l'inquiétude et la guerre sont partout. Le malaise est profond et l'on sent qu'à tout prix il en faut sortir. Le besoin d'une solution est dans tous les esprits et le peuple surtout la cherche ardemment. En de telles situations, il n'y a que les entreprises radicales qui réussissent. Ce n'est pas avec des demi-croyances et des demi-vertus qu'on gagne le peuple. Il se rend facilement à l'héroïsme, mais il reste défiant et froid devant les calculs et les précautions de l'habileté. Il ne s'agit pas de moraliser l'ouvrier : il se rit de cette prétention qu'ont des gens dont il estime la moralité inférieure à la sienne; il faut le convertir, en lui faisant comprendre Dieu par l'abnégation de la charité et par les exemples de la piété.

Il y a partout des gens prudents, et, dans l'œuvre des Cercles comme ailleurs, ils ont soulevé des questions d'inopportunité. On leur a répondu, avec une franchise toute chrétienne, que l'œuvre était fondée, non pour ajouter une pièce à l'édifice de la philanthropie moderne, mais pour chercher, aux sources pures de la foi, un remède contre les maux de la société. « Il est temps, a-t-on dit, de renoncer à de chimériques espérances entretenues trop longtemps par la faiblesse et la timidité; il est temps de rompre avec ces funestes capitulations de la conscience et d'affirmer hardiment, nous aussi, la passion qui nous domine et qui doit enflammer nos ouvriers [1] : cette passion,

1. *Instruction sur l'Œuvre*, pages 50 à 53.

c'est l'amour de Dieu, et c'est là qu'il faut chercher la force et le point d'appui de notre œuvre. »

Quelle action peuvent exercer sur l'ouvrier les patronages utilitaires qui s'occupent d'accroître son bien-être, qui lui construisent des habitations, qui lui procurent des bains, des lavoirs, des vivres à bon marché? Tout cela est bon, sans doute, mais sans influence véritable sur les dispositions morales du peuple. Trop souvent même il arrive qu'en lui donnant le bien-être sans les principes qui doivent en régler l'usage, on ne fait qu'accroître les vices et les cupidités qui le perdent, et qui désolent la société.

Les Cercles sont des confréries qui ont leur aumônier et leur chapelle, dans laquelle ceux qui en sont membres peuvent accomplir les pratiques de la piété catholique. L'œuvre tout entière a été mise, dès le commencement, sous la protection du Sacré Cœur de Jésus. On n'y entre qu'à la condition d'adhérer à toutes les définitions de l'Église sur les rapports du pouvoir spirituel avec la société civile : « Elle est placée sous la tutelle du Souverain Pontife et des évêques de France. Elle fait acte de foi, de fidélité et de soumission à notre sainte mère l'Église catholique, apostolique et romaine, qui peut seule donner la vie, la fécondité, la durée et la force[1]. »

Les fondateurs des Cercles ont voulu que leur œuvre fût essentiellement un apostolat contre l'erreur religieuse et sociale qui mène à sa perte la société moderne. M. le comte de la Tour du Pin disait, au sujet de l'admission des patrons dans les Cercles : « Nous nous proposons de réunir les forces chrétiennes de la société française. Il

1. *Bases et plan général de l'Œuvre*, art. Ier.

faut que nous ayons le concours des patrons chrétiens qui représentent la partie la plus considérable du monde du travail. Comment l'emploierons-nous? En les enrôlant dans nos rangs, s'ils pensent comme nous. Mais s'ils ne pensent pas comme nous, pourquoi leur donnerions-nous dans notre œuvre une part de direction? L'entreprise est déjà bien assez ardue comme cela. Elle a tout d'abord contre elle les libéraux qui ont chassé l'idée chrétienne; les libéraux non chrétiens nous repoussent *à priori;* quant aux libéraux catholiques, ils nous disent : « Ne marchez pas si vite, ne heurtez pas les opinions reçues. » Non, Messieurs, il ne faut pas mettre dans nos rangs des hommes qui ont des sentiments complètement différents des nôtres; il faut y appeler seulement les patrons catholiques militants[1]. » Dans sa séance du 28 août 1873, le Congrès de Nantes acclamait la résolution suivante : « Le Congrès exprime le vœu que les directeurs des associations ouvrières s'attachent à développer en elles l'esprit catholique militant, parallèlement et au même degré que l'esprit de piété, le premier étant le préservatif nécessaire du second, en raison du péril croissant de la foi dans les classes ouvrières au temps présent[2]. »

Les cercles catholiques d'ouvriers mettent fidèlement en pratique ces recommandations. C'est pour eux la voie du salut, et l'on peut affirmer que c'est la seule. On ne peut vaincre une passion que par une autre passion; la passion de l'indépendance et du bien-être, que la révolution a

1. *Assemblée générale des Cercles en* 1875, p. 226.

2. Extrait d'un article du R. P. Marquigny : *Le Congrès de Lyon,* p. 273.

soufflée aux masses, ne sera domptée que par la passion toute chrétienne de l'humilité et de la mortification.

La presse démocratique ne se trompe point quand elle dit « que l'organisation des Cercles catholiques d'ouvriers est la négation de tout le droit moderne[1]. » Le droit moderne, en effet, tel que la démocratie l'entend, n'est, en son essence, autre chose que l'affirmation insolente des droits absolus de la raison humaine, au mépris des droits souverains de Dieu. L'œuvre des Cercles prêche à tous la restauration des droits de Dieu dans la vie sociale, et elle exerce, par l'affirmation de cette vérité capitale, un fécond apostolat. C'est par cet apostolat que sera sauvé et conservé le droit moderne en ce qu'il a de bon, c'est-à-dire en toutes les dispositions par lesquelles il garantit à tous les chrétiens rachetés du sang du Christ une égale dignité dans les choses essentielles de la vie, une égale liberté de remplir tous leurs devoirs envers Dieu et de profiter de tous les avantages que donne la pratique de l'abnégation, du travail et de l'économie, vraies sources de tous les biens et de toutes les grandeurs sociales.

Ce n'est pas en un jour qu'on accomplit une mission de ce genre, et qu'un pareil apostolat porte ses fruits. Il y faut le temps et l'intensité des efforts. La persévérance et la patience, que donne l'esprit de renoncement dont le chrétien s'inspire, sont au nombre des premières vertus nécessaires à une telle œuvre. Ce serait une faute d'ambitionner dès le premier moment des résultats étendus. C'est par un petit nombre d'hommes étroitement unis entre eux et profondément pénétrés de l'esprit de l'œuvre

1. Voyez l'*Opinion nationale* du 22 avril 1875.

qu'on assurera la puissance de son action. C'est la pensée qui se trouve exprimée dans l'*Instruction* par laquelle les fondateurs des Cercles indiquent le procédé à suivre pour les propager et les diriger : « Plus préoccupés de former des hommes que d'attirer la masse, l'œuvre a voulu que les Cercles fussent comme des foyers rayonnants qui propagent autour d'eux la lumière de la foi..... Notre occupation est de former des hommes d'élite, confirmés dans la foi catholique et déterminés à la professer ouvertement[1]. »

Est-ce ainsi qu'on procède lorsqu'on a pour but de recruter des électeurs? Y a-t-il là rien qui ressemble au culte du nombre que professent les partis pour qui le suffrage universel est la raison dernière de tout et l'unique moyen de triompher? Est-on autorisé à dire d'une œuvre qui se désintéresse de la sorte des succès actuels et bruyants « qu'elle a pu se transformer dans l'ombre en de véritables comités électoraux, peu scrupuleux sur les alliances, prêts à tous les compromis, donnant et prenant le mot d'ordre à Chislehurst aussi bien qu'à Frohsdorff[2]? »

Les Cercles catholiques ne prennent le mot d'ordre que de l'Église, et de la charité dont elle est la source. Ils sont du parti des petits et des faibles, qu'ils servent au lieu de s'en

1. *Instruction sur l'Œuvre*, p. 72 et 76.

2. Voyez dans le *Rappel* du 7 septembre une lettre de M. de Heredia. L'*Opinion nationale* émet, avec la même injustice, les mêmes accusations : « Agir dans les élections sur les masses ouvrières, par l'entremise d'un certain nombre d'ouvriers ramenés à la cause cléricale, voilà le but qu'ont en vue les hommes habiles qui ont fondé et organisé l'œuvre. » (Numéro du 22 avril 1875.) — Pour parler ainsi, il faut, ou n'avoir pris aucune connaissance sérieuse de l'œuvre, ou se faire diffamateur de propos délibéré. Volontiers nous croyons à la première hypothèse plus qu'à la seconde.

servir, comme font les partis de révolution. Ils ne poursuivent d'autres conquêtes que celles des âmes. Ils espèrent bien qu'en les ramenant à Dieu, ils ramèneront dans la société la tranquillité, la justice, l'activité régulière et féconde, auxquelles la révolution fait obstacle depuis quatre-vingts ans. Mais tout cela ne viendra qu'à la longue, par voie de conséquence et par surcroît. Pour le présent, ceux qui se dévouent aux Cercles savent bien qu'ils n'ont à attendre que l'indifférence d'un grand nombre dans le monde des affaires, le dédain des sages de la politique, et les calomnies du parti démocratique. Toutes les œuvres chrétiennes, et le christianisme lui-même, ont commencé par là. C'est en supportant avec constance et résignation ces calomnies et ces mépris que, devant Dieu, nous nous rendons dignes de vaincre.

Quand les fondateurs des Cercles catholiques travaillent résolument et au grand jour à réconcilier le peuple avec l'Église, ce n'est point pour le donner à un parti, mais c'est pour le rendre à lui-même, libre de la liberté des enfants de Dieu, affranchi du joug que la révolution et les vices qu'elle traîne à sa suite font peser si durement sur lui. Ces chrétiens, dont la charité est le seul mobile, ne pensent pas, comme les publicistes libéraux de la *Revue des Deux Mondes*, « que l'ouvrier est un monde inconnu que nous sommes obligés de deviner et où nous n'avons guère accès[1]. » En ces paroles, le libéralisme se peint lui-même. D'un peuple il fait deux peuples qui ne se connaissent point. C'est le bilan du libéralisme en matière de questions sociales. Beaucoup de dissertations, des œuvres

1. Numéro du 1er juillet 1875.

d'apparat et toutes utilitaires, mais, dans la réalité, un éloignement profond des riches pour les pauvres, les uns restant enfermés dans leurs faciles jouissances, les autres dans leurs pénibles labeurs. Chacun chez soi, chacun pour soi. Ce mot d'un libéral, si souvent rappelé, est toujours vrai, et on le répétera aussi longtemps qu'il y aura des libéraux. Voyez ce que les chefs d'industrie libéraux font des ouvriers. Les témoignages en cette matière sont accablants[1]. Quand ce ne sont pas leurs cupidités et leurs passions qui le corrompent et le perdent, c'est leur insouciance qui le laisse se dégrader dans le matérialisme des ateliers.

Tandis que la révolution pure exploite l'ouvrier et surexcite toutes ses passions dans un dessein d'impiété et de domination, tandis que le libéralisme, expression adoucie et prudente de l'esprit révolutionnaire, le dédaigne et l'abandonne, les catholiques, avec l'intrépidité que donne à ceux qui croient en Jésus-Christ, rédempteur du monde, la passion de sauver les âmes, abordent franchement le

1. Un homme éminemment compétent, un grand industriel, M. Harmel, fait un tableau effroyable des conséquences de ces procédés des maîtres impies, « qui semblent s'efforcer de dégrader l'ouvrier, en l'obligeant à travailler le dimanche et en favorisant la débauche par l'abominable repos du lundi. »

Deux mots résument ce tableau : « Ce qu'on dit de la corruption des peuples qui vont finir peut se dire de la plupart de nos ateliers modernes. » (*Congrès de Lyon*, p. 397). Les diverses enquêtes sur la condition des ouvriers des manufactures, particulièrement celles qui ont été faites par l'initiative de l'Académie des sciences morales et politiques de l'Institut de France, constatent des maux et des abus semblables. On peut voir notamment un livre qui fait autorité : *Le tableau de l'état physique et moral des ouvriers*, du docteur Villermé.

peuple, fraternisent avec lui, dans le bon et vrai sens du mot, et parviennent à rétablir la concorde et la mutuelle assistance entre des classes jetées par l'individualisme révolutionnaire dans des hostilités qui semblaient irrémédiables.

Si vous voulez savoir comment les catholiques des classes dirigeantes s'y prennent pour se faire accepter du peuple, pour lui faire aimer les associations où grands et petits travaillent à leur sanctification commune, considérez un instant ce qui se passe dans les Cercles catholiques d'ouvriers.

Dans cette œuvre toute populaire, l'impulsion vient d'en haut, c'est la nature des choses. Ce sont les comités, formés d'hommes de la classe dirigeante, qui prennent l'initiative de la constitution des Cercles et qui en conservent la haute direction. Dans le conseil intérieur qui les régit, les mêmes influences président. Mais ce ne sont pas des influences de gouvernement arbitraire et de protection impérative ; ce sont des influences que la charité rend douces et persuasives et dont l'abnégation fait toute la puissance. Qu'on nous permette ici une citation un peu longue ; rien ne peut faire connaître l'œuvre aussi bien que cette caractéristique de l'autorité qui la régit, donnée par ceux-mêmes qui en sont l'âme.

Il s'agit, dans ce qui va suivre, de la mission attribuée au directeur du Cercle, qui y représente l'autorité du comité.

« L'autorité du directeur, fidèle image de celle du comité dont il est la représentation, ne s'impose pas par le commandement, mais se fait aimer à force de dévouement ; bien loin d'absorber, pour s'y substituer, l'initiative de ceux sur qui elle s'exerce, elle la développe au contraire, autant que possible, sans cesser de la diriger.

« Mais, dira-t-on, un équilibre aussi parfait entre l'autorité et la liberté est-il possible à soutenir ? N'est-il pas à craindre que le directeur n'outrepasse la limite de ses pouvoirs et ne devienne dans le Cercle une sorte de monarque absolu ; ou bien que les ouvriers, abusant des droits qui leur appartiennent, ne viennent à méconnaître ceux du directeur, et, non contents de la part qui leur est faite dans le gouvernement intérieur, ne s'emparent violemment de ce gouvernement tout entier pour se constituer en association indépendante ? Nous répondrons d'abord que la question ne saurait être jugée sans tenir compte de tous ses éléments, au premier rang desquels se place le comité, c'est-à-dire l'association dirigeante dont l'action paternelle ne cesse jamais de se manifester dans le Cercle, qui est là pour réprimer les excès aussi bien que pour stimuler le zèle, pour contenir tous les droits dans leurs justes limites, comme pour en provoquer le libre exercice, et qui est, enfin, responsable de l'institution qu'elle a créée. Mais, quelque sérieuse que puisse être la garantie de cette autorité supérieure à laquelle, après tout, le dernier mot peut toujours appartenir, nous ne croyons pas que ce soit là une réponse suffisante et digne de l'œuvre qui nous occupe. Il faut chercher plus haut nos gages de sécurité et puiser notre confiance à des sources plus pures. Après avoir montré comment l'œuvre se gouverne humainement, il faut bien vite reporter vers Dieu nos yeux et nos pensées et nous souvenir que nos associations sont, avant tout, des associations catholiques. C'est là qu'est la véritable garantie ; c'est là que notre confiance trouve sa raison d'être et sa justification. Le directeur est le représentant d'une autorité chrétienne et sa mission est toute de charité, d'amour et de dévouement; c'est à la lumière de la foi qu'il étudie et qu'on lui enseigne les devoirs de sa charge; c'est pour travailler à son salut, et à celui des ouvriers qui lui sont confiés, qu'il accepte sa tâche; c'est enfin l'espérance du ciel et la confiance en Dieu qui le soutiennent dans son accomplissement. Ministre du comité qui lui remet la garde d'un dépôt sacré, il a, sous ses humbles apparences, la plus haute de toutes les fonctions, celle qui touche de plus près au cœur de l'ouvrier et qui participe le plus directement à l'œuvre : il est à la fois pasteur et apôtre; il a la flamme qui embrase, la douceur qui attire, la sagesse qui modère. S'il a bien compris sa mission, si le comité qui l'a choisi l'a bien pénétré de ses devoirs et ne néglige aucune occasion de lui rappeler le caractère surnaturel de son œuvre, il s'aperçoit à chaque pas que Dieu, en le plaçant à ce poste d'honneur, l'a appelé à la sainteté, et l'exercice de sa fonction lui est un admirable moyen de travailler à ce grand objet. Peu à peu il s'attache à l'esprit du règlement qu'il a le devoir d'observer; il se passionne pour les détails et les difficultés de sa tâche, et bien loin de chercher à dominer, il fait de sa vie un sacrifice perpétuel. Les ouvriers, de leur côté, forment une association catholique comme le comité qui l'a créée, comme le directeur qui en est l'âme; ils le savent et on le leur répète chaque jour : leur chapelle est au milieu d'eux comme un témoignage et un avertissement; l'aumônier verse sans cesse dans leurs âmes le baume de la parole divine; il les tourne sans relâche vers Dieu et vers les choses surnaturelles; il façonne pour ainsi dire à la vie chrétienne leurs esprits et leurs cœurs; tout leur parle de dévouement et d'abnégation : les exemples du directeur et ses conseils paternels, ceux des membres du comité et leurs salutaires entretiens, la tradition du Cercle, son règlement intérieur et l'histoire de leurs devanciers. Tout enfin concourt à faire d'eux des chrétiens vraiment dignes de ce nom.

« Voilà, pour les uns comme pour les autres, la garantie la plus efficace et celle qu'il faut chercher de préférence à toutes les autres[1]. »

Jamais on n'a mieux défini le vrai patronage chrétien. Il se combine très heureusement, dans les Cercles, avec l'action que les membres de l'association sont naturellement appelés à exercer sur le gouvernement de la chose commune. Cette action est attribuée au conseil intérieur, lequel est élu par les sociétaires ouvriers sur une liste présentée par le directeur du cercle et approuvée par le comité, C'est un point assez délicat que cette participation des ouvriers au gouvernement des associations établies dans leur intérêt. Il serait fâcheux qu'on se laissât aller en cette matière, à des tendances absolutistes qui répugneraient à la classe ouvrière. D'autre part, il serait dangereux de se laisser entraîner sur la pente du droit démocratique, qui a faussé l'association populaire et en a fait un instrument de subversion sociale des plus redoutables. Quelques-uns sont portés à ne voir dans l'ouvrier qu'un incapable et iraient jusqu'à l'écarter du gouvernement des sociétés faites pour lui. C'est une grave erreur et une évidente injustice. Toute l'histoire des classes ouvrières, et notamment l'histoire des anciennes institutions dans lesquelles les ou-

1. *Instruction sur l'Œuvre*, pages 61 à 64.

vriers étaient groupés, contredit cette appréciation de la capacité des classes populaires quant à la direction de leurs intérêts.

L'*Instruction sur l'œuvre des Cercles* dit très bien « que les ouvriers ont, à cet égard, de vieilles traditions, et que le souvenir des confréries et des corporations des temps passés ne leur permet pas de supposer qu'une association sérieuse puisse subsister sans se gouverner elle-même. » La solution adoptée par le règlement des Cercles concilie, avec autant d'habileté que de sagesse, le droit des membres de l'association de concourir à la désignation des magistrats qui la régiront, avec le patronage utile, indispensable, des hommes de la classe dirigeante qui composent le comité. Présentés, avec l'approbation du comité, par le directeur, ils sont définitivement acceptés et choisis par le suffrage des sociétaires ; « ainsi, dit l'*Instruction sur l'Œuvre*, tous les éléments concourent au choix de ces conseillers ; toutes les autorités les couvrent de leur sanction ; ils ne sont ni imposés par les uns, ni subis par les autres, mais consciencieusement proposés et librement acceptés ; ainsi, les hommes qui sortent de cette double épreuve sont vraiment des hommes d'élite ; leur mérite, scrupuleusement examiné, a reçu le plus éclatant hommage, et il est désormais établi hors de toute discussion. Unis étroitement au comité qui les a désignés par la voix du directeur, au Cercle qui les a acceptés par le vote de ses membres, ils n'ont aucun doute sur la validité de leur pouvoir et la légitimité de leur origine, et dès lors, participant des deux forces qui sont l'essence de l'œuvre, ils deviennent vraiment ses représentants, ses gardiens et ses plus fidèles défenseurs. » Voilà un mode d'élection nouveau qui mériterait d'être pris en considération dans la politique.

Comment l'ouvrier, lorsque ses instincts sont bons et sa volonté droite, ne serait-il pas affectionné et dévoué à une association dans laquelle il se trouve en possession de l'influence qui lui revient légitimement, en même temps qu'il sent son inexpérience guidée et soutenue par les lumières d'hommes plus habiles que lui, et qui se donnent à lui de toute leur âme? D'ailleurs, son intérêt moral et son intérêt matériel trouvent dans les Cercles pleine satisfaction. Le Cercle sert de centre à toutes les institutions économiques qui peuvent accroître le bien-être des familles d'ouvriers. Il offre à ses membres, sous forme de conférences, un enseignement qui, à l'exception de la politique, absolument interdite, touche à tout ce qui, dans les choses intellectuelles et morales, peut intéresser l'ouvrier et lui être utile. De plus, et ceci a, dans l'état actuel de nos sociétés, une grande importance et un grand attrait, l'ouvrier se trouve rattaché par le Cercle à une institution durable; il y puise des traditions qui le fortifient contre cette mobilité démocratique pour laquelle l'homme n'est point fait, et qui lui est souvent à charge, lorsqu'il n'est point complètement perverti, malgré tout ce qu'elle a de flatteur pour ses passions.

Le Cercle garde l'ouvrier et lui donne des armes contre sa propre faiblesse. On l'a dit avec une grande justesse, la liberté du bien n'existe plus pour l'ouvrier; le libéralisme l'a tuée[1]. Il faut protéger l'ouvrier contre le respect humain de l'atelier; cela ne se peut faire qu'au moyen de

1. M. Harmel, à l'*Assemblée générale des comités catholiques de* 1875, p. 265.

l'association catholique. L'exemple, l'encouragement mutuel sont absolument nécessaires dans cette lutte contre la servitude du mal. Si l'ouvrier n'a, pour se soutenir, l'opinion des gens de bien avec qui il vit, l'opinion qui lui impose le mal restera maîtresse le plus souvent, et il continuera à porter, malgré les secrètes protestations de sa conscience, le joug d'une impiété qu'au fond de lui-même il déteste.

L'attachement à la vie honnête et rangée, l'éloignement pour les vices qui causent la ruine des classes ouvrières, disposent naturellement l'ouvrier à la vie de famille, pour laquelle les habitudes démocratiques n'inspirent qu'aversion et mépris. Tandis que le cabaret, où la passion révolutionnaire exerce son empire, absorbe tous les loisirs de l'ouvrier libre-penseur et l'arrache au foyer domestique qu'il ne connaît presque plus, le Cercle ne prend l'ouvrier chrétien, à certains jours et à certaines heures, que pour le rendre aux siens avec toutes les vertus qui font l'honneur et le bien-être du foyer domestique. Par le Cercle, l'ouvrier est ramené à la vie de famille, et la famille elle-même, par les institutions de patronage spécial qui la rattachent au Cercle, profite directement de tous les bienfaits de l'association catholique.

III

Du patronage à l'usine chrétienne du Val-des-Bois.

Lors même que l'association et le patronage catholiques, heureusement et habilement combinés, n'auraient produit que l'œuvre des Cercles catholiques d'ouvriers, le service rendu à nos sociétés en détresse serait immense. Mais le Cercle, tel que nous l'avons décrit, n'est que la base d'un système d'association des classes populaires sous le patronage des classes dirigeantes, bien plus complet et bien plus puissant encore pour la restauration de la vie chrétienne dans les masses, et aussi pour la réformation morale des classes supérieures. Du cercle est sortie la *Corporation chrétienne*, admirable création du génie de la charité catholique à notre âge, à laquelle sont liées, nous le disons avec une conviction réfléchie et profonde, les destinées des classes ouvrières dans la société moderne, la conservation des libertés légitimes que l'action persévérante de l'esprit catholique leur a conquises, la paix et l'union entre les hommes de tout rang et de toute fonction, sans lesquelles aucun peuple n'aura jamais ni la sécurité, ni la stabilité, ni le progrès véritables.

La Corporation chrétienne est l'union de toutes les œuvres instituées par l'initiative et avec le concours des classes dirigeantes, soit pour une localité, soit pour un même corps de métier, dans le but d'élever et d'améliorer la condition spirituelle et matérielle de l'ouvrier.

La Corporation ne s'organise pas sur un type uniforme; sa constitution ne peut avoir rien d'absolu, elle varie suivant les circonstances de temps, de lieu et d'industries diverses. C'est, comme on l'a dit, « un ensemble harmonisé ».

Le faisceau d'agrégations qui forme la corporation serait incomplet, si l'élément principal du monde du travail, le patron, n'y avait sa place. Il est nécessaire que le patron y exerce la fonction paternelle que rappelle le nom même qu'on lui donne dans l'atelier; aussi tous les patrons qui consentent à accepter le lien religieux de la Corporation, avec les déclarations de principes et avec les engagements de dévouement qu'il entraîne, sont admis avec empressement par le comité, à qui appartient la haute direction de l'œuvre. Ils constituent une société de patrons, qui a une section pour la propagande, une pour les œuvres économiques, une pour les finances et une enfin pour les cercles et les bibliothèques. Le tableau des devoirs qu'ont à remplir les membres de cette société de patrons mérite d'être cité en entier : il caractérise on ne peut mieux l'esprit de l'œuvre. Ces devoirs sont :

1° De veiller à la conservation et au développement des principes religieux et des bonnes mœurs de leurs ouvriers et employés, comme ils voudraient qu'on fît pour les membres de leur propre famille;

2° D'établir une bonne discipline parmi leurs ouvriers et employés;

3° De ne souffrir jamais ni blasphèmes ni propos licencieux;

4° De ne garder à aucun prix les ouvriers qu'ils savent travailler à corrompre les autres;

5° D'employer de préférence, autant que possible, les ouvriers chrétiens, particulièrement ceux qui leur sont présentés par les œuvres patronnées par le comité;

6° De faire apprécier les bienfaits de l'association catholique à leurs ouvriers, et de favoriser leur entrée dans les œuvres;

7° Les membres de la Société s'engagent à ne travailler, ni faire travailler, aux jours fériés de l'Église, si ce n'est dans les conditions autorisées par elle.

A côté de l'association des patrons, la Corporation place un comité de dames patronnesses. Leur fonction est de présider aux œuvres dans lesquelles entrent les mères de famille et les jeunes filles de la Corporation, particulièrement à l'œuvre des *Mères chrétiennes* et à celle des *Enfants de Marie;* de veiller sur les familles des sociétaires du Cercle, et d'aider à réunir les ressources nécessaires pour soutenir les Cercles. Les dames patronnesses sont, comme les patrons, unies à l'œuvre par le lien religieux.

Ces deux associations, qui agissent sous la direction du comité local ou du conseil de quartier, sont les auxiliaires du Cercle. Elles étendent leur patronage sur toute la population ouvrière rattachée au Cercle, c'est-à-dire sur toutes les familles dont un membre fait partie du Cercle.

Un vœu émis par le congrès de Lyon résume en quelques mots la diversité des œuvres qui se rattachent à la Corporation : « Que les associations Catholiques, avant tout, soient organisées en vue de satisfaire aux trois grands besoins de l'ouvrier : besoin religieux, utilitaire et récréatif. »

Les œuvres qui ont pour but de récréer l'ouvrier ont toujours existé dans les patronages, elles ont été même, pendant assez longtemps, presque l'unique moyen employé pour l'attirer et le retenir. Quant aux œuvres morales, on peut juger de leur étendue par ces paroles de M. Harmel : « Les œuvres de l'usine ne seront pas complètes si les associations n'atteignent pas tous les âges et tous les membres de la famille. Le réseau d'association, fortement établi, conduira vers Dieu la famille tout entière par une action continue et vraiment efficace, et alors l'usine deviendra complètement chrétienne[1]. »

Les œuvres économiques, qui comprennent tout ce qui intéresse le bien-être de l'ouvrier, ses ressources financières et son avancement intellectuel, font de toute nécessité partie d'un patronage complet et efficace. L'œuvre des Cercles catholiques d'ouvriers est entrée pleinement dans cette voie. Elle a institué, pour les membres des Cercles, des hôtelleries, des caisses de secours, des assurances sur la vie, des caisses d'épargne; elle a organisé la vente, à des conditions avantageuses, des vêtements ainsi que des denrées alimentaires nécessaires à l'ouvrier. Mais toutes les œuvres sont établies et s'offrent à l'ouvrier de telle façon qu'aucune contrainte ne l'oblige à y participer, et que les seules influences des bons conseils et de l'exemple le déterminent à en tirer les profits.

Ces œuvres, la charité catholique les a pratiquées dans tous les temps : la forme a varié suivant les mœurs et suivant les circonstances, mais jamais les chrétiens ne les ont négligées ni dédaignées. L'esprit démocratique a cherché par tous les moyens, depuis trente ans, à rendre inutiles les services de la charité; il a voulu y substituer ce que les Anglais appellent le *self-helping*, c'est-à-dire les efforts propres et indépendants de l'ouvrier en vue de pourvoir par lui-même, à l'aide de combinaisons économiques fondées sur l'intérêt propre, à toutes les éventualités de son existence et à l'amélioration de sa condition. On sait à quelles déceptions ont souvent abouti les sociétés coopératives établies sur le seul principe de l'intérêt propre, de

1. *Congrès de Lyon*, p. 411.

l'égoïsme, pour dire le vrai mot, et quelles inquiétudes elles ont fait naître parfois pour la sécurité générale. Le patronage de la corporation chrétienne, par des arrangements ingénieux et tout à l'avantage de l'ouvrier, a réussi à lui assurer tous les bénéfices de la coopération, en écartant tous les inconvénients qu'elle peut offrir pour l'ouvrier lui-même et pour la société.

Le grand art, en cette constitution des œuvres de la coopération chrétienne, a été de faire intervenir l'ouvrier et de lui réserver sa part légitime d'action, sans le rendre maître absolu de l'association, comme il l'est dans les institutions créées par la démocratie ; de lui assurer la liberté utile, en lui retranchant la liberté dangereuse.

L'institution des Gardes de la Corporation, qui sont pris parmi les sociétaires, principalement parmi les pères de famille, et désignés par le conseil intérieur du Cercle, qui lui-même est élu par les sociétaires ouvriers, a résolu heureusement la difficulté. Le conseil des Gardes de la corporation administre les œuvres économiques qui s'y rattachent, sous la direction d'un bureau fourni par le comité, lequel se compose des membres de la classe dirigeante. Moyennant cet arrangement, les ouvriers apportent dans l'association leur expérience personnelle des besoins de leur condition, et ils surveillent la gestion de la chose commune ; les classes dirigeantes y apportent leur expérience des affaires, leur perspicacité, leur habitude de prévoir, leur esprit modérateur et organisateur. Par le concours de ces éléments divers, la puissance de l'association se trouve portée à son maximum.

La Corporation ne peut plus être, de nos jours, ni ce qu'elle était au temps de saint Louis, ni ce qu'elle était au temps de Louis XIV. Les procédés du travail se sont modifiés; la grande industrie ne comporte plus la répartition des maîtres et des ouvriers sous le lien des anciens corps de métiers. D'ailleurs la liberté du travail, aussi bien que la complète liberté des travailleurs, sont entrées dans nos mœurs et dans notre droit; elles n'en sortiront plus. Aucune attache légale de l'homme au métier ne peut être imposée aujourd'hui. Personne n'y songe. Pour restaurer de telles institutions, il faudrait nous ramener à l'état économique des temps passés, et renfermer l'activité industrielle dans les limites plus étroites où elle s'exerçait autrefois. Il faudrait replacer les hommes dans cette condition intermédiaire, qui n'a plus rien du servage, mais qui n'est pas encore le complet affranchissement, où l'association obligée, avec les privilèges et les entraves qui l'accompagnent, sert de rempart à la liberté encore mal affermie et peu sûre d'elle-même.

On ne voit pas les fleuves remonter leur cours; on ne verra pas le travail se replacer sous le régime restrictif des anciennes maîtrises. Mais ce qui est de tous les temps, c'est le patronage charitable des classes dirigeantes envers les classes ouvrières; ce qui est possible aujourd'hui, ce qu'il est urgent de restaurer, si nous voulons sauver nos sociétés de la mort par l'individualisme, c'est l'association libre des hommes de tout rang, qui s'entr'aident pour le plein accomplissement de tous les devoirs de la vie chrétienne; qui établissent entre eux, dans cette vue, une certaine communauté toute libre et volontaire, où chacun met de ses biens, de ses biens de l'âme et de ses biens temporels. Que de telles associations s'étendent au point de comprendre la plus grande partie de la société, et, par la force intime qui rattache l'ordre économique à l'ordre spirituel, l'organisation des classes qui travaillent se trouvera réalisée de la façon la plus avantageuse pour tous les intérêts.

Voilà ce que veulent aujourd'hui les chrétiens qui se dévouent à l'œuvre des Cercles catholiques d'ouvriers et à l'œuvre de la Corporation. Le libéralisme ne veut pas comprendre qu'il s'agit en tout cela d'une entreprise de liberté, en parfaite concordance avec les vues et les affections qui dominent dans les sociétés contemporaines. Les préjugés sont tels, qu'on n'aperçoit dans la Corporation chrétienne que le monopole et la réglementation du travail, qui n'y sont plus pour rien. On s'obstine à ne voir l'Église que dans le passé, fatalement liée à des institutions qui ont fait leur temps, parce qu'on aime à penser qu'elle aussi a fait son temps, et qu'elle ne reprendra aucune influence sur les choses de ce monde. « Puisque l'Église, dit-on, ne veut pas s'accommoder de la société moderne, n'est-il pas naturel qu'elle songe à refaire la société ancienne et à ressusciter le moyen âge ? » Puis, revenant à un rapprochement qui plaît à l'esprit libéral, et dont l'initiative appartient à M. de Bismarck, un grand maître en fait de libéralisme, on se demande « s'il y a en ce point quelque différence substantielle entre les utopistes des clubs et les coryphées des œuvres ouvrières catholiques[1]. » Le libéralisme conservateur donne ici la main au libéralisme radical. Celui-ci y met moins de formes que l'autre et ses accusations sont plus franches. Suivant la règle, il s'en prend aux Jésuites, qui ne peuvent supporter l'éman-

1. *Revue des Deux Mondes* du 15 septembre 1875, p. 426.

cipation industrielle, source de l'émancipation intellectuelle et civique. « Nous comprenons, dit-il, qu'ils songent à reformer les corporations fermées, privilégiées, si bien préparées par leur nature et leur constitution pour servir à l'asservissement du plus grand nombre[1]. » Ceux qui parlent ainsi ont-ils lu les discussions et les documents à propos desquels ils expriment de tels jugements et formulent de telles condamnations?

Les catholiques sont accoutumés à ces injustices, et elles ne les découragent pas. L'Église prouve, par des actes, qu'elle comprend mieux les besoins de notre temps que les représentants attitrés de l'esprit moderne. Elle fait voir, par les institutions que le zèle de sa charité enfante, qu'elle sait porter remède aux difficultés dans lesquelles nous jette l'égoïsme démocratique. Elle est, au XIXe siècle, ce qu'elle a toujours été ; elle travaille aujourd'hui, comme il y a six cents ans, à rendre les peuples aptes à la liberté en augmentant leurs vertus ; comme au moyen âge, mais par des moyens différents, elle saura affermir la liberté par la pratique de la charité et de l'association, préservatifs nécessaires contre les ravages de l'individualisme, qui corrompt infailliblement la liberté lorsqu'elle n'est pas soumise à Dieu.

L'usine du Val-des-Bois nous donne un type admirable de cette Corporation moderne, qui a retenu de l'ancienne ce qui est chrétien et charitable, tout en s'accommodant au régime de liberté sous lequel vivent nos sociétés, et auquel les hommes de notre temps sont profondément et très justement affectionnés. C'est de la combinaison de

1. La *République française* du 29 août 1875.

l'œuvre de l'usine avec l'œuvre des Cercles qu'est née la Corporation si bien définie par le R. P. Marquigny. Elle n'est encore qu'à ses débuts. Il faudra bien des expériences, bien des sacrifices et bien des labeurs, avant qu'elle ait pu prendre une extension suffisante pour exercer sur l'ensemble de la société une action vraiment efficace.

Établie à la campagne, l'usine du Val-des-Bois se prêtait particulièrement bien à l'organisation de la Corporation. Cette organisation ne rencontrera-t-elle pas des obstacles, quand il s'agira de l'industrie qui s'exerce dans les villes? Là peut-être elle sera plus difficile à réaliser; mais les hommes d'expérience ont fait voir qu'il n'y a aucune impossibilité[1]. Comme la charité ne s'effraye pas des difficultés, et qu'elle est aussi ingénieuse à les surmonter qu'elle est prompte à les aborder, nous pouvons espérer que, la Providence aidant, nous verrons la Corporation prendre les développements que notre état social rend si nécessaires.

Les ouvriers demandent à la révolution ce qu'elle ne

1. M. Harmel pense que les œuvres de l'usine sont tout aussi possibles en ville qu'à la campagne; qu'elles y sont peut-être même plus faciles à réaliser. M. Féron-Vrau, qui est très expérimenté dans la question, croit que l'œuvre rencontrera dans les villes des difficultés plus grandes, mais que ces difficultés pourront être vaincues. Il trace un plan de ce qu'on peut faire pour réaliser, dans l'industrie urbaine, une grande partie des bienfaits de l'usine chrétienne. Les moyens sont : l'association des patrons chrétiens. — Que les patrons fassent respecter Dieu, la femme et la famille. — Qu'ils établissent dans l'usine et hors de l'usine toutes les œuvres de préservation. — Qu'ils travaillent collectivement à la création des Cercles d'ouvriers et à la reconstitution de la Corporation chrétienne. — Voyez *Le Congrès de Lyon*, p. 424 à 428, p. 440 et suiv.

leur donne pas et ce qu'elle ne saurait leur donner. Plus d'un parmi eux commence à soupçonner son impuissance; le jour où ils en seront convaincus, ils échapperont aux meneurs qui exploitent leur candeur et leur détresse. On le comprend dans les hauts rangs de l'armée démocratique; de là, cet appel désespéré des journaux du parti à l'intervention de la puissance publique contre les associations catholiques d'ouvriers[1]. De là aussi, pour les catho-

1. Cet appel à la force publique est la seule chose sérieuse qui se trouve dans les longs articles du *Rappel*. Dans les articles plus graves de la *République française*, on retrouve la même conclusion; elle parle « de la tolérance et de la complicité blâmable de l'administration, par laquelle les œuvres ouvrières catholiques ont acquis un certain développement. » (Numéro du 29 août 1875.)

Dans la *Revue politique et littéraire* qui est un recueil savant et très libéral, on trouve les mêmes provocations à la répression : « On s'est étonné de voir un capitaine de cuirassiers allant dans la France tenir des conférences, provoquer la création de nombreux cercles et devenir l'apôtre d'une œuvre qui n'avait en apparence rien de militaire. On s'est demandé jusqu'à quel point les règlements de l'armée, dont la sévérité est si connue, permettaient à un officier de prendre une part si active à des créations qui intéressaient si peu l'armée. » (Numéro du 10 avril 1875.) A ce trait, on reconnaît l'école qui professe le principe de la liberté de conscience, laquelle consiste dans la liberté de nier Dieu et de dénigrer tout ce qui se fait dans le monde en son nom. La liberté de la science, ainsi entendue, est exclusive de la liberté de la foi; contre celle-ci, toutes les répressions sont légitimes.

Les provocations à la répression contre des libertés qui déplaisent n'étonnent plus de la part du parti qui prétend être l'unique défenseur de la liberté. On sait à présent que le libéralisme n'admet d'autre liberté que celle du mal, et que les pouvoirs révolutionnaires, qui s'imposent au nom de la liberté, sont les plus despotiques de tous les pouvoirs.

En attendant qu'on puisse exercer la compression sur les œuvres catholiques, on les dénature. Les directeurs des œuvres catholiques d'ouvriers dénoncent les abus d'un régime où l'individualisme et

liques, un redoublement d'affection pour leur œuvre et un courage plus grand à la poursuivre.

La Corporation chrétienne est une œuvre vraiment sociale, parce qu'elle profite à tous, au maître comme à l'ouvrier, au riche comme au pauvre. On se tromperait fort,

l'intérêt propre sont les seules lois qui président aux relations des maîtres et des ouvriers. Ils protestent contre l'exploitation de l'ouvrier par des maîtres sans pitié, sous l'empire de la loi du *laissez-faire* et du *laissez-passer*. Voici comment le *Rappel* traduit leurs paroles : « M. de la Tour du Pin a confessé hardiment que les cercles d'ouvriers répudiaient avec énergie la doctrine socialiste : *A chacun selon son travail*. Et maintenant, ouvriers, laissez-vous embaucher et exténuez-vous à travailler. — Répudier la doctrine : A chacun selon son travail, c'est répudier l'idée de justice, c'est substituer la faveur à l'équité et la grâce au droit. » (N° du 30 août 1875.)

Au moment même où les catholiques des classes dirigeantes, pénétrés de leurs devoirs envers leurs frères moins heureux qu'eux, se mettent à leur service pour améliorer leur condition, et cherchent, au prix de mille fatigues, à les relever dans la vie sociale en les élevant vers Dieu, l'*Opinion nationale* les accuse « de lutter pour la prépondérance de certaines classes ». Suivant les habitudes de l'école révolutionnaire, elle ne voit, dans la propagande catholique envers les ouvriers, qu'une comédie jouée en vue de ramener le peuple à l'asservissement. « L'aristocratie, désespérant de vaincre par la force des armes ou sur le terrain politique, tente un dernier effort par les miracles, les pèlerinages et les associations. » (Numéro du 22 avril 1872.)

A ces démocrates, si habiles à faire du peuple un instrument de leur ambition, il n'y a, quand ils se permettent de pareilles accusations, qu'un seul mot à répondre; il est d'un auteur qu'ils aiment à citer :

Vous prêtez sottement vos qualités aux autres.

Les libéraux, qui accusent les catholiques d'être obstinément attachés au passé et de ne jamais changer, ne changent guère de tactique. Ils ont recours aujourd'hui aux mêmes manœuvres qu'ils employaient sous la Restauration contre toutes les œuvres catholiques. La *Revue politique et littéraire* termine par ces mots l'article que nous citions tout à l'heure : « Qu'adviendra-t-il de cette œuvre?

si l'on croyait que, dans les œuvres d'association et de patronage catholiques, tout va du riche au pauvre, et que le riche n'a rien à recevoir du pauvre. En tous les temps, mais surtout aux époques comme la nôtre, lorsque le matérialisme triomphe et que l'esprit utilitaire s'infiltre dans les habitudes même des meilleurs, le riche peut recevoir, de ses relations étroites et habituelles avec le pauvre, de grands enseignements. La vie apparaît au riche, lorsqu'il la contemple dans la condition laborieuse, pénible et souvent précaire de l'ouvrier, sous des traits bien plus sérieux et bien plus vrais que lorsqu'il ne la voit qu'au milieu de l'aisance et des délicatesses qui sont en ce monde son partage. On n'est vraiment homme que lorsqu'on sait pratiquer le sacrifice. Il n'est pas de spectacle qui élève autant l'âme, et qui fortifie autant la volonté, que celui d'un homme luttant vaillamment, sous l'œil de Dieu,

Verrons-nous revenir les jours du moyen âge? Des confréries ouvrières déploieront-elles leurs glorieuses bannières? L'âge d'or de la France va-t-il renaître? En 1826, M. de Montlosier voyait un maréchal de France solliciter pour son fils une place de sous-préfet et ne l'obtenir que par la recommandation du curé de son village à un chef de la Congrégation; il voyait aussi des femmes de chambre et des laquais qui se disaient approuvés par la Congrégation. Cependant si redoutable que fût cette société, la cause qu'elle défendait succomba. » Pour être libre-penseur, on n'a pas toujours l'esprit inventif. Cette vieille histoire fera peu d'effet, et les lettrés, même ceux de la démocratie, savent ce qu'il faut penser de cet épisode de la comédie de quinze ans.

L'*Opinion nationale*, rivalisant d'érudition avec la *Revue politique et littéraire*, assure « que la carte de membre du Cercle remplacera le billet de confession. » (Numéro du 23 avril 1875.) Qu'on nous dise après cela que la révolution n'aime pas les traditions! Il en est qu'elle garde soigneusement, on ne le voit que trop, bien qu'elles ne lui fassent pas grand honneur.

et pour accomplir sa volonté, contre les difficultés sans cesse renaissantes dont la vie des classes laborieuses est remplie. Le pauvre ouvrier chrétien a une science à lui, qui vaut bien toute la science dont le riche peut lui faire part : c'est la science du renoncement, qu'il pratique chaque jour et à chaque heure, avec un héroïsme obscur qui accroît le prix de sa vertu.

L'Écriture dit : Malheur à l'homme qui vit seul! On pourrait dire aussi : Malheur aux classes qui vivent seules! Elles ne connaissent de la vie qu'une partie, et il leur manque quelque chose des idées et des vertus qui donnent à l'homme sa pleine puissance et sa vraie dignité. La charité, qui rapproche tous les rangs, met dans la société la force, en y mettant l'unité : non pas cette unité faite d'un seul son, qu'Aristote reprochait à Platon de vouloir établir par la communauté des biens et la destruction de la famille; non pas cette unité abstraite que le libéralisme voudrait introduire parmi nous, sous la dénomination barbare de *collectivité*, mais l'unité variée, vivante et féconde qui résulte de l'harmonie de tous les éléments hiérarchiques dont le monde social est composé . . . . .

IV

Union doctrinale des œuvres avec l'Église.

Il y a dans l'œuvre des Cercles catholiques d'ouvriers une impulsion vraiment providentielle; elle frappe tous les yeux qui ne sont pas volontairement fermés à la lumière.

Commencée avant 1870, en un coin obscur de Paris, par un homme voué à l'apostolat de la charité, suivant les conditions ordinaires des patronages d'ouvriers, reprise en 1871, au sortir des horreurs de la Commune, et reconstituée sur un plan nouveau et plus étendu, elle trouva bientôt un auxiliaire puissant dans l'œuvre qu'un dévouement ingénieux et infatigable a fondée à l'usine du Val-des-Bois. Un peu plus tard, elle fit un pas de plus, un pas décisif : et elle arriva, par l'impulsion de l'esprit de charité qui souffle là où il trouve des cœurs bien préparés, à la grande et bienfaisante conception de la Corporation chrétienne.

A ces accroissements rapides et inattendus, il n'y a qu'une explication, et elle nous est donnée par « un de ces missionnaires en cuirasse[1] » qu'on ne s'attendait pas à rencontrer en pareille besogne, et qui lui-même peut-être, peu de temps avant de l'entreprendre, n'avait pas d'idée du rôle auquel Dieu le destinait. « C'est Dieu, dit l'infatigable apôtre des Cercles et de la Corporation chrétienne, qui a permis que l'œuvre remportât des succès aussi grands, et que nous ne fussions point écrasés sous les débris du sol en démolition que nous foulions sous nos pas. Il semble que nous ayons trouvé en face de nous, comme dans le désert, des montagnes de sable : les coups de pioche ne les ébranlaient pas, mais tout à coup un grand vent s'est élevé, et la masse s'est écroulée. De même, dans toutes nos villes, nous avons rencontré des montagnes de sable, élevées par la révolution; nous n'étions pas assez forts pour les détruire. Comment se fait-il qu'aujourd'hui tout cela s'écroule, et qu'il nous suffise de parler aux ou-

1. Expression de la *République française.*

vriers, aux masses populaires, pour que nous les voyions croire ces soldats qui leur apportent des paroles de paix et de foi? C'est qu'au-dessus de nous il y a une force plus haute et plus grande, celle de Dieu, qui seul peut accomplir ces prodiges, et qu'en réalité nous ne sommes que les ouvriers de l'œuvre divine[1] ! »

Le secret des succès inespérés de l'œurve, c'est son union intime avec l'Église, union de principe et de grâce, à laquelle rien ne résiste. Lorsque l'homme s'abandonne à Dieu, par l'humilité et le sacrifice, Dieu entre en lui et fait par lui des choses dont les seules forces humaines seraient incapables.

Il ne s'agit pas, dans l'œuvre des Cercles, d'une conception économique qui organise savamment la solution de la question sociale; il s'agit d'une œuvre de piété; il s'agit de ramener à la vie chrétienne, ou de les y affermir, les ouvriers, que les séductions de l'esprit révolutionnaire entraînent. C'est leur âme qu'on veut sauver, et le reste viendra par surcroît. Pour arracher à la révolution ces âmes qu'elle dispute à Dieu, il faudra de rudes combats. Les premiers chrétiens ont eu besoin d'un courage surhumain pour briser les idoles de marbre et d'or qu'adorait l'antiquité; il n'en faut pas moins au chrétien d'aujourd'hui pour briser les idoles de l'esprit dont le monde révolté contre Dieu veut nous imposer le culte. « Arrière ceux qui ont peur! » disait naguère à l'Assemblée de Paris l'éloquent orateur que nous citions tout à l'heure; arrière surtout ceux qui ont peur de la Vérité et qui, tout en la confessant, la réduisent aux proportions de leur pusillanimité !

1. Discours de M. le comte Albert de Mun à l'*Assemblée générale des Cercles catholiques d'ouvriers de* 1874.

Nous sommes le petit nombre; mais c'est à nous qu'il a été dit : « Ne craignez point, petit troupeau, car il a plu à mon Père de vous préparer un royaume. » Les chrétiens des temps héroïques, dont la constance a vaincu le monde, étaient-ils le grand nombre? Ils n'ont vaincu que par la force de Dieu, moyennant la foi et l'humilité. Comme eux nous ne vaincrons que par Lui, et par les vertus que sa grâce répand. Que peuvent devant Dieu une foi qui calcule et une humilité qui fait ses conditions? En capitulant sur les doctrines, nous ne désarmons pas l'ennemi, nous nous désarmons nous-mêmes. Si peu que nous conservions de notre foi, ce sera toujours trop pour ceux qui rejettent toute souveraineté de Dieu, et qui affirment l'absolue souveraineté de la conscience et de la liberté humaines. Gardons notre foi tout entière, sans crainte, sans atermoiement, sans complaisance pour des partis à qui toute foi fait horreur. Nous aurons Dieu avec nous, et au moment où on nous croira vaincus, nous nous trouverons vainqueurs.

La question sociale, qui éveille tant de craintes et soulève de si ardentes disputes, est une question de vie spirituelle. L'Église tient en ses mains la solution de cette question redoutable. Pour les principes, cette solution n'est pas neuve; les moyens de salut que l'Église offre aux hommes n'ont pas varié depuis dix-huit siècles. Il ne s'agit jamais que d'appliquer, suivant les circonstances, les lois de la morale, qui ne changent pas. Les sociétés se modifient dans les conditions extérieures de leur existence; les relations humaines subissent des transformations qui répondent aux divers degrés de développement des peuples. A certaines époques reculées, il y a plus de fixité et plus d'assujettissement dans les existences; à d'autres époques, dans les sociétés plus avancées, il y a plus de mobilité et de liberté. L'usage que les hommes font de leur liberté contribue aussi à donner aux sociétés des formes variées. Mais il est, toujours et partout, un fond de vérités universelles et de faits généraux qui restent immuables comme la nature humaine elle-même, et comme Dieu qui l'a créée. A travers tous les changements, l'Église maintient les lois supérieures qui constituent le côté invariable et divin de notre vie. Dans les états divers par lesquels passent les sociétés, tout vient se grouper et s'organiser sur le solide terrain de ces principes indestructibles. C'est par ces principes que l'Église sauve les âmes ; c'est en maintenant leur domination sur les volontés qu'elle fournit aux sociétés le moyen de déterminer suivant la vérité, la justice et la charité, et aussi suivant l'utilité générale, qui n'est que la résultante de ces trois forces essentielles, l'ordre des relations publiques et privées. L'Église n'est enchaînée à aucune forme particulière d'existence sociale, mais elle donne la vertu, par laquelle tout est conservé, ordonné et développé, suivant les convenances propres à chacune.

Pour que l'Église puisse communiquer aux choses humaines cette vertu divine de laquelle elles tirent la plénitude de leur vie et de leur accroissement naturel, il faut que rien ne fasse obstacle à la diffusion de sa doctrine et à l'exercice de son ministère. Si elle ne possède dans le monde tous les droits d'une vraie et suprême autorité, elle ne pourra verser sur le peuple toute l'abondance des trésors de force et de paix que Dieu a mis en elle. Qu'arrivera-t-il si les partis politiques disputent à l'Église ses droits, s'ils prétendent la reléguer dans l'ordre des choses privées qu'on abandonne au caprice de chacun, et ne lui reconnaître d'autre droit que le droit commun? Croit-on que les peuples, la voyant ainsi découronnée et abaissée, lui conserveront l'obéissance, la confiance et le respect dont elle a besoin pour s'emparer des âmes, et porter les volontés aux œuvres difficiles que réclame le salut social?

On n'impose point la foi par la force, mais on peut imposer par la force le respect des choses saintes; on peut aussi faire rendre, dans la vie publique, à la première des puissances de ce monde, les hommages auxquels a droit le Dieu de qui elle est le ministre. Il faut que la liberté de perdition soit réprimée, et que la liberté de servir Dieu, sous la conduite de son Église libre et assurée de tous les droits souverains qu'elle tient de son divin fondateur, soit inscrite dans les lois et garantie par les pouvoirs publics.

L'Église est l'âme des œuvres; c'est elle qui les suscite et les dirige. Elle les pénètre de son esprit, elle les féconde par sa charité. Elles languissent ou elles prospèrent suivant que l'Église exerce sur les hommes plus ou moins d'empire. Les catholiques voués aux œuvres ouvrières sont dans la vérité de la logique et des faits, lorsqu'ils demandent avant tout que Dieu soit rendu à la société et que la société soit rendue à Dieu. La vie humaine est une. Directement ou indirectement, il faut que tout s'y fasse en vue de Dieu. Si elle n'est pas constituée pour Dieu, elle l'est contre Dieu, et elle l'est contre elle-même, puisqu'elle ne vit que de la vérité qui est Dieu même, et de la charité dont la source est en Dieu. Or, dans les sociétés qui appartiennent au Christ par le baptême, la vie humaine n'est constituée pour Dieu que lorsque l'Église est à son rang parmi les puissances de ce monde. Tous les droits que l'Église revendique comme son patrimoine divin, ces droits qu'elle a écrits dans le *Syllabus* et dont elle seule définit l'étendue, sont les seuls principes de salut pour nos sociétés, que la révolution, en les arrachant au Christ, a conduites sur le penchant de l'abîme. Ce n'est que lorsque l'Église exercera, avec une pleine liberté, toutes les prérogatives de sa souveraineté, que nous pourrons, nous ses fils, ses serviteurs et les instruments de sa charité, donner aux œuvres, que nous faisons par son inspiration, toute leur fécondité.

L'Église, par la voix de ses pontifes, nous convie à revendiquer avec énergie et constance cette liberté qu'elle tient de Dieu, et qui est, même dans les choses temporelles, la garantie de toutes les libertés. Obéissons à l'appel de cette voix de Dieu, et ne mettons pas moins d'ardeur à propager le *Syllabus* qu'à étendre, à fortifier et à perfectionner nos œuvres. Rome ne veut pas d'une Église muette.

Le Pape du *Syllabus*, le grand et saint Pie IX, s'adressant à des pèlerins français disait : « Le plus grand châtiment que Dieu pourrait infliger à son Église, ce serait de lui enlever l'énergie dont elle a besoin pour soutenir et repousser les attaques de ses ennemis; de sorte qu'endormie sur les calamités actuelles, elle restât inerte, résignée, sans opposer de résistance aux erreurs et sans réfuter les fausses doctrines[1]. » Le pontife que Dieu avait destiné à soutenir l'effort suprême de la tempête révo-

1. Allocution du 22 novembre 1875, adressée aux pèlerins de Marseille et de Bayonne.

lutionnaire, et à relever, en notre âge de scepticisme, les volontés flottantes et les courages hésitants, n'entendait pas que les préoccupations d'une prudence tout humaine pussent tenir captive la parole chrétienne. Lui-même, de crainte que le sel de la terre ne perdît de sa vertu, parlait et invitait les fidèles « à parler et à réclamer, afin que l'Église fût libre de toute entrave et pût agir pour le bien des âmes[1]. »

Grâces à Dieu, la parole du Vicaire de Jésus-Christ ne reste point sans fruit. Si elle fait rugir les ennemis du Christ, et si, parmi les chrétiens, elle trouble et inquiète les timides, elle rencontre aussi des âmes dans lesquelles elle accroît la foi et fait germer tous les dévouements. Elle trouve d'admirables échos dans ces assemblées où les catholiques de France s'encouragent mutuellement à répandre la foi et à pratiquer toutes les œuvres de la charité.

Au milieu des décadences et des douleurs de ce temps fertile en calamités, on cherche avec anxiété des signes de miséricorde et de résurrection sociale. Je n'en vois pas de plus grand que cette unanimité des œuvres à confesser les droits de l'Église, et à suivre en toutes choses les voies qu'elle nous trace.

1. Allocution du 3 octobre 1875, adressée aux èlerins belges, propos des lois sur le mariage civil.

FIN.

APPENDICE

DES FAITS ET DE LA MÉTHODE HISTORIQUE EN ÉCONOMIE POLITIQUE.

Principes d'économie politique, par M. GUILLAUME ROSCHER, professeur à l'Université de Leipzig, traduits et annotés par M. WOLOWSKI membre de l'Institut. 2 vol. in-8°, Paris, 1857.

Ce ne sont pas les livres qui manquent en économie politique; ils abondent, depuis quelques années surtout, et ce n'est ni une médiocre fatigue, ni un médiocre ennui, que de se tenir au courant de tous ces écrits, où l'on ne trouve, la plupart du temps, que la répétition assez monotone des théories formulées, depuis une cinquantaine d'années, par les économistes en renom. Si le livre dont nous avons placé le titre en tête de ces pages n'était qu'une de ces publications sans caractère et sans portée que chaque année la littérature économique voit naître et mourir en grand nombre, nous aurions cru inutile d'en parler dans une *Revue* qui n'est pas spécialement vouée aux études d'économie politique[1].

Mais l'œuvre de M. Roscher, dont M. Wolowski a publié il y a quelques mois la traduction, est d'une tout

1. Cet article a été publié, en 1858, dans la Revue *La Belgique*, dont le directeur était M. Emile Nève, professeur honoraire à la faculté des Lettres de l'Université de Louvain.

autre trempe, et nous la croyons destinée à exercer une influence qui marquera dans l'histoire des sciences sociales.

L'auteur du livre, M. Roscher, est connu, dans le monde savant de l'Allemagne, autant par ses travaux de philosophie et d'histoire que par ses écrits sur les sciences économiques. Son ouvrage sur *la vie, les travaux et le siècle de Thucydide*, est un livre classique. Le traducteur du livre, M. Wolowski, membre de l'Institut de France, professeur de législation industrielle au Conservatoire des arts et métiers, joint aussi à la science la plus élevée et la plus sûre dans les matières économiques, toutes les qualités du légiste et de l'historien. Il n'est personne, parmi les hommes qui s'occupent sérieusement d'études juridiques, qui ignore quels services il a rendus en France à ces études par la *Revue de législation*, dont il était le directeur et l'un des écrivains les plus féconds et les plus solides. On voit qu'il y a entre le traducteur et l'auteur une affinité naturelle d'études; il y a aussi entre eux une étroite affinité de principes; tous deux appartiennent à la grande école historique qui a provoqué, depuis une quarantaine d'années, une si profonde rénovation dans la science du droit. C'est, sans aucun doute, à l'habitude de considérer de haut et d'ensemble l'organisation et le développement des sociétés humaines, que tous deux doivent d'avoir apporté à l'examen des faits économiques une élévation et une solidité de vues que l'on regrette de ne pas rencontrer toujours chez les écrivains exclusivement économistes.

L'originalité du livre de M. Roscher, c'est précisément l'application de la méthode historique à l'économie politique.

La préface que M. Wolowski a placée en tête du livre fait ressortir ce qu'il y a de neuf dans le procédé de M. Roscher. Elle montre comment il répond à la nature même de l'économie politique, sainement comprise, et comment il mène, par la voie de l'observation et de l'expérience, au but que l'on doit se proposer dans toute recherche sur les lois du perfectionnement matériel : accroître la richesse des peuples pour accroître leur puissance morale, laquelle est la source de toute prospérité vraie et durable. Cette introduction, où M. Wolowski développe ses vues propres sur la méthode historique, est une étude succincte mais complète, qui jette sur la question une vive lumière.

Rœderer disait de la politique : « C'est un champ qui n'a été parcouru qu'en aérostat ; il est temps de mettre pied à terre. » Ce mot n'est que trop applicable à l'économie politique. Il est temps que cette science, qui est si essentiellement positive par son objet, et qui l'est si peu par la méthode que lui ont imposée le plus grand nombre des économistes, descende des abstractions et des conceptions *à priori*, dans lesquelles elle se complaît, pour prendre pied sur le terrain des réalités sociales.

L'un des écrivains les plus remarquables que possède aujourd'hui l'école économique en Angleterre, M. Senior, affirme que l'économie politique repose bien plus sur le raisonnement que sur l'observation. C'était aussi de cette façon que l'entendait Ricardo. Ses plus célèbres théories sur la distribution des richesses et la détermination des prix ne sont qu'un enchaînement de formules, coordonnées entre elles avec une rigueur mathématique irréprochable et bien faites, par là même, pour séduire des esprits absolus et bornés dans leur horizon. Mais ces formules transportées dans le domaine de la vie pratique, n'offrent plus qu'erreur et impossibilités, périls même pour l'ordre social. Quoi que l'on fasse, l'économie politique ayant nécessairement en vue l'application, on est forcément conduit à faire passer dans les faits les conséquences de la doctrine.

De là, ou bien une activité et des mesures en opposition directe avec ce que réclament les besoins réels de la société, ou bien une inaction systématique souvent aussi fâcheuse que l'action la plus mal entendue. N'est-ce pas aussi la manie de tout réduire en abstractions et de tout résoudre par formules générales qui a conduit Ricardo à ces fameux axiomes desquels résultait une opposition radicale d'intérêt entre les propriétaires fonciers et toutes les autres classes de la société, une hostilité irrémédiable entre les capitalistes et les travailleurs? On sait le profit que les socialistes ont tiré de ces axiomes, qui leur ont permis de placer sous l'autorité d'un économiste conservateur les extravagances et les iniquités de leurs systèmes.

Certes, bon nombre des économistes à qui l'on peut reprocher de n'avoir pas donné à l'observation des faits et au côté essentiellement variable de la vie sociale tout ce qu'exige la vérité scientifique, n'ont pas été aussi loin que Ricardo et M. Senior dans les abstractions. Il y aurait injustice, par exemple, à mettre sur la même ligne que ces théoriciens absolus Adam Smith et Malthus. Ces économistes éminents avaient compris que leur science ne pouvait trouver de base solide que dans l'étude du passé des sociétés. Leur méthode était expérimentale à son point de départ; mais leur tort est d'avoir trop facilement généralisé d'après des observations qui n'avaient été ni assez étendues ni assez approfondies ; d'avoir trop promptement accepté comme des phénomènes constants et universels des faits dont une étude plus complète et plus attentive leur aurait révélé le caractère contingent et variable ; d'avoir enfin posé comme l'idéal à poursuivre et à réaliser à tout prix tel système, telle combinaison, dont on pouvait prévoir la réalisation dans l'avenir, mais dont un sens historique plus sûr aurait montré l'impossibilité et le danger dans le présent. Ce sont ces torts que leurs successeurs ont exagérés et poussés parfois jusqu'au plus extrême abus. Il faut aujourd'hui faire sortir l'économie politique de la fausse voie où ses fondateurs l'ont engagée, et c'est à cette entreprise que les travaux de M. Roscher et de M. Wolowski apportent un puissant concours.

Rien n'a plus contribué à déconsidérer l'économie politique et à diminuer l'influence qu'elle pourrait utilement exercer sur la société, que l'abus des abstractions et l'amour des réformes inconsidérées. Pour les économistes purs, la tradition est peu de chose ; pour quelques-uns même, elle est toujours, *à priori*, suspecte d'erreur. Cette aversion de l'école économique pour la tradition se manifeste, dès l'origine, avec éclat, dans les écrits des physiocrates. Ce qu'ils poursuivent, c'est la réforme de la société par l'application de ce qu'ils appellent les lois de l'ordre naturel ; or, cet ordre, c'est tout simplement la constitution de la société en vue de la satisfaction et par le mobile de l'intérêt personnel. C'est, en un mot, la théorie complète et rigoureusement logique du matérialisme social. Mais le matérialisme est essentiellement radical. Les satisfactions matérielles ne sont-elles pas, en effet, chose tout à fait passagère et individuelle ? Pour celui qui a mis toutes ses visées dans la richesse et dans les jouissances qu'elle donne, qu'importent les destinées de l'humanité? qu'importent ses épreuves dans le passé et sa grandeur dans l'avenir? Ce qu'il poursuit et ce qu'il doit réaliser à tout prix pour atteindre sa fin, c'est l'extension de son bien-être; et comme ce bien-être n'est que de cette vie, et que cette vie est courte et incertaine, il faudra se hâter d'accomplir cette destinée en franchissant ou en renversant tout ce qui peut être un obstacle. Rien de plus incommode aux impatiences des appétits matériels que les longs desseins et les efforts multipliés par lesquels les peuples qui comprennent et acceptent, sous la conduite de la Providence, leur rôle dans l'ordre moral, s'acheminent vers l'accomplissement de leurs destinées supérieures.

Ajoutez qu'un orgueil intraitable accompagne inévitablement la passion du bien-être. Malgré tout le soin que l'homme peut mettre à renfermer sa destinée dans le monde de la matière, il ne lui est pas donné d'abdiquer absolument sa dignité native; l'instinct de sa supériorité survit dans son abjection et s'en accroît. Affranchi du frein de l'ordre supérieur, il se révolte contre tous les obstacles, et prétend régir despotiquement, au profit de sa cupidité, ce monde inférieur dont il sait qu'il est le roi. C'est alors que l'on voit éclater cette fièvre de rénovation et de renversement, mélange effrayant de toutes les passions orgueilleuses et sensuelles surexcitées jusqu'au délire, dont le travail tantôt lent et caché, tantôt débordant en soudaines et horribles violences, mais poursuivi toujours avec une implacable ténacité, constitue ce que de nos jours on appelle la Révolution.

Sans doute, nous avons hâte de le dire, l'école économique est, dans ses intentions, bien loin de toute complicité avec les partis de révolution, et il y aurait une souveraine injustice à mettre en oubli les efforts généreux que ses écrivains les plus distingués ont opposés à la propagation des systèmes subversifs de l'ordre. Mais il n'en est pas moins vrai que, si ses intentions sont droites, ses principes la placent néanmoins dans une solidarité des plus fâcheuses avec l'école révolutionnaire. Le bon sens de la partie saine du public ne s'y trompe pas, et c'est ce qui met tant de gens en défiance à l'égard de l'économie politique.

Pour ramener l'économie politique au véritable esprit de conservation et de restauration sociales que réclame notre temps, il faut la ramener au bon sens par les faits. A la place du mépris du passé et de l'indifférence pour l'histoire qui en recherche les traces, il faut mettre le respect de la tradition, la connaissance sérieuse de tout ce qu'ont tenté nos devanciers dans la route du progrès, où nous marchons après eux, et où parfois nous pourrions bien être, sans nous en douter, moins avancés qu'eux. Cette transformation sera l'œuvre de l'école historique. Elle rendra à la tradition ce qui lui appartient, sans rompre pourtant avec l'esprit de progrès. Ces deux tendances, le respect de la tradition et le désir du progrès, sont également légitimes et également nécessaires. Unies, elles se font mutuellement contrepoids; en imprimant aux esprits le mouvement, elles leur donnent aussi la règle; et de là, cette force contenue qui est, dans la vie des sociétés comme dans celle des individus, la source des vrais succès et des grandeurs faites pour durer.

M. Wolowski s'attache particulièrement, dans sa préface,

à faire ressortir la nécessité de ces deux éléments de toute science vraie et complète de la vie sociale. Il rectifie sur ce point certaines vues de M. Roscher, qui semble parfois disposé à accorder trop à l'autorité du fait et pas assez aux principes absolus et éternels qui dominent le monde moral.

« Nous croyons, dit-il, au droit naturel, et nous regrettons que cet avis ne soit pas partagé par M. Roscher, du moins qu'il n'y donne pas un assentiment assez explicite, ni une application assez large..... Il est un droit indépendant de la loi positive et locale, qui n'est pas l'expression d'une volonté arbitraire, mais une émanation de la nature des choses. De là viennent ces traits communs que nous rencontrons partout, et puis ces formes variables qui se développent en harmonie avec les conditions spéciales de chaque société civile..... L'histoire et la philosophie se pénètrent et se complètent l'une l'autre. »

Mais si M. Wolowski maintient avec fermeté les droits de la philosophie et des principes absolus de la vie humaine, il fait aussi vivement ressortir le danger des théories radicales :

« Le mépris du passé se joint à la passion des réformes : on s'occupe de détruire, alors qu'il faudrait transformer. On condamne sans réserve tout ce qui a été et l'on s'élance vers un autre avenir ; les souffrances qu'on a traversées aigrissent l'esprit et le troublent. Parce qu'on a tout renversé, on croit qu'il est facile de tout créer ; et l'on construit des systèmes comme si le monde allait recommencer. L'orgueil de la liberté et des actions humaines devient le principe de la science, et, comme tout principe nouveau, il prétend à une domination exclusive et absolue. Le rationalisme domine, la philosophie méconnaît la tradition et les exigences de la vie des peuples ; il n'y a plus, comme en géométrie, que des principes et des déductions.

« Le monde n'est plus qu'un vaste laboratoire, dans lequel on se croit appelé à multiplier les expériences les plus téméraires; l'humanité n'est qu'une pâte flexible, que chaque prétendu penseur veut pétrir à son gré, en la maniant arbitrairement sous les faux dehors d'émancipation et d'indépendance..... Rien de plus naturel que de voir les excès provoquer un excès contraire..... Le passé est opposé au présent, non comme un enseignement dont on doit profiter, mais comme un modèle qu'il faut se hâter d'accepter, et l'on devient révolutionnaire à rebours..... Le véritable esprit historique consiste à bien discerner ce qui appartient à chaque époque : son but n'est nullement de rappeler les morts à la vie, mais d'expliquer pourquoi et comment ils ont vécu; d'accord avec une saine philosophie, l'histoire assigne aux écarts de la volonté arbitraire une limite que celle-ci ne peut dépasser. Elle ramène sans cesse des hauteurs de l'abstraction aux faits et aux choses positives. Dans les créations systématiques on n'oubliait qu'une chose : les hommes, que l'on traitait comme des chiffres. Car le despotisme intellectuel a cela de commun avec toute autorité despotique. »

L'esprit de système et le culte des formules mathématiques ont tellement aveuglé beaucoup d'économistes qu'ils paraissent à peine se douter qu'il y eût, avant le XVIIIe siècle, des idées arrêtées et une pratique raisonnée sur les questions économiques. Aussi est-ce avec autant de raison que d'opportunité que, sans généraliser l'accusation, M. Wolowski a pu dire, en parlant des tendances actuelles de l'économie politique :

« Il faut abdiquer cette singulière idée que des milliers d'années ont pu s'écouler sans laisser aucune trace de ce que les hommes éclairés ont pensé et élaboré en fait d'économie politique, parmi tant de nations; et que les peuples eux-même n'aient point songé à cultiver ce riche domaine intellectuel, tandis que, dans toutes les autres directions, il nous est facile de remonter, par une voie toujours frayée, jusqu'à l'antiquité la plus reculée..... Sans doute ce n'est pas sous la forme moderne qu'on rencontre dans le passé les éléments des doctrines économiques. Mais quand on parvient à réunir les membres épars et morcelés, quand on pénètre dans les coutumes, décrets, ordonnances, capitulaires, lois, règlements; quand on surprend, pour ainsi dire, la vie des peuples, dans les documents les plus naïfs, les plus intimes, dans ceux surtout qui la traduisent de la manière la plus fidèle, parce qu'ils en sont le simple reflet, on est étonné des résultats. Là où l'on ne croyait recueillir qu'une sastisfaction d'érudit, on fait ample moisson de leçons, et cette moisson est d'autant plus belle que la recherche a été plus désintéressée.

« Nous devons donc feuilleter ce livre du passé et étudier l'aspect économique, comme on a étudié l'aspect politique, littéraire, etc. Il faut suivre les diverses périodes de développement des nations vivantes et approfondir les causes de la destruction des nations mortes..... On peut, en se rendant compte de l'immense variété des *phénomènes* qui relèvent de *l'application*, et pour lesquels rien n'est absolu ni permanent, tout est au contraire relatif et successif, acquérir le tact sûr et le coup d'œil droit, qui sont la plus précieuse conquête de la science. Ce serait se tromper fort que de croire que la doctrine simplifie les solutions pratiques; loin de fournir une sorte de formulaire, elle fait mettre le doigt sur nombre de difficultés, elle fait surgir ces aspects multiples, ces considérations fécondes et variées, dont l'examen est la mission du véritable homme d'État et du législateur. »

La méthode historique s'offre si naturellement à tout esprit droit, comme la seule qui réponde à l'objet même de l'économie politique, qu'il est besoin de réflexion pour comprendre comment on a pu lui substituer les procédés abstraits et la méthode de déduction *à priori*, que vantent et que pratiquent la plupart des économistes. Deux raisons expliquent cette aberration : d'abord la préférence accordée à la science facile sur la science difficile ; puis l'intérêt qu'ont les sectateurs du sensualisme à se renfermer dans le monde imaginaire des formules, où il leur est loisible de tout disposer pour les besoins de leur doctrine, sans craindre les démentis que lui donnent les faits.

Étudier l'économie politique au point de vue des faits est chose longue et difficile. Les principes généraux sont faciles à saisir : ils reposent d'abord sur les grandes lois de l'ordre moral, lesquelles sont, grâce à l'enseignement chrétien, à la portée de tous ; ils tiennent ensuite à ce qu'il y a d'essentiel dans les rapports de l'homme avec la nature, c'est-à-dire aux faits les plus élémentaires de notre vie de chaque jour. Mais le plus important n'est pas de connaître ces lois générales, qui comptent sans doute parmi les données essentielles de la science, mais qui, par elles seules, ne fournissent aucune solution. Il faut les voir en action et les étudier dans leurs conséquences. Ces lois se combinent avec tous les accidents et toutes les diversités de la vie sociale, qui ont leur source dans l'expansion du libre arbitre de l'homme et dans l'action des causes naturelles sur le mode d'existence des peuples.

Les principes sont communs, mais les conditions dans lesquelles il faut les appliquer varient considérablement de contrée à contrée, d'époque à époque. Les principes généraux tracent le cercle dans lequel se meut l'activité des peuples ; mais ce cercle est vaste, et laisse à l'activité propre de chaque société une immense latitude. La mission de l'économiste est précisément de reconnaître les conditions particulières dans lesquelles doivent s'appliquer les lois générales, et de déterminer, d'après ces conditions, la direction qu'il convient d'imprimer aux volontés pour les conduire aux meilleures solutions possibles, dans l'état donné des choses.

C'est ici l'éternelle question des rapports de l'absolu et du variable, qui se rencontre partout dans le monde et dans la vie humaine. Mais comme l'économie politique tient par son objet, qui est la richesse, à l'ordre où domine le relatif et le variable, ses principes, et toutes les questions dont elle cherche la solution, se trouveront toujours profondément compliqués de cet élément changeant et divers. Le tact de l'économiste consistera à démêler, au milieu des mille accidents qu'embrasse l'existence d'un peuple à une époque déterminée, les intérêts dominants, les chances de l'avenir, les progrès compatibles avec son caractère et sa position parmi les autres peuples. Prétendre se renfermer dans des solutions générales, applicables à des hommes et à des sociétés qu'on n'a vus nulle part, et qui seraient dépouillés de tout ce qui fait le mouvement et la réalité même de la vie, ce sera faire peut-être une théorie ingénieuse, où brilleront la subtilité et la fécondité d'esprit de l'auteur. Mais ce sera n'avoir rien fait, ou très peu de chose, pour parvenir à tracer les lois du développement de la richesse sociale. Car la richesse est chose essentiellement relative à l'homme ; elle n'a de valeur qu'autant qu'elle l'aide à accomplir sa destinée, dans les conditions diverses où la Providence le place en ce monde. La science pure de la richesse ne sera donc pas la science vraie et complète de l'économie politique, pas plus que l'anatomie et la physiologie ne sont la science réelle et complète de la médecine.

Mais ce tact de l'économiste, cette entente de la vie

et du mouvement même des sociétés, il faudra, pour l'acquérir, des observations longuement et péniblement répétées, une étude à la fois d'analyse et de synthèse, qui est une des plus difficiles auxquelles l'intelligence puisse s'appliquer. Ce n'est pas seulement le présent qu'il faut contempler et approfondir. Ce ne sera qu'en scrutant le passé qu'on parviendra à se rendre compte du cours probable des faits contemporains; à se fixer sur ce qu'il faut craindre, ou espérer, accepter comme possible et utile, rejeter comme impossible et dangereux; à reconnaître si, de ces deux forces qu'on ne peut jamais séparer dans la vie sociale, l'autorité et la liberté, il faut faire intervenir activement la première, ou bien se contenter de laisser l'autre accomplir seule et spontanément son œuvre. Pour celui à qui l'histoire a révélé quels sont en pareille matière la multiplicité et la complication des faits, la profondeur et l'obscurité des causes, l'inattendu et la gravité des résultats, ces questions semblent n'avoir jamais été assez étudiées, et les efforts accomplis pour en saisir tous les éléments, jamais assez énergiques ni assez complets.

Tout autre est l'œuvre de l'économie politique pure. Elle est aussi simple et aussi facile que celle de la science sérieuse est rude et longue. Ayez le talent de vous emparer de quelques axiomes clairs comme deux et deux font quatre et que personne ne conteste ; tirez de ces axiomes, à tort et à travers, des conclusions absolues; appliquez-les, avec une imperturbable logique, à tous les faits et à toutes les situations, en déclarant que, hors de ces conséquences de la pure doctrine, il n'est point de salut; aiguisez le tout d'une certaine pointe de mépris railleur pour tout ce qui ne subit pas le joug de l'école : et on vous délivrera, parmi les adeptes, un brevet de haute science économique. Cette science ne vous aura pas coûté grand'chose, mais que vaudra-t-elle? La science véritable est à plus haut prix. Mais on comprend que beaucoup hésitent devant les sacrifices qu'elle impose, et qu'ils trouvent plus commode le chemin tout uni des abstractions et des chimères.

Il est une autre cause, plus sérieuse et plus profonde que la première, qui retient le grand nombre des économistes attachés à la science pure. La doctrine du développement indéfini des satisfactions domine la plupart des théories économiques. Il y a des exceptions, mais elles sont rares. La passion du bien-être comme mobile, l'intérêt personnel comme règle, une progression indéfinie dans les jouissances de cette terre comme destinée suprême de l'humanité, tel est le fond de la philosophie tacitement acceptée, ou expressément formulée, dans presque tous les livres d'économie politique.

Mais tous ces rêves de progrès matériel, incessant et indéfini, ne supportent pas un instant la confrontation avec les faits. L'histoire nous montre depuis six mille ans l'humanité courbée sous la peine, et en lutte continuelle avec la misère. Tout ce qu'elle a pu faire aux époques les plus heureuses, ç'a été d'alléger le joug sans parvenir jamais à s'en affranchir. Les annales humaines ne sont que le récit des souffrances de toutes les générations. Lorsqu'un peu de repos est accordé aux hommes, c'est que le sacrifice volontaire de la vertu a payé la dette qu'acquittent, à son défaut, des misères et des calamités toujours d'autant plus lourdes que l'orgueil et la sensualité font plus d'efforts pour s'y soustraire. Souffrance, sacrifice, expiation, voilà les mots que nous trouvons écrits à toutes les pages de l'histoire. Ceux de jouissance et de glorification de l'humanité dans les choses matérielles ne s'y rencontrent que comme l'annonce des calamités destinées à rappeler les hommes au sentiment des infirmités et des épreuves de leur exil. Le matérialisme économique sent d'instinct que la méthode historique n'a pour lui que des démentis, et c'est pourquoi il la repousse avec tant d'obstination[1].

Les fruits spiritualistes et chrétiens de cette méthode se font déjà apercevoir dans le livre dont nous nous occupons. Comment en serait-il autrement? Le christianisme c'est le fait universel, c'est la vie même de l'humanité. En lui et par lui se meuvent les individus et les sociétés. Ceux mêmes qui le combattent et le nient vivent, sans le savoir, de sa substance; leurs armes, ils les tiennent de la puissance qu'il a donnée à l'esprit humain, et la haine persévérante dont ils le poursuivent ne sert qu'à attester le

1. *Le Journal des Économistes*, dans son numéro de janvier 1858, contient un compte rendu du livre de M. Roscher, par M. de Fontenay. Tout en reconnaissant les mérites du livre et de la préface que M. Wolowski y a jointe, chose qu'il eût été difficile de nier, M. de Fontenay s'efforce de jeter des doutes sur le véritable caractère de la méthode de M. Roscher. Il s'efforce, en outre, de faire croire qu'il n'y a, dans la préface de M. Wolowski, qu'un malentendu; qu'au fond l'auteur est d'accord avec les économistes, qui ont toujours reconnu les droits de la méthode historique. D'où il suit que le savant académicien aurait tout simplement combattu des chimères.

Tout ceci ne prouve qu'une chose : c'est que le sensualisme économique a senti le coup que M. Wolowski lui a porté. M. de Fontenay a publié, il y a quelques années, dans *le Journal des Économistes*, à la louange d'un livre de M. Pelletan, *La profession de foi du* XIXe *siècle*, un article en forme de dithyrambe. Or, ce livre, auquel M. de Fontenay donne une si chaleureuse adhésion, est, d'un bout à l'autre, la glorification du panthéisme matérialiste qui s'affiche effrontément dans les théories socialistes de l'Allemagne. Cela explique tout.

fait triomphant de sa surnaturelle durée. Remontez aux origines; cherchez dans le ciel les lois de la chronologie; fouillez la terre pour en extraire les débris où les plus antiques sociétés ont laissé empreintes les traces de leurs prospérités et de leurs malheurs; demandez aux peuples modernes comment ils ont fait sortir de la ruine et de la barbarie les splendeurs de la civilisation contemporaine; descendez dans votre propre cœur, étudiez le fait intime et mystérieux de votre âme, ses tristesses, ses agitations, ses joies, son repos : toujours vous rencontrerez le fait universel, le christianisme. Ramener la science aux faits, c'est la ramener au christianisme.

Les passages suivants de la préface de M. Wolowski nous montrent comment, dans son esprit, le spiritualisme en économie politique se rattache au fait :

« L'histoire seule peut éclairer des questions qui ne sont pas une simple curiosité de notre pensée, qui plongent au plus profond des intérêts vivaces de la société. Elle confirme les nobles enseignements de la philosophie, en montrant de quel invariable tissu de rapports notre vie est faite, et comment l'homme, s'il peut nuancer les dessins et varier les couleurs, est impuissant pour renouveler la trame. Elle nous apprend à ne rien admirer et à ne rien dédaigner outre mesure; elle nous éclaire sur les questions compliquées..... Le travail n'est pas autre chose que l'action de l'esprit sur lui-même ou sur la matière. De là viennent sa dignité et sa grandeur; de là vient aussi la difficulté des études économiques : c'est les abaisser et les mutiler singulièrement, que n'y voir que de simples problèmes de production matérielle; que d'oublier que les produits sont faits pour les hommes et non pas les hommes pour les produits; que de méconnaître les liens intimes qui rattachent sans cesse ces investigations fécondes à l'ensemble des sciences morales.

« Du moment où il ne s'agit que de l'homme et de l'action de l'esprit; du moment où le but n'est pas *la puissance matérielle*, mais *l'élévation morale*, les questions deviennent plus complexes, mais aussi leur solution devient plus féconde. La richesse n'apparaît plus que comme une des forces de la civilisation; d'autres intérêts que les intérêts matériels occupent le premier plan... Du moment où c'est l'esprit *qui produit* et qui gouverne le monde, le perfectionnement intellectuel et moral devient à la fois la cause et l'effet du progrès matériel : « *Cherchez le royaume de Dieu et sa justice, le reste vous sera donné par surcroît.* »

Parlant des préoccupations du peuple dans le temps présent, M Wolowski dit un peu plus loin :

« Il n'y a plus de sécurité stable pour le monde que dans le contentement des âmes; il n'y a plus de repos que si chacun comprend les conditions de sa destinée, que si, au lieu de courir, toujours insatiable et jamais assouvi, après la coupe enivrante des jouissances matérielles, on se plie à la loi du sacrifice, et si l'on exerce la plus noble des facultés dont le Créateur nous ait dotés : l'empire moral. »

Le sacrifice! voilà le mot auquel conduit l'étude de l'économie politique en fait. Et ce mot, le passé le crie aussi haut que le présent. Les économistes, même ceux qui professent franchement le spiritualisme, comme M. Wolowski, n'ont fait jusqu'ici que l'entrevoir. Nous avons la conviction qu'à mesure que l'on pénétrera davantage sur le terrain des faits et de l'histoire, l'évidente nécessité de ce principe apparaîtra de plus en plus, dans les temps écoulés pour les expliquer, dans le présent pour le sauver.

Le livre de M. Roscher renferme le plus riche ensemble de faits économiques, classés d'après la meilleure méthode et appréciés d'ordinaire avec un discernement supérieur. C'est ce qui nous le fait considérer comme éminemment propre à préparer le retour de la science à la vérité. M. Roscher n'est pas toujours suffisamment net dans l'expression de ses doctrines; c'est là, du reste, un défaut qui lui est commun avec beaucoup d'écrivains de l'école allemande. Ses tendances sont incontestablement spiritualistes et chrétiennes; mais il y a, dans l'abondance même de ses données et de ses vues, une certaine confusion qui, parfois, ressemble à de l'hésitation. Souvent il met sur la voie des conclusions chrétiennes, mais sans y aborder lui-même. Nous trouverons la preuve de cette assertion dans ses considérations sur les lois somptuaires.

Disons d'abord que, dans son histoire du luxe, M. Roscher distingue trois périodes. La première comprend les siècles de culture rude encore, les commencements de la civilisation, voisins de la barbarie; c'est le temps de la féodalité pure. Le luxe de cette époque est grossier et l'ostentation s'y révèle plus par la quantité que par la qualité. Vers la fin de cette période, après le grand mouvement des croisades du XIIIe au XVIe siècle, les sociétés font un pas marqué dans la richesse et atteignent ce que l'auteur appelle demi-civilisation. Dans la deuxième période, où fleurit la pleine civilisation, et à laquelle répondent les temps modernes, le luxe vise à rendre l'existence douce et facile; il pénètre toute la vie et toutes les classes de la société, et porte, dans tout son caractère social, quelque chose d'égalitaire. La troisième période se rapporte aux temps de décadence. Le luxe y prend un caractère marqué de déraison et d'immoralité; le beau et l'agréable cèdent la place aux goûts tourmentés et efféminés. C'est Rome qui fournit, au temps de l'empire, le plus signalé et le plus lamentable exemple de ce genre de luxe. Le cadre dans lequel l'auteur renferme le développement du luxe étant ainsi tracé, voyons comment il apprécie les lois somptuaires :

« S'agit-il de dire jusqu'à quel point les lois somptuaires peuvent avoir un effet salutaire, il faut distinguer entre les trois périodes que nous avons décrites. Vers la fin de la première, les lois qui tendent à diminuer les excès du moyen âge ont leur utilité, car elles facilitent l'avènement du luxe généreux et rationnel de la seconde période. Une pareille législation peut également, dans la troisième période, avoir au moins l'avantage de refouler dans l'ombre les manifestations les plus odieuses et les plus immorales du dérèglement des mœurs, et d'en diminuer ainsi l'influence contagieuse. Ce n'est pas une considération à dédaigner qu'à Rome les empereurs les plus dignes de respect se sont constamment efforcés de réformer le luxe. Mais on ne saurait se promettre un résultat bien sensible à l'aide de ces procédés législatifs. *Intra animum medendum est : nos pudor in melius mutet.* Au moins faut-il que l'exemple donné d'en haut vienne leur prêter un appui salutaire, comme le fit celui de Vespasien, par exemple, qui sut poser une certaine digue au débordement du luxe des Romains. Les nations chez lesquelles la prospérité n'a pas éteint la vigueur morale n'ont pas besoin de ces lisières, et s'il est quelque mauvaise excroissance à extirper, elles s'en occupent d'elles-mêmes. C'est ainsi que les sociétés de tempérance peuvent, malgré l'exagération dont elles ne savent pas toujours se préserver, exercer une influence utile, et raffermir l'empire des mœurs par la solennité de l'engagement qu'elles font prendre et par le contrôle mutuel qu'exercent leurs membres. »

On remarquera tout d'abord que l'auteur s'abstient de tout jugement absolu sur les lois somptuaires, et qu'il se distingue en cela de la plupart des économistes, qui les condamnent toutes, pour toutes les époques sans distinction. Le sens de l'histoire a révélé à M. Roscher qu'il est des états de civilisation où, la force morale faisant défaut, il faut que la loi civile supplée, par la contrainte, à ce que la loi morale est impuissante à accomplir. C'est un des traits les plus marquants de la puissance sociale du christianisme, d'avoir rendu aux âmes cette vigueur qui permet de les gouverner par la seule force de la conviction, en des choses qui tiennent au plus intime et au plus essentiel des relations sociales, et sur lesquelles la contrainte ne peut presque rien. C'est la puissance de l'esprit de renoncement qui a opéré cette merveille, en détachant les hommes des satisfactions matérielles; et c'est parce que les sociétés païennes ne la possédaient pas qu'elles étaient obligées de recourir aux lois somptuaires, à la censure, et à toutes les institutions qui font pénétrer l'autorité civile dans un ordre de faits que les sociétés chrétiennes laissent à la liberté. Comme le dit M. Roscher, cela n'est possible que pour les nations chez lesquelles la prospérité n'a pas éteint la vigueur morale. Mais la prospérité ne laisse intacte la vigueur morale qu'autant qu'elle trouve son contrepoids dans un esprit de renoncement assez puissant pour pénétrer et dominer souverainement les âmes; c'est-à-dire dans l'esprit de renoncement tel qu'il est toujours vivant dans les institutions de l'Église, constamment prêché et pratiqué par ce petit nombre, que l'Évangile appelle le sel de la terre, avec d'autant plus d'ardeur que la société semble l'oublier et le mépriser davantage. C'est parce que ce ressort manquait aux sociétés païennes qu'on les a vues, avec toute leur puissance matérielle, s'abîmer dans la plus effroyable décadence; et c'est parce que les sociétés chrétiennes le possèdent qu'on les voit sortir toujours plus brillantes des temps de corruption où il semblait que devaient périr toute vertu et toute civilisation. On le voit, M. Roscher est ici au seuil de la vérité catholique, et c'est l'histoire qui l'y a conduit. Un pas de plus dans l'étude des faits, par la comparaison des temps païens avec les temps chrétiens, et le seuil est franchi, et l'édifice apparaît dans toute la puissance et toute l'harmonie de son plan vraiment divin.

Dans la question qui résume, on peut le dire, toute l'économie politique, la question du développement de la population et de ses limites, M. Roscher termine par des conclusions qui sont le dernier mot de sa doctrine. On y voit clairement comment l'intelligence du fait le conduit à rejeter les utopies de l'école du progrès matériel indéfini, et lui fait pressentir que l'avenir de notre civilisation repose sur le christianisme. Voici en substance, et dans les termes mêmes de l'auteur, les traits essentiels de ses conclusions :

« Qu'aucune économie publique ne peut se développer à l'infini, il est aussi facile de le croire en général qu'il est difficile d'assigner les limites infranchissables dans chaque cas particulier..... On peut aussi peu démontrer que contredire en général l'inévitable nécessité qui atteindrait les peuples comme les individus, et qui les menacerait de vieillir et de décliner après qu'ils ont atteint l'époque florissante de la maturité..... En tout cas, on ne saurait, comme beaucoup l'ont fait, admettre en principe, sans que celui-ci ait besoin d'autre preuve, *l'immortalité des nations* dans ce monde, pourvu qu'elles suivent un régime convenable ; ni condamner comme fausse une science (la physiologie de la médecine des nations) parce qu'elle avoue ne posséder aucune recette pour empêcher de vieillir..... Le problème de la décadence s'explique par l'influence énervante de la possession et de la puissance ; un petit nombre d'hommes d'élite peuvent seuls y échapper.....

Souvent les influences qui ont accéléré le progrès et fait atteindre l'apogée de l'existence sociale finissent par agir en sens contraire et par précipiter la chute. Chaque effort humain est atteint d'un vice : limité par sa nature, il ne saurait produire ses dernières conséquences. Sur cette terre, tout ce qui grandit porte le germe de la destruction! Du reste, pour raffermir le sentiment de la liberté humaine, il suffit de dire avec assurance qu'aucun peuple n'est tombé tant qu'il a su conserver les liens les plus précieux, en maintenant le culte des idées morales et le sentiment religieux.

« Les divers peuples qui ont vécu les uns à côté des autres et qui se sont succédé forment dans leur ensemble l'humanité. Pourrait-on nier qu'il est un point suprême qui permet d'embrasser l'humanité comme un seul tout, où la diversité infinie des manifestations se coordonne sur un plan immense, en obéissant à un ordre admirable, fruit merveilleux de la volonté divine ? Mais qui serait assez audacieux pour prétendre qu'il a su saisir cet aspect?...

« Cependant il est certains faits qui tiennent du domaine exclusif d'un peuple, constituent le caractère national, et permettent à quiconque possède une imagination quelque peu active, de rechercher quelle a été la mission spéciale assignée par la Providence à une nation en particulier. Nous ne saurions croire que ces faits suffisent pour formuler un système complet. Du moins, ils nous préservent d'un application inexacte de prétendues analogies, et de l'indolent fatalisme qui pousse à exagérer le nouvel axiome : *Rien n'est nouveau sous le soleil!*

« C'est presque devenu une affaire de mode de comparer à notre époque celles de la décadence des républiques grecques et de l'empire romain. Terrible parallèle, qui méconnaît les différences les plus profondes et les plus essentielles, pour se rattacher à de petites similitudes d'une portée douteuse! Est-ce que la suppression de l'esclavage, complètement accomplie chez les peuples plus civilisés de l'époque actuelle, n'est pas une chose nouvelle et n'exerce pas la plus grande influence sur les mœurs aussi bien que sur les relations économiques?

Est-ce que la richesse, fruit du travail et de l'épargne, peut avoir quelque chose de commun avec celle qui était due à la violence et à la spoliation? Personne n'est en mesure de calculer la somme des avantages que promet aux générations futures le simple développement des conquêtes de l'intelligence et notamment celles que les siècles auront accomplies dans le domaine des sciences naturelles.

« La découverte presque terminée des diverses régions du globe et ses conséquences naturelles, les bienfaits de la civilisation, dont profitent tous les peuples qui pèsent dans la balance des destinées du monde, écartent le danger auquel étaient exposés les États civilisés de l'antiquité, menacés sans cesse de destruction par l'invasion des hordes barbares. On ne saurait non plus méconnaître l'importance du droit public européen, qui s'apprête à devenir le droit universel. Les Macédoniens n'auraient pas si facilement subjugué la Grèce et la Perse, si les grandes puissances de l'Occident étaient intervenues en temps opportun. — Enfin nous avons le christianisme, dont la grâce assure à tous et partout la renaissance morale! »

Nous ne prétendons pas faire connaître par des citations incomplètes, un livre qu'il faut lire et méditer pour en apprécier la haute portée. Nous voulons seulement le signaler à l'attention des catholiques, qui ne sauraient rester indifférents aux évolutions qu'accomplit de nos jours la science de l'économie politique. Il y a, dans cet ordre d'idées, un mouvemont dont on essayerait en vain de nier l'importance, et qu'expliquent parfaitement l'état de la société et la direction présente des esprits. Chaque époque a ses préoccupations; la nôtre est dominée par deux idées, qui sont devenues deux passions ardentes et souvent intraitables : l'indépendance et le bien-être. C'est par les sciences sociales, et surtout par l'économie politique, que ces passions destructrices s'efforcent de s'enraciner dans les consciences sur l'autorité des principes. C'est là qu'il faut les saisir pour les faire rentrer dans les limites de la vérité sociale, c'est-à-dire, de la vérité chrétienne.

Ce serait la plus grave des fautes que de laisser les adversaires de l'Église s'emparer sur ce point de l'opinion publique, de façon à donner aux inclinations perverses d'une société malade la sanction apparente de la science. Il y a pour les catholiques plus qu'un intérêt, il y a un devoir de se mêler activement aux luttes que l'esprit de révolte et de cupidité livre aujourd'hui, par la science sociale, à tout ce qui fait la force, le repos, l'honneur des peuples.

Ces luttes sans doute sont pénibles à affronter ; les progrès y sont lents et ne s'obtiennent jamais qu'au prix de labeurs obstinés. Pour s'y soutenir, il faut savoir remonter le courant des idées reçues par la foule et des préjugés passés à l'état d'axiomes ; il faut savoir tenir ferme contre le torrent d'erreurs et de violences dans lequel ce siècle impétueux et troublé menace d'emporter, avec les plus simples vérités du bon sens, les fondements mêmes de la vie. C'est là, certes, une œuvre de renoncement et de sacrifice ; mais que les catholiques se souviennent qu'en toutes choses le combat est leur vie, le renoncement et le sacrifice leur loi. Rien de plus utile à répéter aujourd'hui que cette parole si profondément vraie, par laquelle M. Roscher termine son livre : « L'abnégation seule peut ouvrir les voies de la vérité. »

FIN DE L'APPENDICE

TABLE DES MATIÈRES

FIN DE LA TABLE DES MATIÈRES

PARIS. — IMPRIMERIE EMILE MARTINET, RUE MIGNON, 2.

www.ingramcontent.com/pod-product-compliance
Ingram Content Group UK Ltd.
Pitfield, Milton Keynes, MK11 3LW, UK
UKHW021847190726
13855UKWH00001B/184

9 782013 441766